D1102789

Les Éditions du Boréal
4447, rue Saint-Denis
Montréal (Québec) H2J 2L2
www.editionsboreal.qc.ca

Le 11 septembre
et nous

André Duchesne

Le 11 septembre et nous

Boréal

Les Éditions du Boréal reconnaissent l'aide financière du gouvernement
du Canada par l'entremise du Programme d'aide au développement de l'industrie
de l'édition (PADIÉ) pour ses activités d'édition et remercient le Conseil
des Arts du Canada pour son soutien financier.

Les Éditions du Boréal sont inscrites au Programme d'aide aux entreprises du livre
et de l'édition spécialisée de la SODEC et bénéficient du Programme de crédit d'impôt
pour l'édition de livres du gouvernement du Québec.

Illustration de la couverture : Alain Reno
Conception de la couverture : Christine Lajeunesse

© Les Éditions du Boréal 2006
Dépôt légal : 3ᵉ trimestre 2006
Bibliothèque et Archives nationales du Québec

Diffusion au Canada : Dimedia
Diffusion et distribution en Europe : Volumen

Catalogage avant publication de Bibliothèque et Archives Canada
Duchesne, André, 1961-

Le 11 septembre et nous

Comprend un index.

ISBN-13 : 978-2-7646-0468-7

ISBN-10 : 2-7646-0468-8

1. Attentats du 11 septembre 2001, États-Unis. 2. Canada – Histoire – 21ᵉ siècle. 3. Terrorisme – Aspect politique – Canada. I. Titre.

HV6432.D82   2006   971.07   C2006-941070-4

À Nathalie.
Pour tout.

For the first time since 1812, Americans will lose their lives in large number on American soil by terrorists using weapons of mass destruction […] We will be spied on, our privacy will be gone ; that will have a huge impact on our society.

Gary Hart, ancien sénateur démocrate
du Colorado, au cours d'une conférence,
le 4 septembre 2001,
à Montréal.

Avertissement

Les heures indiquées en tête de chapitre sont toujours celles de New York, donc l'Heure avancée de l'Est (HAE) pour la période dont il est question dans ce livre. Lorsque l'action se déroule dans un endroit situé dans un autre fuseau horaire, l'heure locale est indiquée avec, entre parenthèses, l'HAE.

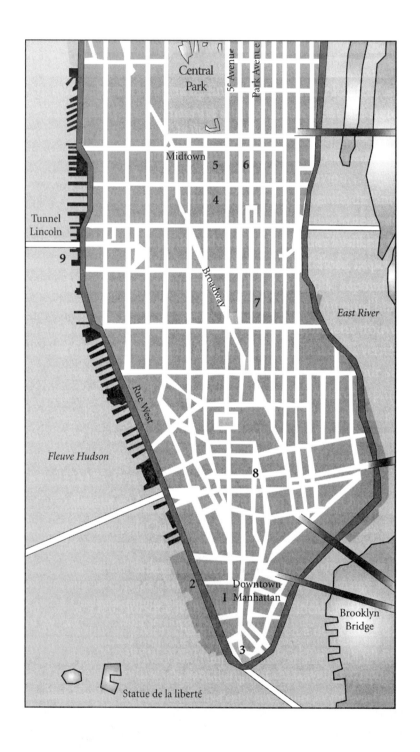

Central
Park

5e Avenue

Park Avenue

Midtown

5

6

4

Tunnel
Lincoln

9

Broadway

7

East River

Rue West

Fleuve Hudson

8

2

Downtown
1 Manhattan

Brooklyn
Bridge

3

Statue de la liberté

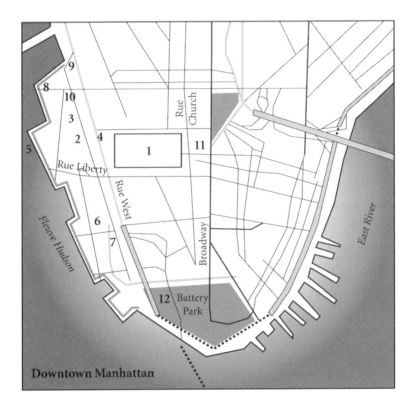

Downtown Manhattan

Ci-contre : 1. World Trade Center. 2. World Financial Center et hôtel Embassy Suites. 3. Battery Park. 4. Rockefeller Center et bureaux de la Délégation générale du Québec à New York. 5. Museum Tower et appartement de fonction de la déléguée générale. 6. Hôtel Élysée. 7. Hôtel Clarion. 8. Intersection de Broadway et de la rue Spring. 9. Quai 79 de la 39ᵉ Rue.

Ci-dessus : 1. World Trade Center. 2. World Financial Center. 3. Hôtel Embassy Suites. 4. North Bridge. 5. North Cove. 6. Albany Street. 7. Rector Place. 8. Parc Nelson A. Rockefeller. 9. École secondaire Stuyvesant. 10. Avenue North End. 11. Century 21. 12. Battery Park.

Introduction

Le jeudi 6 septembre 2001, les dirigeants du Canadien de Montréal annoncent que le capitaine Saku Koivu souffre d'un cancer à l'abdomen. « De toutes les épreuves traversées par l'organisation depuis trois ans, celle-ci est la plus importante[1] », laisse tomber le président de l'équipe de hockey montréalaise, Pierre Boivin.

À la conférence de presse tenue au Centre Molson, l'atmosphère est lourde. Autant les dirigeants de l'équipe que les joueurs et les représentants des médias sont atterrés. La réaction de sympathie du public à l'égard du joueur finlandais de vingt-six ans est spontanée.

Au moment de l'annonce, les examens confirment la présence de cellules cancéreuses provenant soit des organes internes de l'abdomen, soit du système lymphatique. D'autres analyses

---

1. Alexandre Pratt, « Koivu joue le match de sa vie », *La Presse,* 7 septembre 2001, page A1.

sont nécessaires avant l'établissement d'un diagnostic final : un cancer lymphatique non hodgkinien dont, fort heureusement, il se remettra.

Véritable bombe dans l'actualité montréalaise en cette rentrée automnale, la nouvelle concernant l'état de santé de Koivu éclipse toutes les autres manchettes. Et il n'en manque pas !

Au Québec, par exemple, l'affaire Air Transat se poursuit. Le 6 septembre, Transports Canada annonce l'imposition d'une amende de 250 000 $ à la compagnie aérienne à la suite de l'atterrissage en catastrophe d'un de ses avions Airbus 330 aux Açores, le 24 août. L'appareil faisant la liaison Montréal-Lisbonne a alors subi une importante perte de carburant, ce qui a entraîné l'arrêt complet de ses deux moteurs à mi-chemin au-dessus de l'Atlantique. La raison : le mauvais fonctionnement d'une pompe hydraulique normalement installée sur un autre type de moteur.

À Montréal, le maire Pierre Bourque n'en finit plus de patauger dans l'épineux dossier de l'hébergement des squatteurs à qui il a donné l'autorisation d'occuper les locaux désaffectés du centre Préfontaine, dans le quartier Rosemont. Ça tombe mal, à quelques semaines des élections municipales de novembre. Des élections sur fond de fusions municipales, où la colère gronde chez les électeurs de plusieurs villes qui subissent ces mariages forcés.

À Ottawa, les libéraux fédéraux ont autant la tête à gouverner qu'à se disputer la succession de Jean Chrétien. Dans cette course non déclarée, les principaux candidats au poste de premier ministre placent leurs pions. De l'autre côté de la Chambre des communes, ce n'est guère mieux. Le chef de l'Alliance canadienne, Stockwell Day, fait face à l'insatisfaction grandissante de son caucus. Une demi-douzaine de députés menacent de quitter les rangs, au profit des conservateurs de Joe Clark.

Aux États-Unis, l'été a été marqué par l'affaire Gary Condit. Démocrate de la Californie siégeant à la Chambre des représentants, Condit est sur la sellette depuis la disparition de Chandra Levy, une jeune stagiaire de vingt-quatre ans avec qui il aurait eu une liaison. Brisant un long silence, Condit accorde, fin août et début septembre, quelques entrevues à de grands médias pour dire qu'il n'a rien à se reprocher.

Dans le monde de l'économie, les nuages s'accumulent au-dessus des Bourses américaines. Depuis deux semaines, l'indice Dow Jones a chuté de 8 %, l'indice Standard & Poor's a baissé de 8,5 % et la Bourse électronique NASDAQ a reculé de 12,3 %. Plusieurs sociétés annoncent des résultats inférieurs aux attentes, et le taux de chômage augmente.

À New York, c'est le début de la campagne pour les élections municipales qui retient l'attention. Après deux mandats, le maire Rudolph Giuliani quitte ses fonctions dans quelques semaines, comme le prévoit la loi électorale. Adoptée en 1993 à la suite d'un référendum, la mesure limite à deux termes consécutifs de quatre ans non seulement la fonction du maire, mais aussi celle des présidents des arrondissements et des membres du conseil municipal. L'élection du successeur de Giuliani doit avoir lieu le 6 novembre. Mais d'abord, les New-Yorkais doivent choisir, au cours d'un scrutin calqué sur les primaires présidentielles, quels seront les deux principaux candidats, démocrate et républicain, à s'affronter au poste de maire. Date de ce premier grand rendez-vous électoral : le 11 septembre.

En ce mardi matin, la journée commence comme toutes les autres. Une journée chaude, ensoleillée, de celles qui font regretter l'été qui s'achève. Avec un ciel bleu, sans nuages, étiré au-dessus de tout le nord-est du continent américain.

À Ottawa, le premier ministre canadien, Jean Chrétien, déjeune avec son homologue de la Saskatchewan, Lorne Calvert.

En après-midi, il doit s'envoler pour Halifax afin d'assister au lancement d'une bibliothèque numérique.

Au Québec, plusieurs ministres du gouvernement québécois ont inscrit des activités publiques à leur horaire. À l'heure du lunch, le premier ministre, Bernard Landry, doit participer à un déjeuner-causerie à Montréal. Pour le moment, il termine son parcours quotidien de marche rapide, le long du Saint-Laurent, près de sa maison de Verchères.

À Gander, le maire, Claude Elliott, bavarde avec quelques amis au restaurant Tim Hortons, avant de se rendre au bureau.

À Montréal, les membres du conseil municipal s'apprêtent à reprendre la séance régulière, ajournée la veille.

À New York, dans Downtown, le quartier des affaires de Manhattan, plusieurs dizaines de Québécois s'affairent au montage de Québec New York 2001. Vaste kermesse culturelle, touristique, technologique et économique destinée à faire mieux connaître le Québec aux New-Yorkais, l'événement va s'ouvrir officiellement le 13 septembre en présence de Bernard Landry.

On en est là, à 8 h 46, lorsque le vol AA11 d'American Airlines percute de plein fouet la tour nord du World Trade Center.

Dans les minutes suivantes, les grands réseaux de télévision américains retransmettent en direct les images du trou béant creusé par l'aéronef entre les 94e et 98e étages de l'édifice. Une épaisse fumée s'en échappe. Et derrière, des flammes, énormes. On conjecture déjà sur les causes de l'accident et le nombre de morts.

Des millions de personnes, agglutinées devant le premier écran de télévision trouvé, se demandent encore ce qui a bien pu se passer lorsqu'ils deviennent les témoins ahuris du second attentat. Arrivant du sud, l'avion-missile fonce tout droit dans l'autre tour. La seconde suivante, c'est l'explosion. Il est 9 h 03.

Aussi surpris qu'ils ont pu l'être à Pearl Harbour près de

soixante ans plus tôt, les États-Unis sont l'objet d'une attaque planifiée. Et cette attaque n'est pas terminée. À 9 h 37, un troisième aéronef tombé entre les mains des terroristes du réseau al-Qaïda percute une aile du Pentagone. À 10 h 03, un autre s'écrase dans un champ près de Shanksville (Pennsylvanie[2]).

Revenus de leur étonnement, les dirigeants du gouvernement américain prennent une série de décisions dont les répercussions iront bien au-delà de leurs frontières, notamment chez leur voisin canadien, au nord.

À 9 h 40, les États-Unis ferment leur espace aérien, une première dans l'histoire de leur aviation. Les vols intercontinentaux ne peuvent plus pénétrer dans leur territoire. Au même moment, des avions chasseurs canadiens et américains rattachés au NORAD décollent pour sillonner le ciel, à l'affût de tout autre appareil suspect.

La décision américaine a des répercussions instantanées pour quelque cinq cent quatre-vingt-dix avions se dirigeant alors vers le continent américain, au-dessus de l'Atlantique ou du Pacifique. Ceux qui ne sont pas à mi-course reçoivent l'ordre de faire demi-tour. Mais pour les pilotes de plus de deux cents autres, il n'y a qu'une seule option : le Canada. Placé devant le fait, le pays n'a plus le choix. Il faut faire atterrir ces avions.

Ce n'est pas tout. Il faut aussi s'occuper des milliers de passagers et membres d'équipage, tout en s'assurant qu'aucun terroriste se trouve à bord de l'un ou de l'autre des appareils. Tout doit être organisé dans un temps record : l'atterrissage, l'accueil, les procédures d'accès au pays, etc.

------

2. Les heures des impacts sont celles rapportées dans *The 9/11 Commission Report.*

Ailleurs au Canada, on doit aussi sécuriser les frontières, mobiliser les militaires, resserrer les contrôles de sécurité dans les métros, les aérogares, la voie maritime, les infrastructures civiles vitales, voir à la sécurité de diplomates, informer la population et se faire rassurant pour éviter tout mouvement de panique.

À travers les témoignages de plus de quatre-vingts personnes interviewées au cours d'une période de dix-huit mois en 2005 et en 2006, la lecture de centaines de documents et le visionnement de reportages et d'émissions de télévision consacrés aux attaques, j'ai voulu recréer ici le récit de cette journée au cours de laquelle le quotidien de milliers de Québécois et de Canadiens, hommes et femmes, de tous les coins du pays et de tous les horizons, a été totalement chamboulé.

Certes, de ce côté-ci de la frontière, les événements du 11 septembre n'ont pas suscité la même charge émotive que chez les voisins américains. Mais il reste que les attentats ont provoqué une onde de choc dont les échos ont résonné jusque dans les coins les plus reculés du pays.

Alors que les tours du World Trade Center se consumaient dans leur course inexorable vers la destruction et la mort, la journée « canadienne » du 11 septembre 2001 allait être longue, très longue.

Chapitre 1

Le 10 septembre 2001

Montréal / New York

Assises côte à côte à bord d'un avion d'Air Canada reliant Montréal à New York, Nadia Seraiocco et Martine Primeau sont fébriles. Depuis des mois, elles multiplient les allers-retours entre les deux villes en préparation de Québec New York 2001, événement de grande envergure destiné à mieux faire connaître le Québec moderne aux habitants de la métropole américaine. Cette fois, leur séjour ne sera pas de courte durée. L'inauguration officielle a lieu dans trois jours, le jeudi 13 septembre.

Comme une quinzaine d'autres personnes associées au projet qui se trouvent à bord de l'avion ayant quitté Dorval tôt en matinée, les deux femmes s'installent à demeure pour les six prochaines semaines. Des dizaines d'autres sont déjà à New York depuis quelques jours ; un dernier groupe doit arriver le lendemain matin.

Au total, plus d'une centaine de personnes, incluant organisateurs, employés, techniciens, chauffeurs, stagiaires, sous-traitants et autres, travaillent à plein temps pour l'organisation. S'y grefferont bientôt, à tour de rôle, les artistes invités et leurs équipes de soutien.

La Délégation générale du Québec est aussi partie prenante. Établie à New York depuis 1940, à l'initiative du ministre des Affaires municipales, de l'Industrie et du Commerce, Oscar Drouin, et du premier ministre libéral, Adélard Godbout, la Délégation portait, à ses débuts, le nom d'*Agence générale de la Province de Québec à New York*. Dès le départ, elle installe ses pénates au Rockefeller Center, ce qui en fait le plus vieux locataire de ce complexe administratif de Midtown, situé à une dizaine de rues au sud de Central Park.

Sous la direction de Diane Wilhelmy depuis 1998, la Délégation se consacre notamment au volet protocolaire de l'événement. Priorité numéro un : la visite du premier ministre du Québec, Bernard Landry. Chef du gouvernement depuis six mois, ce dernier doit assister à l'inauguration officielle de Québec New York 2001 en compagnie de son homologue, le gouverneur de l'État de New York, George Pataki, et du maire de la métropole, Rudolph Giuliani. M. Landry est attendu avec une importante délégation de dignitaires et de parlementaires, dont la ministre des Relations internationales, Louise Beaudoin. Des représentants des médias sont du voyage.

Au cours de la soirée du 13, tous doivent monter à bord d'un bateau partant de North Cove, minuscule port construit en annexe du World Financial Center (WFC), pour une croisière sur l'Hudson réunissant quelque cinq cents personnes. De là, leur navire doit aller à la rencontre de la caravane fluviale Québec-on-Hudson. Partie de Québec le 1er août, cette caravane de six voiliers, élément de la programmation de Québec New York 2001, descend le fleuve américain, s'arrêtant à plusieurs endroits pour des spectacles, des expositions éphémères et d'autres activités promotionnelles. À bord, on retrouve des artistes tels le conteur Brian Perro, le compositeur et créateur de musique pluridisciplinaire Jean-François Laporte, le collectif Farine Orpheline et l'architecte Nicolas Reeves, inventeur de la harpe à nuages, qui transforme en son (et en temps réel) la structure de nuages passant au-dessus d'elle.

Le 9, les participants ont donné leur dernier spectacle à Peekskill, ville située près de l'Académie militaire de West Point dans l'État de New York. Après quoi, tout le monde se sépare ; certains restent sur les bateaux dans l'attente de la soirée du 13, d'autres rentrent au Québec et d'autres encore partent pour New York.

La soirée du 13 doit se terminer à la pointe sud de Manhattan, où d'immenses projecteurs braqueront leur lumière bleue sur les tours du World Trade Center (WTC). Pour le gouvernement, Québec New York 2001 est une très grosse machine dont le but assumé est de faire la cour à la Grosse Pomme, ses gens d'affaires, ses artistes, ses universitaires, ses médias et ses voyageurs. « C'était le *show* de notre vie », affirme Louise Beaudoin, alors ministre des Relations internationales, pour qui la mise sur pied de cette grande aventure constituait le principal dossier de la dernière année.

Depuis longtemps, le gouvernement du Québec cherchait une meilleure voie pour faire mousser son nom et son image à l'étranger, avec des résultats pas toujours heureux. « Jusque-là, nos efforts étaient trop dispersés », ajoute l'ancienne ministre. Il fallait trouver autre chose, une façon de créer une « masse critique », de rassembler les forces pour assurer un meilleur rayonnement. À la fin des années 90, on croit avoir trouvé la bonne stratégie : créer un « Bureau des saisons du Québec », organisme autonome ayant néanmoins des liens étroits avec le ministère des Relations internationales, dont le travail était de préparer des événements et de les coordonner. Premier endroit visé : Paris et la France. Un choix logique, compte tenu des liens historiques, culturels et linguistiques unissant le Québec et l'Hexagone. Tenue en 1999, la première « Saison du Québec » est, aux yeux de ses organisateurs, un succès. Un deuxième événement est inscrit au calendrier de 2001. Cette fois, le choix s'arrête sur New York. Là encore, cela va de soi.

Pour le Québec, l'État de New York et la métropole américaine représentent un marché commercial exceptionnel. L'État constitue le premier client outre-frontière, où les ventes du Québec ont atteint 12 milliards de dollars, soit 15 % du total de ses exportations, en 2000.

La province en veut davantage. Au cours d'une rencontre qu'il a eue, quelques mois plus tôt, au Salon d'honneur de l'aéroport de Dorval avec George Pataki, le premier ministre Landry évoque même l'idée de créer un corridor économique entre Montréal, Albany (la capitale de l'État) et New York.

« Nous nous sommes entendus pour continuer à travailler de concert afin d'améliorer le poste de douanes Lacolle-Champlain, qui constitue une des principales étapes dans la circulation des biens et des marchandises entre le Québec et l'État de New York, a déclaré le premier ministre, évoquant la création d'un couloir commercial qui relierait Montréal à Albany et à New York », lit-on dans un communiqué de presse diffusé par le bureau du gouverneur Pataki, le 18 avril 2001.

« Il s'agissait de créer des liens entre les entreprises », explique l'ancien premier ministre Landry. On souhaite aussi que le développement des affaires débouche sur l'envoi d'une demande formelle au gouvernement du Canada pour simplifier les procédures douanières, notamment chez les camionneurs transportant des produits d'exportation. « Nous trouvions que cela ralentissait l'activité économique et coûtait cher de faire des contrôles sans fin qui nuisaient aux échanges. Le corridor, c'était ça : coopération et fluidité », ajoute M. Landry.

Cela dit, organiser une « Saison du Québec » à New York constituait un défi autrement plus difficile que la foire de Paris. On savait d'emblée qu'il fallait séduire une ville, des gens d'affaires et un public ayant pratiquement tout vu et tout entendu et que susciter leur attention et leurs bonnes critiques n'était pas une sinécure. Le tout, avec un budget d'environ 15 millions de dollars. Une somme à la fois substantielle et limitée, compte tenu du marché visé. Les organisateurs tablent donc sur une « saison » de trois semaines et demie, du 13 septembre au 7 octobre 2001, avec un programme particulièrement chargé. « Il fallait que ce soit un tir groupé et concentré », dit l'ancienne ministre Beaudoin.

Pour cette opération de charme, on a sorti l'artillerie lourde. Robert Lepage et son cabaret technologique *Zulu Time*, le Cirque du Soleil, le cirque Éos, les Ballets Jazz de Montréal, l'ensemble Les Violons du Roy, la compagnie de danse Marie Chouinard, le groupe La Bottine souriante, des écrivains tels Lise Bissonnette et Sergio Kokis, les dramaturges Michel Tremblay et Wajdi Mouawad et plusieurs autres artistes sont inscrits au volet culturel des activités. La programmation compte également des volets gastronomiques, technologiques et touristiques.

Dans les conférences de presse tenues respectivement le 29 mai 2001 à Québec et le 30 mai à Montréal, six ministres du gouvernement péquiste se partagent les annonces. Les médias québécois consacrent de longs reportages au projet. Dans tout ce branle-bas, l'idée de nimber les deux tours du World Trade Center de lumière bleue le soir de la première n'est pas fortuite. Car, si les activités de Québec New York 2001 se déroulent aux quatre coins de la ville, c'est au World Financial Center, le voisin du WTC et ses tours jumelles, que s'en trouve le cœur.

À la fois centre d'affaires, administratif et commercial, le WFC n'est pas sans rappeler, avec sa grande place publique flanquée de tours à bureaux, le Complexe Desjardins à Montréal. Cette grande place, c'est le Winter Garden, spectaculaire atrium de quatre mille cinq cents mètres carrés coiffé d'une arcade de panneaux de verre et d'acier haute de trente-six mètres et donnant sur le North Cove et l'Hudson. Au centre, seize palmiers du désert de Mojave atteignent dix mètres de hauteur. Des bancs sont installés sous ces arbres où, en semaine, les gardiennes d'enfants de Battery Park City, le quartier résidentiel voisin, viennent s'y détendre.

La scène principale de Québec New York 2001 est érigée au centre du Winter Garden. Autour de celle-ci, de larges pans de tissus colorés, sur lesquels sont imprimés quelques extraits de textes d'auteurs québécois, sont hissés entre ciel et terre. Du côté est de l'édifice, un grand et large escalier conduit au North Bridge, passage piétonnier couvert reliant le WFC et le WTC, au-dessus de West Street[1]. Dans cet espace est installée une exposition de Tourisme Québec. Des épreuves translucides de photographies représentant les quatre saisons de l'année au Québec sont placardées sur les fenêtres. Sous l'effet de la lumière du jour, on dirait les vitraux d'une cathédrale moderne.

À l'extérieur, une immense bannière portant l'inscription www.quebecnewyork.com recouvre un côté du North Bridge. « Il y a la bagatelle de 278 000 voitures qui passent chaque semaine sur West Street, ici, au pied du World Trade Center. On croit que beaucoup de gens vont voir ça », dit en souriant Rémy Charest,

---

1. Nous avons arbitrairement choisi d'utiliser le nom de rue West pour cette grande artère de l'ouest de Manhattan qui porte aussi d'autres noms : West Side Highway 9A, Henry-Hudson Parkway et Joe-DiMaggio Highway.

directeur des relations publiques de l'événement, dans une entrevue (jamais diffusée) donnée à Claude Deschênes. Journaliste culturel à la télévision de Radio-Canada, Deschênes est à New York pour le spectacle des trente ans de carrière de Michael Jackson.

Le quartier général des organisateurs se trouve à l'hôtel Embassy Suites, voisin du WFC. Là, deux expositions, l'une sur la technologie de pointe *(Québec Wise)* et l'autre, organisée par le Centre de design de l'Université du Québec à Montréal, sur la transformation architecturale du Vieux-Montréal *(New Montréal),* sont en montage. « À l'origine, ces deux expositions devaient être présentées dans le hall de la tour nord du World Trade Center, à la sortie du North Bridge, mais nous les avons déplacées à l'Embassy parce que les autorités du WTC ne pouvaient nous garantir les permis pour toute la durée de l'événement », raconte Michel Létourneau, alors directeur général du Bureau des saisons du Québec.

Létourneau et plusieurs dirigeants de l'organisation logeront à l'Embassy. Une suite y a aussi été réservée pour Bernard Landry. D'autres suites sont louées sur la mezzanine du 2e étage pour aménager les bureaux du personnel.

C'est à l'Embassy que Martine Primeau et Nadia Seraiocco travailleront au cours des prochaines semaines. La première est chargée de projet, responsable de la publicité et de la promotion de l'événement. La seconde, également chargée de projet, doit s'occuper des relations de presse, avec les médias tant québécois que new-yorkais.

Comme d'autres collègues, les deux femmes logent dans des appartements situés à proximité de leur lieu de travail. À Martine Primeau, on attribue un logis rue Albany, dans Battery Park City, quartier coincé entre West Street et l'Hudson. Sa collègue Seraiocco hérite d'un pied-à-terre au 32e étage du 200, Rector Place, une rue au sud d'Albany.

À leur arrivée à l'aéroport LaGuardia, les employés de Québec New York 2001 montent à bord de navettes louées par l'organisation et sont conduits à leur appartement respectif. Martine Primeau est la première déposée.

Depuis douze ans, Primeau est chargée de communications au Service de protection contre les incendies (SPIM) de la Ville de Montréal. Ses services ont été « prêtés » au comité organisateur pour six mois. « J'avais entendu dire qu'il y avait un poste de coordination de la publicité et de la promotion. Comme j'avais envie de participer à un événement international, j'avais demandé ce transfert temporaire », raconte-t-elle. Après avoir pris possession de ses clés, Martine Primeau se rend à son appartement. Elle dépose ses valises et entreprend de faire une reconnaissance du quartier qui sera le sien pour les prochaines semaines. « C'était un endroit où je n'étais jamais allée. Je voulais savoir où j'étais située. »

Durant sa promenade, elle constate à quel point elle est près de Battery Park, le grand parc à la pointe sud de l'île d'où l'on aperçoit la Statue de la liberté. C'est aussi de là que partent les navettes fluviales pour Staten Island. Primeau profite de l'occasion pour faire des courses, repérer quelques fournisseurs de services et mémoriser des points de repère. Elle marche et chronomètre deux trajets différents entre son appartement et l'Embassy Suites. Il y a moins de quatre minutes de marche pour le premier et de cinq à six minutes de marche pour le second. Rassurée par cette reconnaissance, elle se rend à l'Embassy pour y poursuivre sa journée de travail.

Nadia Seraiocco passe aussi à son appartement avant de filer à l'Embassy pour prendre possession de son bureau, qu'elle partage avec deux collègues. Son agenda est chargé. À treize heures trente, le jour même, elle a une rencontre avec des représentants de The Kreisberg Group, une agence de relations publiques et de marketing spécialisée dans le domaine culturel qui est située dans la 25ᵉ Rue, dans le quartier Chelsea. Fondée en 1984, la firme n'est pas tombée de la dernière pluie. Elle compte parmi ses clients des dizaines de musées, des galeries d'art, des fondations, des universités, des jardins botaniques, des firmes d'architectes, etc. La liste de ses prestigieux clients n'en finit plus. The Kreisberg Group est la principale agence de relations publiques retenue par Québec New York 2001 pour faire mousser sa visibilité. L'autre, Makovsky, pilote le dossier des relations publiques dans les volets affaires, sciences et technologies.

Après sa rencontre, Seraiocco retourne à son bureau de l'Embassy. Martine Primeau y est aussi, ainsi que plusieurs autres membres de la délégation qui prévoient rester tard au boulot. À soixante-douze heures de l'ouverture officielle de l'événement, on ne compte pas les heures de travail, la pression s'accentue mais l'atmosphère est bonne. Tout le monde est excité. C'est l'ivresse des derniers moments avant la première.

Dehors, il pleut.

Cheyenne Mountain (Colorado)

Depuis la signature, le 12 mai 1958, de l'accord entre le Canada et les États-Unis ayant mené à la création du NORAD, la principale tâche de l'organisation militaire est toujours restée la même : assurer la défense du territoire contre les agressions aériennes et aérospatiales provenant de l'extérieur du continent. Par tradition, en raison du poids militaire des États-Unis et du fait qu'ils en assument presque entièrement les coûts, le commandement du NORAD a toujours échu à un Américain et le commandement en second à un Canadien. Autour des deux hommes, d'autres officiers de haut rang issus des deux pays assurent la bonne marche des opérations.

Le major-général canadien Rick Findley est un de ceux-là. Solide gaillard à la bouille sympathique, l'homme né à Ottawa en 1950 joint les rangs de la Défense nationale du Canada en 1968, où il termine une formation de pilote. Après avoir participé à différentes missions dans le monde, il grimpe les échelons de la chaîne de commandement de la Force aérienne. En septembre 2001, il occupe le poste de directeur des opérations de combat au quartier général du NORAD construit au cœur des montagnes Cheyenne, près de Colorado Springs. Ses responsabilités sont nombreuses. Durant son quart de travail, c'est lui qui doit veiller à ce que l'organisation soit prête à chaque instant contre une éventuelle attaque.

Le soir du lundi 10 septembre 2001, le major-général Findley arrive au boulot pour entamer un tour de garde d'une douzaine d'heures. Il se trouve alors être l'officier le plus haut gradé en poste et a la responsabilité de toute la boîte. Deux tâches importantes l'attendent au cours de la nuit. D'abord, il doit voir au bon déroulement de l'exercice Vigilant Guardian. Organisée depuis des mois, cette opération constitue en fait une simulation d'attaques sur le continent nord-américain. Au cours de cet exercice, les opérateurs et les contrôleurs doivent détecter des vagues successives d'attaques virtuelles se déployant sur les écrans de leurs ordinateurs et de leurs radars, puis organiser la riposte. Cela exige une vaste coordination. Toutes sortes d'éléments peuvent être introduits à n'importe quel moment en cours de route. L'exercice dure plusieurs jours.

Un petit code affiché sur chacun des écrans rappelle qu'il s'agit d'une simulation. Il suffit à chacun des participants d'enfoncer une commande pour retourner dans le monde réel.

Les entraînements de ce type sont fréquents au sein du

NORAD. Toutes les bases de l'organisation sont concernées : le quartier général de Cheyenne Mountain (Colorado), le quartier général canadien à Winnipeg, les différents centres de surveillance de l'espace aérien à North Bay (Ontario), Tacuma (Washington), Rome (New York), Tyndall (Floride) et Elmendorf (Alaska).

Outre ces bases, l'organisation s'appuie sur un réseau de stations radars et bien entendu sur une flotte d'avions de combat et de soutien : chasseurs F-15 et F-16 américains, CF-18 canadiens, avions-radars et avions de ravitaillement. En cas de besoin, les navires de la marine, équipés de radars pouvant scruter le ciel, communiquent avec les opérateurs du NORAD.

En parallèle à l'exercice, la seconde tâche du major-général Findley se déroule dans le monde réel. De l'autre côté de la planète, les forces aériennes russes sont elles aussi en plein exercice, dans les régions nordiques de leur territoire. Mais cet exercice-là est organisé avec de vrais avions, dont des bombardiers à long rayon d'action ayant la capacité de transporter de l'armement atomique. Comme ils s'exercent dans leur région arctique, les Russes sont aux portes d'entrée septentrionales du Canada et de l'Alaska !

Bien sûr, la guerre froide est terminée depuis longtemps. La superpuissance qu'était l'Union soviétique n'existe plus. N'empêche que la Russie bénéficie d'un armement non négligeable.

« Nos amis russes avaient déplacé certains de leurs bombardiers dans leurs bases opérationnelles arctiques. Chaque fois qu'ils font une telle manœuvre, nous coordonnons une réponse. Dans le cas présent, nous estimions qu'il fallait envoyer des chasseurs supplémentaires là-haut », raconte Findley. Ce « là-haut », c'est le Grand Nord. Depuis quelques jours, six chasseurs CF-18, normalement basés à Cold Lake (Alberta) et à Bagotville (Québec), ont été déplacés vers Inuvik (Territoires du Nord-Ouest), près du Yukon. Les Américains ont fait de même en

Alaska. Si les bombardiers russes en exercice s'avancent trop près du territoire nord-américain, les avions du NORAD iront à leur rencontre pour leur rappeler qu'ils sont sous haute surveillance.

Le soir du 10 septembre 2001, vingt avions chasseurs sont en état d'alerte dans dix des bases aériennes de l'organisation : deux en Alaska, quatre au Canada et quatorze aux États-Unis. L'état d'alerte signifie que ces avions sont prêts à décoller dans les minutes suivant le signal d'une situation d'urgence. Et en raison des deux opérations menées de front, les centres d'opération et les postes de commandement des différentes bases du NORAD comptent un maximum de personnel au boulot.

Enfin, dans les circonstances, il était aussi plus logique que le premier officier en poste à Cheyenne Mountain soit au travail de nuit, puisque c'était le jour en Russie, note Rick Findley, aujourd'hui lieutenant-général et commandant en second du NORAD.

Gander (Terre-Neuve)

Depuis des décennies, la ville de Gander ne vit que pour l'aviation. Les traces de cette époque se retrouvent partout dans les rues et les édifices de cette petite ville de Terre-Neuve qui compte environ 10 000 habitants, située à trois heures et demie de route de la capitale, St. John's. À l'aéroport comme à l'hôtel de ville, dans les restaurants, les hôtels et plusieurs autres édifices publics, des photographies d'avions, des portraits de pilotes prêts à s'envoler ou d'autres scènes aériennes ornent les murs. Plusieurs rues sont baptisées du nom d'aviateurs ou d'astronautes célèbres : Yeager, Wright, Armstrong, Lindbergh, Bennett... Il y a même une place Marc-Garneau. À deux ou trois intersections, des sculptures représentant de vieux coucous d'une autre époque sont montées sur des socles de béton.

À l'entrée est de la ville, donnant sur la route transcana-dienne, un panneau jouxtant un chemin de gravier dégringo-lant vers un lac indique le site de l'écrasement, le 12 dé-cembre 1985, d'un appareil DC-8 de la compagnie Arrow Airlines. Parti quelques secondes plus tôt de l'aéroport où il avait fait le plein, l'avion faisait route vers Fort Campbell (Kentucky), ramenant à son bord 248 membres de l'armée américaine, dont la majorité étaient rattachés à la 101e division aéroportée. Ils revenaient à la maison pour Noël après une mission de paix de six mois dans le Sinaï. Il n'y eut aucun survivant.

Il est fort simple de comprendre pourquoi Gander vit d'aviation : en raison de la courbure de la Terre, la ville se trouve en plein sur la route orthodromique reliant l'Amérique et l'Eu-rope. Au milieu des années 30, lorsqu'il est question d'établir un service de vols réguliers entre les deux continents, plusieurs gou-vernements, dont celui de Terre-Neuve, qui ne se joindra à la Confédération canadienne qu'en 1949, recherchent des terrains pour l'aménagement d'aéroports destinés au ravitaillement. Le site de Gander est choisi. La ville est construite autour de l'aéro-port et pour lui. Les premiers aéronefs s'y posent en 1938.

L'année suivante marque le déclenchement de la Seconde Guerre mondiale. Le 3 septembre 1939, deux jours après l'inva-sion de la Pologne, la France et la Grande-Bretagne déclarent la guerre à l'Allemagne. Terre-Neuve déclare la guerre elle aussi le 3 septembre et le Canada emboîte le pas une semaine plus tard. Gander devient alors un relais obligé pour les avions alliés en route vers les îles anglaises. C'est encore plus vrai après l'en-trée en guerre des États-Unis, en décembre 1941.

Des années plus tard, avec la construction de gros por-teurs effectuant des liaisons sans escale de plus en plus dis-tancées, l'activité de l'aéroport décline. Mais, en contrepartie, Gander reste le « carrefour du monde », comme elle se plaît à se définir. Toujours en raison de la courbure de la Terre, chaque jour dans son espace aérien circulent des centaines d'avions en route, le soir, vers l'Europe et, en fin de matinée et en début d'après-midi, vers l'Amérique.

Il n'est donc pas surprenant que la petite ville abrite un des sept centres régionaux de NAV Canada, chargé du contrôle aérien au Canada. Les autres sont situés à Moncton, à Montréal, à Toronto, à Winnipeg, à Edmonton et à Vancouver. Mais il y a mieux ! Avec quatre autres centres situés à Prestwick, en Écosse, à Reykjavik, en Islande, à Santa Maria, aux Açores, et à New York, Gander a la responsabilité de gérer une partie du trafic aérien océanique, un rôle attribué par l'Organisation de l'aviation civile internationale (OACI), une composante de l'ONU dont le siège social est situé à Montréal.

Comptant sur environ 270 employés, dont plus de la moitié sont des contrôleurs aériens, le centre gère un territoire océanique de 3 069 425 kilomètres carrés (c'est-à-dire deux fois la superficie totale du Québec) entre les côtes canadiennes et le 30e méridien Ouest, soit à peu près au milieu de l'océan, et entre les 45e et 65e parallèles.

Pas mal pour une bâtisse plutôt anonyme qui est située à quatre kilomètres de l'aéroport et dont l'entrée principale est ornée d'un panneau prévenant le visiteur de faire attention… aux ours ! « En 2001, nous enregistrions de 1 000 à 1 100 mouvements aériens quotidiens dans la zone océanique, se rappelle Chris Mouland, directeur des opérations au centre de contrôle aérien de Gander. Le trafic est très fort de mai à septembre et plus faible durant l'hiver. »

Une des responsabilités des contrôleurs du trafic océanique de Gander est de préparer, chaque jour de l'année, les plans de vol des aéronefs traversant l'océan en direction de l'Europe. Ce sont eux qui définissent la route que devront prendre les avions, compte tenu de la mouvance des courants d'air *(jet stream)* circulant d'ouest en est à plusieurs milliers de mètres d'altitude. « Nous travaillons avec des outils très complexes, les données météorologiques les plus récentes, etc. », explique Mouland, qui, en septembre 2001, supervisait le travail du personnel présent au centre des opérations.

Par opposition, ce sont les contrôleurs aériens de Prestwick, ville située sur la côte de l'Ayrshire en Écosse, qui déterminent les principaux éléments des plans de vol des pilotes lors des traversées inverses, de l'Europe vers les Amériques.

Chaque jour, c'est la même affaire. Il faut analyser les variations des courants aériens, tenir compte de la météo, établir une route pour chacun des avions en respectant une distance minimale entre eux, les répartir sur des corridors à des altitudes différentes, etc. La préparation des plans de vol vers l'Europe permet aux aéronefs de profiter de ces courants. Mais, pour les vols en sens inverse, vers l'Amérique, il faut déterminer une route qui permettra aux avions d'éviter les vents de face, facteur de ralentissement de la traversée et de turbulence.

C'est ainsi que le 10 septembre 2001, en soirée, les plans élaborés par les contrôleurs de Prestwick pour les vols du lendemain matin vers l'Amérique prévoient que le flux des aéronefs passera légèrement au sud de l'île de Terre-Neuve. Au total, environ cinq cents avions doivent traverser l'Atlantique au cours des prochaines heures.

New York

En cette fin d'après-midi du 10 septembre 2001, le temps est de plus en plus maussade : brouillard, pluie, épaisse couverture nuageuse. Il y a même de l'orage dans l'air.

Rassemblé à la porte de l'Empire State Building, dans Midtown, un petit groupe de six personnes arrivées la veille du Nouveau-Brunswick s'apprête à monter au sommet de l'édifice pour voir le panorama et prendre quelques photos. Bernard Lord, premier ministre de la province, en est le leader. Lui et ses collègues sont en voyage d'affaires dans la métropole américaine.

Outre Lord, la délégation comprend son adjoint et conseiller spécial, Bob Scott, sa chef de cabinet, Barb Winsor, sa directrice des communications, Amanda Harpelle, ainsi que Bill Thompson et Jim McKay, deux responsables de la division Investissements et exportations du ministère des Entreprises du Nouveau-Brunswick.

Arrivé dans la métropole américaine à bord de l'avion gouvernemental, le groupe mène une campagne de démarchage auprès d'importants financiers et gens d'affaires. À l'agenda sont inscrites dix-sept rencontres en quarante-huit heures avec des investisseurs potentiels, des représentants d'agences de cotes de crédit et des médias. « Nous constatons que beaucoup d'investisseurs sélectionnent des endroits pour prendre de l'expansion. Ils peuvent regarder sur une carte et voir le Nouveau-Brunswick, mais beaucoup d'entre eux ne connaissent pas cette province, dit Lord en s'adressant aux journalistes avant de monter dans son avion le dimanche soir. Il n'y a jamais eu de travail pour bien faire connaître le Nouveau-Brunswick dans ce marché et nous croyons qu'il est important que ce travail soit fait[2]. »

En soirée, Lord doit donner une entrevue pour une émission de la chaîne de télévision spécialisée *Report on Business*, de Toronto. Pour ce faire, il doit se rendre dans les studios de CNN,

---

2. Charles-Antoine Gagnon, « Bernard Lord en mission à New York », *L'Acadie nouvelle*, 10 septembre 2001, page 3.

ce qui lui donnera l'occasion de rencontrer le célèbre animateur Lou Dobbs. Mais, en cette tristounette fin d'après-midi, la délégation a quelques heures libres devant elle. On décide de grimper au sommet de l'Empire State Building. Un des membres du groupe achète un appareil photo jetable. Une fois en haut, on prend quelques photos de Downtown et des tours jumelles du WTC se profilant au loin. « Le temps était très brumeux avec de la pluie intermittente, se rappelle Bob Scott. Il faisait beaucoup plus sombre que d'ordinaire pour ce moment-là de la journée. Lorsque j'ai aperçu les tours du WTC au loin, je me souviens avoir fait des comparaisons avec la tour du CN à Toronto. »

En soirée, la pluie s'intensifie. Au Yankee Stadium, dans le Bronx, le mauvais temps et l'état du terrain forcent l'annulation du match de la Ligue américaine de baseball entre les Yankees et leurs éternels rivaux, les Red Sox de Boston. Les partisans du club local sont déçus, car ils auraient eu la chance de voir leur as lanceur, Roger Clemens, remporter sa vingtième victoire de la saison (il avait alors une fiche de 19-1), contre son ancienne équipe en plus !

Les précipitations intenses et un orage provoquent l'annulation de vols vers l'aéroport LaGuardia, dont celui d'Air Canada que devaient prendre Michel Létourneau et quatre autres membres de Québec New York 2001. À leur arrivée à Dorval, ils sont informés que leur départ a été remis au lendemain matin et ils vont louer des chambres dans un hôtel de l'aéroport.

Pendant ce temps à l'hôtel Embassy Suites, le montage des deux expositions dans la mezzanine va bon train. Tellement, d'ailleurs, que Roland Lajeunesse, responsable de l'exposition qui porte sur la haute technologie québécoise (Québec Wise), décide, au début de la soirée, d'inviter ses employés au restaurant.

Lajeunesse est président et directeur général de GID, une entreprise de services dans le domaine du design ayant pignon sur rue à Sainte-Foy. Toute l'exposition dont il est responsable a été montée au Québec dans les mois précédents. Les panneaux ont été livrés par camion au cours de la journée du 10 et il ne reste qu'à faire le montage.

À New York, Lajeunesse est accompagné de sa conjointe, Line Gros-Louis, fille de Max Gros-Louis, ancien grand chef de la nation huronne-wendat. Deux autres employés de GID, Gaston Duchesne et Ana-Laura Baz, sont aussi sur place avec leur conjoint. Un designer contractuel, sa conjointe et six monteurs contractuels complètent ce groupe de quatorze personnes. « Le montage a commencé en après-midi, raconte Lajeunesse. Les choses allaient rondement et, dès la première journée, nous avons fini de monter environ 75 % de l'exposition. Nous nous sommes arrêtés vers 18 h ou 19 h et j'ai invité toute mon équipe au restaurant. On s'est payé la traite. Le projet s'était bien déroulé et, avant le sprint final, on s'est offert une petite soirée. »

Tout le groupe se rend donc au restaurant The Park, situé à l'intersection de la 10ᵉ Avenue et de la 17ᵉ Rue dans Chelsea, pour une pause plus qu'appréciée. Ancien garage de taxis converti en restaurant, l'endroit propose un menu de nouvelle cuisine américaine. « C'était un restaurant branché avec un décor spectaculaire, dit Lajeunesse. On mange bien et on commande quelques bonnes bouteilles. »

De leur côté, Martine Primeau et Nadia Seraiocco quittent leur bureau au début de la soirée pour rentrer à leur appartement. Pour éviter la pluie, Primeau traverse les grands espaces maintenant déserts du WFC et du WTC. « Je marchais sur les grands revêtements de marbre beige que je trouvais magnifiques. Il n'y avait presque plus personne. Je me suis rendu compte qu'il y avait un nettoyeur au sous-sol de l'édifice et me suis dit que j'irais y porter ma jupe le lendemain. »

Au hasard de sa promenade, Primeau sort du côté est du WTC, traverse la rue Church et entre chez Century 21, un grand magasin à rayons surchargés de marchandises en solde, situé à l'intersection de la rue Cortlandt. Elle y flâne une demi-heure avant de retourner chez elle. Dehors, sous la pluie et dans le noir, les rues sont pratiquement désertes. Elle n'aime guère cette situation et note que peu de gens savent où elle demeure, en cas d'incident.

Vers 19 h, Nadia Seraiocco est aussi rentrée chez elle, déclinant l'invitation de quelques collègues à aller manger au restaurant. « Je savais que le lendemain j'allais avoir une grosse journée, parce que c'était le compte à rebours jusqu'au 13. Lorsque je suis partie du bureau, il pleuvait à boire debout. Je me suis arrêtée à l'épicerie et je suis retournée à mon appartement pour organiser mes affaires, sachant que je n'aurais pas d'autre journée tranquille avant deux semaines. »

D'expérience, Seraiocco sait que, à l'occasion d'événements de grande envergure étalés sur plusieurs semaines, les premiers jours sont les plus fous. Il faut voir aux derniers détails, éteindre les feux, participer à plusieurs cérémonies et réceptions, répondre aux questions, organiser les rencontres… Bref, il faut voir à tout. Après, l'événement prend son erre d'aller. Les occasions de souffler un peu sont plus nombreuses.

Arrivée chez elle, Nadia Seraiocco s'occupe à mille et une petites besognes. Elle déballe et range son épicerie, défait ses valises, installe ses affaires. Elle appelle ses proches au Québec, s'assure que tous ses outils de travail sont en bon ordre.

De la fenêtre de son appartement, elle voit très bien la silhouette des tours du World Trade Center, en diagonale, de l'autre côté de la rue West. Les cent dix étages des deux gratte-ciel se dressent devant elle, immenses murs de verre et d'acier dont les fenêtres laissent filtrer de petits rectangles de lumière. Dans cette soirée pluvieuse et morne, les édifices sont si imposants, si énormes, que Seraiocco ne peut en voir ni la base ni les derniers étages dans les hauteurs.

Chapitre 2

Au pied des tours (8 h – 8 h 55)

Battery Park City, Manhattan, vers 8 h

Des autobus jaunes. Ils sont là, garés à la porte des tours résidentielles de Battery Park City, à deux pas du World Trade Center et du World Financial Center, le moteur ronronnant dans l'attente que les enfants s'y engouffrent. En règle générale, la pointe sud de Manhattan — ou Downtown — est connue pour son quartier des affaires, ses tours à bureaux, sa célèbre Wall Street, l'édifice du New York Stock Exchange, ses trottoirs bondés de gens d'affaires tirés à quatre épingles et marchant d'un pas pressé vers le bureau, cellulaire dans une main et atta-ché-case dans l'autre.

Mais il y a aussi de grands édifices résidentiels dans cette partie de l'île. Et des commerces. Des restos. Des parcs.

Surprise, amusée par la scène à laquelle elle assiste depuis la fenêtre de son appartement, Martine Primeau raconte au bout du fil ce qu'elle voit à ses deux enfants, Jérôme (dix ans) et Alix (treize ans), restés à Montréal avec son conjoint, Jean-

Claude Dufresne : « Hé, les enfants, à New York aussi, dans ce milieu très *business,* il y a des autobus d'écoliers et des enfants qui les attendent sur le trottoir », leur dit-elle. « Ça m'avait surprise de voir qu'il y avait dans ce quartier une vie autre que financière. Je me demandais bien où était l'école… »

À deux jours de l'inauguration de Québec New York 2001, Primeau peut déjà se féliciter du travail accompli au cours des derniers mois. Comme elle est responsable de la publicité et de la promotion de l'événement, le placement média est terminé. Il reste à voir les résultats.

Une première annonce a été publiée la veille dans le *New York Times.* Une autre doit paraître dans l'édition du jour. La programmation doit être encartée dans l'édition du dimanche 16 septembre, dont le cahier des arts doit aussi consacrer sa une à l'événement. Aux États-Unis, l'édition dominicale des grands journaux est la plus volumineuse et la plus lue.

Pour la télévision, les *clips* sont en boîte.

Comme tout le concept de Québec New York 2001 porte sur l'image de la modernité, Primeau choisit entre autres quelques photos de spectacles avant-gardistes pour illustrer ses publicités. Dans son esprit, il n'y a rien de choquant, par exemple, à annoncer les deux représentations de la compagnie de danse Marie Chouinard avec une photo de l'œuvre *Le Cri du monde* où l'on voit une danseuse à la poitrine pratiquement dénudée. Mais ce choix suscite des protestations chez certains de ses clients. Pis encore, les représentants d'une boîte de relations publiques avec laquelle elle fait affaire expriment leur scepticisme quant à l'accueil qui pourrait être réservé au cabaret technologique *Zulu time,* de Robert Lepage. Il faut dire que cette œuvre réalisée en collaboration avec Peter Gabriel traitait d'un sujet assez rébarbatif : se déroulant dans les aéroports, elle s'inspirait de l'aversion que Lepage éprouvait pour les avions. Des terroristes originaires du Moyen-Orient y jouaient un rôle prépondérant et la soirée s'achevait sur des images réelles d'avions détournés qui s'écrasaient.

Cette retenue, voire ce conservatisme, n'est pas sans la surprendre. « Je me disais : Comment cela se fait-il ? Nous sommes ici, à New York, dans la ville la plus cosmopolite, moderne, ouverte sur le monde… »

Primeau ajuste néanmoins ses concepts publicitaires : plus conservateurs pour le milieu des affaires, plus ouverts lorsqu'ils visent le public des artistes. Le 11 septembre, tout est rentré dans l'ordre. À ce moment-là, le rôle de Primeau consiste à veiller au bon déroulement des activités de promotion et à assurer la visibilité des commanditaires. Sur le terrain, elle voit à ce que leurs panneaux soient bien visibles ; dans les quotidiens, elle s'assure que les encarts promotionnels sont bien insérés, etc.

*　*　*

En sortant de son immeuble de la rue Rector, Nadia Seraiocco a sensiblement la même réaction que sa collègue. Tous ces autobus scolaires alignés, près du trottoir… Quelle curiosité ici, tout près de Wall Street et du monde de la finance.

Tout en marchant vers l'hôtel Embassy, situé quelques rues au nord, Seraiocco remarque aussi les traces laissées par la forte pluie de la veille. « Il y avait des flaques d'eau, quasiment comme des étangs, un peu partout », se souvient-elle.

Les nuages ont toutefois disparu, faisant place à un ciel bleu immaculé. La matinée est superbe.

Arrivée à son bureau de l'Embassy, elle donne quelques coups de téléphone, dont un à Lise Raymond, spécialiste des communications embauchée à la pige pour la durée de l'événement. Demeurée à Montréal, où elle agit à titre d'attachée de presse, Raymond goûte à distance l'euphorie de ses collègues. La veille, Rémy Charest lui a envoyé par courriel quelques photos des installations accompagnées de ses commentaires.

Selon son agenda, Nadia Seraiocco a une rencontre avec une collègue de la Délégation générale du Québec et, à 10 h, une réunion avec les représentants de l'agence Makovsky.

Aéroport LaGuardia, Queens, 8 h

Quel est le meilleur chemin pour se rendre de l'aéroport au quartier des affaires de New York ? Y a-t-il moyen d'éviter la circulation matinale et ses milliers de voitures convergeant vers l'île de Manhattan ? En se posant ces épineuses questions, Jacques Baillargeon ne peut s'empêcher d'en rire. « C'était un peu rêver en couleurs », reconnaît-il aujourd'hui.

N'empêche qu'en ce beau début de journée tout bleu, Baillargeon, chauffeur attitré de Michel Létourneau, aimerait bien éviter à son patron et à ses collaborateurs l'épreuve des embouteillages new-yorkais. Arrivé tôt à l'aéroport LaGuardia, dans le quartier de Queens, à environ treize kilomètres à l'est de Manhattan, le chauffeur sait que ses passagers devaient arriver la veille en soirée et qu'ils en ont été empêchés par les orages. Il aimerait donc éviter de leur imposer l'épreuve des embouteillages monstres.

Arrivé deux jours plus tôt à New York, Baillargeon fait partie de l'équipe des chauffeurs québécois embauchés pour la durée de l'événement. Le petit groupe est sous la supervision de Patrick Giguère, un résidant de Québec associé depuis 1996 au Festival d'été — où il gère les transports — et à d'autres manifestations culturelles.

Pour la durée de Québec New York 2001, ils ont loué trois

fourgonnettes de quinze places, une autre de sept places et une voiture luxueuse, du genre Cadillac, pour Michel Létourneau. Mais comme, ce matin-là, Létourneau arrive avec quelques autres personnes et leurs bagages, Baillargeon emprunte la mini-fourgonnette de sept places à Patrick Giguère et laisse sa grande berline garée à proximité de l'appartement qu'on lui a attribué, rue Albany.

Arrivé à LaGuardia, Baillargeon s'informe auprès d'un chauffeur de taxi en maraude. Ce dernier lui suggère de prendre le pont Queensboro, qui débouche à la hauteur des 59e et 60e Rues, près de l'entrée sud-est de Central Park. Comme le chauffeur de taxi lui explique que le Queensboro a deux étages, Baillargeon se dit qu'il va prendre le tablier supérieur. « C'était le premier pont à deux étages que j'empruntais. J'ai volontairement choisi l'étage supérieur en me disant qu'ainsi nous aurions une belle vue sur New York pour cette arrivée », dit-il.

Satisfait de son choix, il poursuit son attente. L'avion de Létourneau doit se poser à 8 h 15.

Près de l'hôtel Clarion, avenue Park Sud, 8 h 40

Le journaliste Claude Deschênes et le caméraman André Grégoire reviennent de leur petit-déjeuner. Ils marchent vers leur hôtel, le Clarion, situé au 429, avenue Park Sud, entre les 29e et 30e Rues dans le quartier Murray Hill. Ils ont choisi ce petit hôtel vieillot de six ou sept étages, à la façade couverte de larges briques beiges et un peu à l'étroit, en raison de sa proximité du Madison Square Garden où, le vendredi 7 septembre, le chanteur pop Michael Jackson a fêté ses trente ans de carrière par un grand spectacle ayant réuni, sur scène ou dans la salle, Elizabeth Taylor, Whitney Houston, Liza Minnelli,

Quincy Jones, Gladys Knight, Eminem, Shaquille O'Neal, Marlon Brando et plusieurs autres.

Employé de Radio-Canada depuis vingt ans, Deschênes en est à sa toute première affectation à l'extérieur du pays. Évidemment, la tâche l'emballe, même s'il est fatigué.

Deschênes termine un été très occupé où il a couru d'un festival à l'autre. Le lundi 3 septembre, il était à la cérémonie de clôture du Festival des films du monde de Montréal. Le mardi 4, il s'est attelé au montage d'un reportage de dix minutes sur la carrière de Michael Jackson, avant de partir pour New York le jeudi 6.

Vendredi soir, le spectacle de Jackson le déçoit. D'abord, comme beaucoup d'autres journalistes, Deschênes est confiné à un bout de trottoir devant le Madison Square Garden et regarde sur moniteur ce qui se passe à l'intérieur. Quant au spectacle lui-même, « ce n'était pas l'événement attendu ; c'était obscur », dit-il. À son souvenir, les médias new-yorkais n'en parlent presque pas.

Le matin du samedi 8 septembre, jour où il doit revenir, Deschênes reçoit un coup de fil de ses patrons qui lui demandent, ainsi qu'à André Grégoire, de rester à New York et de préparer un reportage sur Québec New York 2001. « Ils m'ont dit : "Tu reviendras mardi. Ça te donne trois jours pour faire tes entrevues, ton tournage. Tu monteras ton topo au bureau pour diffusion le jeudi 13, la journée de l'ouverture." »

Les deux hommes s'attellent donc à cette nouvelle affectation. Ils rencontrent Rémy Charest, le directeur des relations publiques de Québec New York 2001, pour déblayer le terrain et enregistrent des entrevues. Le 10, ils tournent des images depuis le traversier reliant Manhattan et Staten Island, dans un panorama où l'on voit le profil écrasant des tours jumelles. Ils veulent ainsi montrer à quel point l'événement québécois est au cœur du quartier des affaires de la Grosse Pomme. Il ne reste que quelques petites choses à fignoler le matin du 11 septembre, avant le retour pour Montréal, prévu en fin d'après-midi. Deschênes et Grégoire prennent donc le temps d'aller prendre le petit-déjeuner avant de retourner à l'hôtel pour boucler leurs valises.

Deschênes est de bonne humeur. La beauté du jour et de la ville l'inspire. « Il faisait beau, le ciel était bleu. C'était le début de l'année scolaire et il y avait beaucoup d'enfants qui s'en allaient à l'école. Il y avait comme quelque chose de très détendu. Je le sentais très très fort ce matin-là. »

Soudain, les deux hommes entendent le bruit assourdissant d'un avion passant au-dessus de leur tête. Ils lèvent le nez. Ce n'est pas un petit appareil !

Deschênes trouve pour le moins étrange, voire anormal, le passage de cet avion commercial à si basse altitude et si près des tours à bureaux. Mais on est dans la ville de la démesure, se dit-il. « C'est New York ! La ville des choses un peu bizarres. »

Lui et Grégoire poursuivent leur marche et rentrent à l'hôtel.

Hôtel Élysée, Midtown, 8 h 30 – 8 h 55

La délégation du Nouveau-Brunswick conduite par Bernard Lord amorce sa journée de travail à l'hôtel Élysée, où elle a établi ses quartiers.

Érigé dans les années 20 dans la 54e Rue, près de Park Avenue, l'immeuble d'une quinzaine d'étages présente une façade sombre, surmontée d'une tourelle qui ressemble à un phare en bord de mer. L'entrée est surmontée d'une marquise où flottent deux drapeaux : l'un est celui des États-Unis, l'autre a en son centre un écusson de trois fleurs de lys flanquées de deux bananes. Peut-être une évocation du Monkey Bar, établissement voisin de l'hôtel… À l'intérieur, le hall est petit mais luxueux, feutré.

Réunis dans une petite salle du rez-de-chaussée, les six représentants néo-brunswickois sont gonflés à bloc. La journée s'annonce chargée mais prometteuse. Ils se sont donné rendez-vous tôt afin de revoir l'horaire une dernière fois. Toutefois, Lord et sa suite sont avisés que leur première rencontre de la journée, avec des représentants du consulat canadien, doit être reportée.

Comme ils ont un peu de temps à leur disposition, ils décident donc de passer en revue le discours que le premier ministre doit prononcer à l'heure du lunch devant une assemblée conjointe de la chambre de commerce du New Jersey et de la chambre de commerce New Jersey-Canada, à Trenton, la capitale du petit État voisin.

Pour les gens d'affaires ou les politiciens de passage à New York, une visite dans la métropole sert bien souvent de tremplin pour aller tâter le pouls des clients dans les États limitrophes, affirme Lord. De là ce saut au New Jersey pour convaincre les gens d'affaires que le Nouveau-Brunswick est un bon endroit pour investir.

Il est autour de 8 h 55 lorsque Bob Scott, qui est aussi le chauffeur et un ami personnel de Lord, monte à sa chambre pour aller chercher son ordinateur portable contenant le discours. Au passage, il allume le téléviseur…

Rue West, 8 h 45

Ayant laissé sa fourgonnette de sept places à Jacques Baillargeon, Patrick Giguère se rend au travail, à l'hôtel Embassy, à bord de la fourgonnette de quinze places avec un de ses autres chauffeurs, Maxime Fiset. Ce dernier est au volant, Giguère occupe le siège avant du passager. À l'arrière, deux ou trois autres employés de Québec New York 2001 ont pris place.

Pour la durée de l'événement, Giguère et Fiset occupent des appartements situés dans le secteur de la rue Christopher, dans Greenwich Village. Partis quelques minutes plus tôt, ils empruntent la grande artère qu'est la rue West et filent vers le sud. Sur leur gauche, la haute silhouette des deux tours du World Trade Center barre l'horizon.

Soudain, Fiset remarque un avion volant à très basse altitude dans le ciel. « Il m'a dit : "Hé ! Regarde donc si l'avion est proche" », raconte Patrick Giguère.

World Financial Center, quartier des affaires, 8 h 46

Philippe Cannon n'a pas dormi de la nuit. Directeur de production de Québec New York 2001, le jeune homme de vingt-huit ans a enfilé réunion sur réunion et résolu divers problèmes au cours des dernières heures.

Comme le cœur de l'événement se déroule dans l'atrium du World Financial Center, l'équipe chargée du montage de la scène et des expositions doit travailler davantage la fin de semaine, le soir et la nuit. Le jour, avec les milliers de personnes qui travaillent dans les tours à bureaux du complexe, on doit éviter de faire trop de boucan.

Embauché en décembre 2000, Cannon, qui a auparavant travaillé pour l'organisation d'autres événements d'envergure, considère celui-ci comme l'un des gros projets de sa carrière. À New York, où il se trouve depuis quelques jours, il voit à tout : le montage de la scène et du site principal, les expositions, le passage du matériel aux douanes, etc.

À 8 h 45 le matin du 11 septembre, il se trouve à la sortie du North Bridge débouchant sur Winter Garden. Il discute des activités de la journée avec les représentants du WFC.

Soudain, leur conversation est interrompue par un bruit sourd, accompagné d'une secousse. « Allan, le directeur technique du WFC, a dit "Mon Dieu ! Cela ressemble au bruit de la bombe" », raconte Cannon.

Cette bombe, c'est celle qui avait explosé huit ans plus tôt, le 26 février 1993, dans les garages souterrains du World Trade Center, ayant fait six morts et plus de mille blessés. Caché dans une minifourgonnette, l'engin de six cents kilos avait creusé un trou de trente mètres de large sur une hauteur de quatre étages. La fumée produite s'était répandue jusqu'aux étages supérieurs des deux plus hautes tours du complexe, entraînant leur évacuation.

L'attentat avait ensuite été revendiqué par un groupe d'islamistes radicaux. Capturés puis jugés aux États-Unis en 1997 et en 1998, six suspects, dont Ramzi Ahmed Youssef, considéré comme le cerveau du complot, furent reconnus coupables et condamnés chacun à deux cent quarante années de prison.

Est-ce une autre bombe ? Pour l'instant, ni Cannon ni ses interlocuteurs du WFC ne peuvent répondre à cette question. Mais très vite, autour d'eux, un brouhaha commence à se répandre.

*   *   *

Maxime Fiset a à peine eu le temps de signaler la présence de l'avion à Patrick Giguère que l'aéronef frappe de plein fouet la tour nord du WTC, provoquant une gigantesque explosion. « Personne ne comprenait. Le trafic s'est arrêté. Tout le monde se regardait », raconte Patrick Giguère. « Qu'est-ce qui se passe, se demande ce dernier, complètement éberlué. Est-ce qu'on tourne un film ? Est-ce qu'un pilote a eu un malaise cardiaque ? Mais qu'est-ce qui se passe ? »

La fourgonnette se trouve encore à quelques minutes des tours lorsque l'impact survient, de sorte que Giguère n'a pas bien distingué les dimensions de l'aéronef qu'il a aperçu une fraction de seconde avant l'impact. Toutefois, il constate bien vite l'ampleur des dégâts, avec le champignon de flammes et de fumée noire, les débris projetés dans toutes les directions et cet énorme trou maintenant visible en haut de la tour.

Après un moment, il reprend ses esprits. Il se rappelle que Maxime Fiset doit se rendre à l'aéroport LaGuardia, où doit arriver une délégation d'une trentaine de personnes dont quelques artistes, vers 10 h 20. Mais auparavant, ils doivent s'arrêter au World Financial Center afin d'enlever le dernière banquette de la fourgonnette pour faire de la place aux bagages des nouveaux arrivants. « Nous avions un entrepôt au Winter Garden, raconte Giguère. J'ai dit à Maxime de se dépêcher, de se rendre là en vitesse pour qu'on puisse enlever la banquette et qu'ensuite il parte pour l'aéroport. »

« Sinon, avec tous les pompiers et les policiers qui s'en viennent vers le WTC, tu vas être pris là et tu ne pourras jamais te rendre à LaGuardia », lui lance-t-il.

*   *   *

Assise devant son ordinateur dans une suite de l'Embassy, Nadia Seraiocco sent elle aussi la structure de l'édifice bouger. Sur son écran, l'image sautille quelques instants. Elle quitte son poste pour aller voir ce qui se passe.

Encore à l'intérieur de son appartement de la rue Albany, Martine Primeau est sur le point de partir. Elle est sur le pas de la porte, sa jupe destinée au nettoyeur dans une main, lorsqu'elle entend un énorme bang par les fenêtres laissées ouvertes. Le bruit est tellement fort qu'elle se dit qu'un édifice en hauteur doit être en construction dans le secteur et que des ouvriers ont laissé tomber une énorme poutre d'acier depuis le dernier étage.

Rémy Charest est dans sa chambre de l'Embassy lorsqu'un bruit sourd attire son attention. « Ce que j'ai entendu aurait pu être le son d'une caisse tombant ou quelque chose comme ça. » Comme les expositions de Québec New York 2001 sont encore en montage dans l'atrium de l'hôtel, il va jeter un coup d'œil, question de s'assurer qu'il n'y a pas de problème.

Non, il n'y a rien de particulier. Charest retourne à sa chambre et envoie des courriels à des amis avec, en insertion, quelques photos des aménagements de l'exposition.

« Je leur ai écrit quelque chose du genre : "Regardez ce que nous avons réalisé, ça va être supergénial" », raconte-t-il. Lorsqu'ils les ouvrent, les réceptionnaires de ces courriels constatent que l'heure d'envoi concorde avec celle du début des attaques. « Évidemment, j'ai inquiété des gens », dit Charest.

*   *   *

Il est 8 h 46 m 40 s lorsque le vol AA11 d'American Airlines s'encastre dans la tour nord du World Trade Center. Parti à 7 h 59 de l'aéroport Logan de Boston, l'appareil était en route pour Los Angeles lorsque les terroristes en ont pris la direction, à 8 h 14 ou dans les minutes suivantes[1].

Au pied des tours du WTC et dans toutes les rues environnantes, l'attentat sème la consternation et la confusion. Trop près des immeubles et n'ayant pas vu l'avion surgir, plusieurs personnes ne savent pas encore exactement ce qui s'est passé. Si certains s'éloignent du WTC en courant, d'autres, curieux, s'ag-

---

1. *The 9/11 Commission Report,* page 4.

glutinent aux intersections pour voir ce qui se passe. Les rumeurs les plus folles se répandent. Chacun a son explication : un avion, une bombe, un missile.

New York, quartier des affaires, vers 8 h 50

Martine Primeau croit encore qu'une poutre métallique est tombée des hauteurs lorsque son attention est attirée par des cris dans la rue. Au lieu de sortir, elle retourne près des fenêtres de son appartement. Dehors, des gens courent. D'autres crient. Elle entend : « Don't look ! Don't look ! »

D'où elle demeure, elle ne peut voir ce qui se passe. Curieuse, elle descend.

Dehors, elle marche dans la rue Albany, vers la rue West. Au bout de la rue, vers la gauche, les tours jumelles se dressent de l'autre côté du boulevard. Au sol, elle remarque des débris. Les badauds fuient. Des pompiers érigent un périmètre de sécurité avec des rubans jaunes. Et du ciel tombent, comme une pluie de gros confettis, des milliers de feuilles de papier.

En levant les yeux, Primeau voit l'épaisse fumée s'échappant du sommet de la tour nord. « Je me suis dit : "C'est la chambre des fournaises qui a sauté !" », sans comprendre sur le coup — elle le fera plus tard — que ce genre de machinerie ne se trouve pas dans le haut d'un édifice.

« Va donc voir sur CNN si on en parle »

Assise à l'arrière d'un taxi, Nataly Rae est au téléphone avec son père lorsqu'elle aperçoit le panache de fumée. Dans la rue West où le chauffeur roule, on ne peut manquer de voir le profil écrasant des « Jumelles » se dessinant sur la gauche à mesure que l'on s'approche de la pointe sud de Manhattan.

D'ordinaire, c'est à la station de métro WTC que débarque Rae le matin pour se rendre au boulot, à l'Embassy Suites. Embauchée dans l'équipe de logistique pour la préparation et la durée de Québec New York 2001, elle coordonne également le travail d'un groupe de quatre stagiaires québécois dont les tâches quotidiennes ressemblent à celles d'un concierge d'hôtel. « C'étaient des jeunes de dix-huit ou vingt ans, entre le cégep et l'université. Ils avaient été embauchés pour trois mois. Leur travail était de donner en français des indications pour trouver toutes sortes de services à proximité. Durant l'été, nous avions ainsi rempli un cartable de renseignements généraux. »

Durant les trois semaines et demie de l'événement, Rae et son équipe doivent aussi tenir un kiosque où les employés et les visiteurs auront accès à une documentation à caractère touristique. C'est pour cela qu'elle est dans un taxi ce matin-là. La veille, une caisse de brochures de l'Office du tourisme de New York avait été livrée à son domicile et elle juge plus pratique de sauter dans une voiture jaune pour apporter cet encombrant et lourd colis jusqu'à l'Embassy.

En chemin, elle téléphone à son père. La voiture file vers le sud. Au sommet de la tour nord, c'est l'incendie. Perplexe, elle demande à son père d'aller jeter un coup d'œil à la télé, ce que ce dernier fait illico. À cet instant-là, l'événement n'est pas encore rapporté. Il n'y a rien de particulier, lui dit ce dernier. « Toi, qu'est-ce que tu fais ? » ajoute-t-il.

« Moi, je m'en vais au bureau. Je suis à côté, répond Rae. Je te rappelle et je te donne des nouvelles. »

* * *

Pendant ce temps, à l'Embassy, Nadia Seraiocco a mis les pieds à l'extérieur pour voir ce qui se passe. Au départ, elle croit à un gros dynamitage, mais dès qu'elle aperçoit le trou et la fumée s'échapper des hauteurs du WTC, elle comprend que l'affaire est beaucoup plus grave. « J'ai parlé à une fille au coin de la rue. Je lui ai demandé ce qui se passait. Elle m'a répondu qu'un avion commercial venait de rentrer dans la tour et elle croyait que c'était un 767. Elle pleurait et elle tremblait. »

Seraiocco retourne prestement à son bureau. De là, elle réussit à rejoindre Lise Raymond à Montréal. Cette dernière se souvient du ton empressé qu'avait la voix de Seraiocco. « Elle m'a dit : "Tu ne me croiras pas ! Tu ne me croiras pas ! Il y a un avion qui vient d'entrer dans le WTC" », se rappelle Raymond. « Je lui ai expliqué la situation et que, s'il y avait des journalistes qui désiraient avoir des détails sur ce qui se passait, j'avais mon cellulaire sur moi », ajoute Nadia Seraiocco. Puis elle enchaîne : « Je ne crois pas que nous allons pouvoir rester ici. »

La conversation ne s'éternise pas. Lorsque Lise Raymond raccroche, elle allume son poste de radio à CKAC pour suivre les événements. De son côté, Nadia Seraiocco et ses collègues en viennent à la conclusion qu'il vaut mieux quitter les lieux. Les camions de pompiers arrivent les uns après les autres, sirènes hurlantes. L'activité autour du WTC et des édifices environnants devient bourdonnante. « Nous nous sommes dit : "Allons nous installer à la Délégation du Québec, le temps que la situation se règle." On ne savait pas encore l'ampleur que tout cela prendrait. »

Seraiocco ferme son ordinateur et range ses affaires avant de refermer derrière elle la porte de son bureau. Elle y laisse une note, à l'intention d'autres personnes qui, le cas échéant, se présenteraient, pour dire que tout le monde s'est déplacé vers la Délégation générale du Québec.

« Un des endroits chéris de la planète. » Une petite phrase de sept mots suffit à Diane Wilhelmy pour résumer son attachement à New York. Une affection qui remonte à son enfance, au Saguenay. « Mes parents aimaient cette ville. Ils y allaient, en voiture, pour souligner des anniversaires. C'était toujours un peu mythique pour moi de savoir que mes parents s'en allaient en voyage à New York. »

Au « mythe » de l'enfance ont succédé les premiers voyages, purement touristiques. Après son mariage avec l'historien Noël Vallerand, les escapades dans la métropole américaine se poursuivent. « J'avais un mari mélomane qui connaissait beaucoup la musique classique et qui adorait aussi l'opéra. Alors, nous allions souvent à New York », dit Mme Wilhelmy à propos de Vallerand qui, au cours de sa vie (il est décédé en 1985), a amassé une importante collection de disques — notamment de Mahler — que la déléguée générale a cédée à la bibliothèque de musique Marvin-Duchow de l'université McGill, en mai 2001.

Pour elle, donc, l'attachement sentimental à New York est fort. « C'est une ville qui a une place unique dans mon cœur », dit cette femme élancée, très sûre d'elle et au sourire engageant.

Fonctionnaire de carrière, Diane Wilhelmy a successivement occupé d'importants postes sous les gouvernements péquistes et libéraux. Elle est associée de près aux cycles de négociations constitutionnelles du lac Meech et de Charlottetown, travail qui ne met pas nécessairement les gens de son rang sous les feux de la rampe. Ce qui ne fut pas son cas à l'occasion de la célèbre affaire de la conversation sur téléphone cellulaire qui fut interceptée par un journaliste de Québec et qui dégénéra en procédures judiciaires, au début de la décennie 1990.

À l'été de 1998, elle est sous-ministre responsable du suivi du Sommet sur l'économie et l'emploi de 1996, d'où est issu le fameux concept de déficit zéro, lorsque le premier ministre, Lucien Bouchard, lui offre le poste de déléguée générale du Québec dans la métropole américaine. Elle est emballée. « Je n'avais pas pensé nécessairement à obtenir une fonction diplomatique durant ma carrière. C'est apparu comme un immense soleil. Je me suis dit : "Ah ! J'adorerais faire ça". »

À la Délégation, elle dirige une équipe de trente à quarante personnes composée de Québécois et d'employés locaux. Sa garde rapprochée est constituée de six conseillers québécois, chacun étant chargé d'un dossier spécifique.

Arrivé en février 2001 depuis le bureau de Kuala Lumpur, dont il était le responsable, Jean Clavet est l'adjoint de Mme Wilhelmy et le secrétaire général de la délégation. Les autres conseillers et directeurs sont Patrick Muzzi (affaires gouvernementales et éducatives), Jean-Marc Dessureau (communications), Christian Gilbert (administration), Anne Girard (culture) et Jean Saintonge (affaires économiques).

Les bureaux de la Délégation se trouvent au 26e étage du 1, Rockefeller Plaza, une des tours du Rockefeller Center, érigée entre les 48e et 49e Rues, du côté ouest de la 5e Avenue. De son bureau, en hiver, Wilhelmy aperçoit les patineurs s'amuser sous l'immense arbre de Noël et la sculpture en bronze de Prométhée. L'appartement de fonction, acquis en 1985 par le gouvernement du Québec, est situé au 37e étage de Museum Tower, imposant édifice de cinquante-deux étages construit au-dessus du Museum of Modern Art (MOMA), dans la 53e Rue.

Entre l'appartement et le bureau, il n'y a que quelques minutes de marche.

En septembre 2001, Wilhelmy amorce sa quatrième et dernière année à ce poste. Les semaines de travail sont bien remplies. Et encore davantage depuis les derniers mois, avec la préparation de cet événement unique qu'est Québec New York 2001.

Diane Wilhelmy n'a aucune idée de ce qui se passe tout au sud de Manhattan lorsqu'elle arrive dans le hall du 1, Rockefeller Plaza. C'est un gardien de sécurité, au poste de garde devant les ascenseurs du rez-de-chaussée, qui lui raconte l'histoire. « J'ai pensé à un petit Cessna et me suis dit : "C'est bizarre ! Un tel accident par une journée aussi ensoleillée. Il y a tellement de journées brumeuses où l'on ne voit rien à New York et que le transport aérien est interrompu. À moins que le pilote n'ait fait un infarctus. Ce doit être quelque chose comme ça." » Elle prend l'ascenseur et monte au 26e étage. En arrivant dans les bureaux de la délégation, elle voit que les téléviseurs sont allumés…

Pont Queensboro, vers 8 h 55

Jacques Baillargeon n'a pu éviter la congestion routière. Après avoir pris ses clients à l'aéroport LaGuardia, il a filé sur l'autoroute jusqu'aux approches du pont Queensboro, où il y a un embouteillage. Mais, à l'intérieur de la navette, on a maintenant bien d'autres préoccupations.

Au loin, sur la gauche, un panache de fumée se dégage de la tour nord du World Trade Center. Arrivés comme prévu à l'aéroport LaGuardia à 8 h 15, Létourneau et ses collaborateurs sont en route pour l'Embassy. À quarante-huit heures de l'ouverture de l'événement qu'il prépare depuis des mois, le directeur général de Québec New York 2001 a mille et une choses à faire. En matinée, il a entre autres une rencontre au sujet des communications pour l'événement. En dépit du retard causé par l'annulation du vol de la veille, la bonne humeur et l'excitation règnent durant la première partie du trajet. « Il fait un temps des dieux. Il n'y a pas le début de l'ombre d'un nuage », remarque Létourneau.

À la vue de cette fumée au loin, toutefois, l'ardeur s'estompe. Létourneau songe d'abord à un problème de climatisation. Mais l'épaisseur du panache ne fait que s'accentuer.

Jacques Baillargeon allume la radio. Des annonceurs parlent d'un avion qui aurait percuté la façade nord du gratte-ciel. Pendant un moment, les membres du groupe concluent qu'il s'agit probablement d'un petit appareil ou d'un de ces nombreux hélicoptères des médias électroniques affectés à la circulation ou à la couverture en direct de faits divers.

Les minutes passent. À la radio, les annonceurs en rajoutent.

Le téléphone cellulaire de Létourneau sonne. Au bout du fil, sa conjointe, Hélène Boutet, l'appelle depuis Québec. Sa voix trahit son inquiétude. « T'es où ? T'es vivant ?

— On est sur le pont », lui répond Létourneau. Il l'assure que tout va bien, qu'il est loin des tours.

« On entend parler de toutes sortes de choses, dit Hélène. Fais attention. »

World Financial Center, vers 8 h 55

À l'intersection de North Bridge et du Winter Garden, Philippe Cannon et ses interlocuteurs aperçoivent des dizaines de personnes quitter les lieux en vitesse. Parties du WTC, elles traversent le corridor du North Bridge pour s'engouffrer dans l'atrium du WFC, faisant valser les portes. Ces fuyards vont beaucoup trop vite au goût des autorités, qui leur demandent de ralentir le pas.

Maintenant, Cannon sait un peu plus ce qui se passe. Mais il n'en saisit pas encore toute l'ampleur. Il traverse le WFC en sens inverse, sort et retourne à l'Embassy. Là, il croise Rémy Charest, avec qui il a une rencontre à 9 h 30 au sujet d'aménagements extérieurs autour de l'hôtel. Observant le trou béant au sommet de la tour nord, les deux Québécois se demandent s'ils pourront tenir leur rencontre ou non[2].

Près de l'Embassy, Cannon croise aussi le propriétaire d'un petit resto du secteur dont il a retenu les services pour préparer un repas destiné aux membres de son équipe technique. Le restaurateur, prénommé Ayim, arrive avec le buffet du matin : bagels, brioches, café et autres victuailles. Il demande à Cannon où il doit déposer ses plateaux. « Je lui ai répondu : "Aujourd'hui, Ayim, le buffet, je crois que tu vas pouvoir le garder." »

Et Cannon s'éloigne.

---

2. Durant les minutes extrêmement tendues qui ont suivi les attaques, la mémoire de Cannon, de Charest et de Seraiocco a enregistré la séquence des événements selon une chronologie légèrement décalée. Ainsi, Rémy Charest est convaincu qu'il était dans un ascenseur de l'Embassy au moment de la seconde attaque et que ce n'est qu'après 9 h 03 qu'il a eu cet échange avec Cannon. Quelques minutes plus tard, il part à la recherche d'un téléphone en compagnie de Nadia Seraiocco (voir le chapitre 5), alors que cette dernière est convaincue d'avoir vu le second avion approcher de la tour sud du WTC et la boule de feu ayant suivi l'impact. Chose certaine, l'essentiel des éléments qui touchent ces trois individus et qui sont rapportés dans ces pages se retrouvent dans les récits de chacun d'entre eux. Toutes les entrevues ont été faites séparément.

Chapitre 3

L'attaque (8 h 54 – 9 h 03)

Il s'est écoulé un peu plus de seize minutes entre la première et la seconde attaques contre les tours. Durant cette courte période, la confusion s'installe. D'aucuns croient à un accident, mais plusieurs autres sont sceptiques. Pourquoi un avion de ligne survolait-il Manhattan à si basse altitude? Comment n'a-t-il pas vu la tour alors que le ciel est dégagé et ensoleillé? Et pourquoi le pilote n'a-t-il pas suivi la règle prescrite selon laquelle, en cas de perte de contrôle, il doit éloigner son aéronef des zones urbaines ou peuplées?

Les premières images captées par les caméras de télévision sont éloquentes. Au sommet de la tour nord du WTC, on voit une brèche béante. La façade est crevée en diagonale sur plusieurs étages, d'où se dégage une épaisse fumée.

La nouvelle se répand sur Internet, à la radio et à la télévision, où des émissions spéciales se succèdent. Les réseaux de télévision du monde entier se branchent sur CNN, Fox News et d'autres chaînes américaines. Les commentateurs énumèrent les hypothèses, rappellent l'attentat de 1993, parlent de victimes.

Les images sont si spectaculaires que, d'un foyer à un autre, d'un bureau à un autre, les téléspectateurs appellent leurs proches pour leur dire d'ouvrir le téléviseur. C'est ainsi que, en Amérique du Nord et en Europe, des millions de personnes s'agglutinent devant la première télé qu'elles trouvent pour suivre les événements, sans se douter de quoi elles seront bientôt témoins.

Montréal, édifice de Radio-Canada, 8 h 54

« Écoutez, on a des images assez terrifiantes à vous présenter à ce moment-ci. Des images que transmet actuellement CNN. Il s'agit du World Trade Center à New York. Les premières informations veulent qu'un avion se soit… précipité contre le World Trade Center au cours des dernières minutes. »

Au retour de la pause publicitaire, ce sont les premières paroles que prononce l'animateur de l'émission *Matin Express*, Michel Viens, sur les ondes de Radio-Canada et de RDI. Il est 8 h 54.

« C'était pendant une pause publicitaire. Mon réalisateur-coordonnateur m'a dit qu'on allait revenir sur des images du WTC. Il m'a dit : "Il s'est produit un incendie." Tout ce qu'on voyait, c'est un trou béant à l'intérieur de la tour et de la fumée qui s'en dégageait, se souvient l'animateur. J'ai pensé au film *Towering Inferno*, dit-il, en référence à *La Tour infernale*, film-catastrophe de 1974 qui réunissait une brochette de vedettes : Steve McQueen, Paul Newman, William Holden, Faye Dunaway, Fred Astaire, Richard Chamberlain, Robert Wagner, O. J. Simpson. J'essayais tant bien que mal de décrire ce qui se passait sans avoir la moindre information. Toutes sortes de questions nous traversaient l'esprit, ce qui permettait de commenter l'événement malgré tout[1]. »

Normalement, vers 8 h 54, *Matin Express* en est à ses dernières secondes, l'animateur concluant avant de céder l'antenne à *Griffes,* une capsule de quelques minutes portant sur le monde de la mode. Cela facilite la transition en régie vers *RDI aujourd'hui,* l'émission diffusée à 9 h qu'anime Christine Fournier à la chaîne d'information continue et qui est consacrée aux sujets à surveiller dans l'actualité au cours des prochaines heures.

Ce matin-là, cependant, on laisse tomber *Griffes* pour diffuser plus longtemps les images captées à New York par les caméras de stations locales. Un plan rapproché de l'immeuble laisse voir le gouffre creusé par l'impact de l'avion. Comme aucune caméra n'a, à ce moment-là, capté des images de l'impact, on est encore dans le domaine des hypothèses et Michel Viens le signale en évoquant aussi la possibilité d'une explosion. Chose certaine, les dégâts sont effroyables. Le ton de la voix de l'animateur, visiblement estomaqué, trahit son propre étonnement.

« On ne sait absolument rien de ce qui se passe à l'intérieur [de l'immeuble], dit-il. Y a-t-il eu des victimes ou pas ? On n'en sait rien. Mais il y a fort à parier qu'effectivement il y a eu des dégâts considérables ; peut-être aussi des pertes de vie. Il est près de 9 h, alors on peut s'imaginer qu'à l'intérieur de l'immeuble se trouvent déjà nombre de travailleurs. Surtout quand on regarde l'importance de cette plaie qu'on retrouve le long de l'immeuble actuellement. La fumée qui s'en dégage aussi. Il va sans dire qu'il

---

1.   Source : site Internet hommage de Radio-Canada mis en ligne à l'occasion du premier anniversaire des événements. L'adresse est : http://radio-canada.ca/nouvelles/Dossiers/11Sept/

ne sera pas facile non plus de lutter contre les flammes, compte tenu de la hauteur de cet immeuble. Ce n'est pas sans nous rappeler non plus ce qu'on avait vécu à l'époque du tournage du film *Towering Inferno*, cette tour immense, très haute, contre laquelle des pompiers avaient de la difficulté à lutter. »

Pendant que Michel Viens commente, Christine Fournier se prépare à entrer en ondes. « Je pense qu'on va passer en émission spéciale », dit-elle à Caroline Debigaré, la réalisatrice de *RDI Aujourd'hui* qui est en poste ce jour-là. « C'était seulement notre deuxième émission, observe Mme Debigaré. Nous avions débuté la veille. Et ce matin-là, nous étions un peu embêtés parce qu'un invité venait de se désister. Il était pris dans le trafic ou je ne sais plus. Je courais un peu pour trouver quelque chose parce que, dans cette émission, il y avait une petite partie de nouvelles et le reste c'étaient des entrevues. Je m'étais débrouillée pour reprendre une entrevue de *Matin Express* et je venais de revenir à mon bureau en me disant que ça irait, lorsque Christine m'a dit de regarder la télévision. »

En voyant les images, la réalisatrice comprend que son émission vient de changer de cap. « C'était clair qu'on s'en allait en spéciale. »

Pendant ce temps, d'autres membres du personnel de l'émission demandent aux invités arrivés sur le plateau de patienter. « Nous leur avions dit que nous irions en spéciale durant quelques minutes, le temps de faire le point, et qu'on allait revenir à eux », se rappelle Christine Fournier.

*   *   *

Durant ces mêmes minutes, l'animateur Pierre Craig sort du studio où il vient de terminer une entrevue avec le journaliste Michel Auger du *Journal de Montréal.* Craig attendait cette entrevue depuis longtemps et il est heureux du résultat. Celle-ci doit être diffusée le jour même au bulletin *Le Midi*, dont il est l'animateur.

À cette époque, la construction du nouveau centre de l'information de Radio-Canada est pratiquement terminée. Mais les journalistes de la société d'État travaillent encore dans l'ancienne salle des nouvelles. Celle-ci, ainsi que les bureaux des journalistes, recherchistes et animateurs, se trouve au premier sous-sol (niveau B) de l'immeuble, alors que la régie et les studios de RDI, dont celui d'où Pierre Craig anime son émission, sont aménagés au deuxième sous-sol (niveau C).

Le cœur de l'entretien de l'animateur porte sur l'ouvrage que vient de publier Auger, *L'Attentat*, racontant l'agression dont il a été victime un an plus tôt, le 13 septembre 2000, lorsqu'il a été atteint de cinq balles, dans le stationnement du *Journal de Montréal*.

Dans le corridor, Craig et Auger croisent un directeur technique du réseau anglais. « Il arrive devant nous et a une drôle de couleur, se souvient Craig. Il me dit : "Pierre, il faut que tu montes. Il y a un avion qui a percuté une des deux tours du WTC." Auger et moi, nous nous sommes regardés et sommes partis à rire. Mais lui [le directeur technique] ne riait pas du tout. »

« Il nous a dit que l'entrevue ne passerait pas. C'est le genre de blague qu'on fait dans le métier, ajoute Michel Auger. Un peu comme le gag traditionnel de dire que le cameraman a oublié de mettre une cassette dans sa caméra. Mais le technicien nous a dit qu'il était sérieux, que ce n'était pas une blague. »

Craig et Auger comprennent alors qu'effectivement l'entrevue qu'ils viennent d'enregistrer ne passera pas le jour même. Ni le lendemain. « Michel m'a dit : "Je pense qu'on vient de travailler pour rien" », poursuit Pierre Craig, qui s'empresse de monter au niveau B. Auger, lui, quitte l'immeuble.

* * *

En ondes, Michel Viens commente toujours les images. Moins de deux minutes après le début de son intervention, on lui souffle à l'oreille que l'avion impliqué serait un Boeing 737, ce qu'il répète de vive voix. Puis, il évoque carrément l'hypothèse d'un attentat.

« Un 737, c'est immense, c'est énorme. Ça pourrait justifier cette plaie béante que l'on voit actuellement. Évidemment, les informations pour l'instant nous arrivent au compte-gouttes. On ne sait pas trop encore quel est le bilan qu'il faudra en dresser dans les prochaines minutes. Tout ce qu'on peut vous dire, c'est ce que l'on voit actuellement. Vous le voyez comme nous. Un immeuble, ce haut gratte-ciel de la ville de New York qui a été touché, vraisemblablement par ce qui semble être un accident. En tout cas, si de fait il s'agit d'un 737. À moins que quelqu'un n'ait décidé de précipiter son appareil contre la tour en question. C'est un scénario que les Américains vont sûrement étudier de près au cours des prochaines minutes. Il pourrait s'agir effectivement d'un kamikaze, parce qu'on le sait que ce n'est pas la première fois qu'un attentat de ce genre-là est commis contre le World Trade Center, dit-il en référence à l'attentat de février 1993. Il y a une bombe qui a déjà explosé dans les garages, au sous-sol. Ça avait aussi fait des blessés à l'époque. »

Ottawa, hôtel Delta, rue Queen, vers 8 h 55

Andy Vasarins n'a pas à attendre l'annonce d'un second écrasement dans les tours de New York pour comprendre que les États-Unis sont aux prises avec quelque chose de très grave. Ce qui l'embête, c'est de trouver la bonne manière de l'annoncer aux dizaines de personnes lui faisant face dans une salle de l'hôtel Delta, au centre-ville d'Ottawa.

Vasarins est vice-président des opérations chez Nav Canada, organisme chargé de la gestion du trafic aérien dans l'espace canadien. Indépendante depuis la privatisation survenue quelques années plus tôt, l'entreprise se trouve cependant sous la gouverne de Transports Canada, son rôle étant d'appliquer les politiques et la réglementation du ministère fédéral.

Ce matin-là, Vasarins est sur le point de diriger une rencontre avec des représentants de plusieurs transporteurs aériens du Canada et des États-Unis. Organisée deux fois l'an, la réunion a pour but de faire le point sur la réglementation, de clarifier des questions liées aux déplacements aériens, de revoir les plus récentes règles de fonctionnement, etc.

Quelques minutes avant 9 h, un des adjoints de Vasarins, Dave Rome, directeur du trafic aérien pour tout le Canada, le rejoint via son téléphone cellulaire pour lui raconter ce qui se passe. Rome l'appelle depuis le New Hampshire, où il participe à une réunion de la Federal Aviation Administration (FAA).

Équivalent américain d'une combinaison de Nav Canada et du volet aéronautique de Transports Canada, la FAA est alors plongée en pleine tourmente. « L'information qui circule ici indique que l'acte était délibéré », dit Dave Rome à Vasarins[2].

Les responsables de la FAA sont, depuis plusieurs minutes, bien au fait de ce qui se passe. Car dès 8 h 25, le centre de contrôle de l'organisme fédéral américain à Boston estime que le vol AA11 est tombé entre les mains de pirates de l'air. À 8 h 38, la FAA lance un appel à l'aide au quartier général du Secteur de la défense aérienne du nord-est du NORAD (NEADS), situé à

_____

2. « Empty Sky », *Ottawa Citizen*, 11 septembre 2002.

Rome, une ville de l'État de New York. La conversation entre les deux opérateurs est éloquente :

> FAA : Allô. Ici Boston. Nous avons un problème. Nous avons un avion qui a été détourné et qui se dirige vers New York, et nous avons besoin de vous pour…, nous avons besoin que quelqu'un trouve un F-16 ou quelque chose pour l'envoyer là-bas. Pouvez-vous nous aider ?
> NEADS : Est-ce que c'est la réalité ou un exercice ?
> FAA : Non, ce n'est pas un exercice, pas un test[3].

L'interrogation du répondant du NEADS, qui veut savoir si la situation est réelle ou non, est imputable à l'exercice Vigilant Guardian. Une fois la confusion dissipée, la demande de la FAA remonte au sein d'une partie de la chaîne de commandement du NORAD. D'abord, le NEADS donne l'ordre de se tenir prêt à décoller, en position de combat, à deux chasseurs F-15 de la base aérienne Otis à Falmouth, une ville de la région de Cape Cod (Massachusetts). Ensuite, l'ordre de décoller est donné par le major-général Larry Arnold, commandant de la division continentale du NORAD. Le quartier général de Colorado Springs est avisé dans les minutes suivantes.

L'information que lui transmet Dave Rome suffit à convaincre Andy Vasarins que la situation est extrêmement grave. Devant lui, parmi les participants à la rencontre, il y a des représentants de compagnies aériennes américaines. Comment leur annoncer ce qui se passe ? Vasarins ne le sait pas. Tout en réfléchissant à ce qu'il peut dire, il demande aux gens de s'asseoir.

---

3. *The 9/11 Commission Report,* page 20.

Quartier général du NORAD, Cheyenne Mountain, Colorado Springs, vers 8 h 55

Le quart de travail de nuit s'achève pour le major-général Rick Findley. Encore environ une heure de boulot et il rentrera chez lui. Avec l'exercice Vigilant Guardian qui se poursuit et la surveillance des manœuvres russes, la nuit a été longue pour le premier officier en poste.

Quelque part à l'intérieur de la grande salle des opérations, un téléphone résonne. Au bout du fil, un opérateur du NEADS avise le quartier général de la situation dans sa région et de la demande d'assistance envoyée par la FAA. « On nous a indiqué qu'il y avait un potentiel de détournement d'un avion commercial. À ce stade-là, ce n'était pas encore confirmé », raconte Findley.

Dans des cas semblables, la procédure indique que la direction du NORAD doit d'abord obtenir les autorisations nécessaires du Commandement militaire américain, une des instances militaires les plus hautes des États-Unis, parce que l'événement se déroule à l'intérieur même du territoire des États-Unis. Autrement dit, ce n'est pas une menace provenant de l'extérieur du continent, ce qui relève du mandat du NORAD.

Par contre, l'organisation est au fait de ce genre de problème. Même si elle n'a pas été face à une situation semblable depuis une décennie, elle tient, de temps à autre, des exercices pour s'y préparer. « Notre rôle consiste alors à suivre l'appareil pour nous assurer qu'il répond aux directives des contrôleurs, dit Findley. Parce que, normalement, les pirates de l'air communiquent avec les tours de contrôle. »

Autre caractéristique, un détournement d'avion correspond en règle générale à deux ou trois scénarios. « Ce sont des actes commis par des personnes déséquilibrées ou ayant des intentions criminelles ou encore politiques », remarque Findley.

Ce matin-là, toutefois, on ne sait encore rien des intentions à l'origine de l'appel de la FAA. En fait, on ne sait pas grand-chose. Tout est trop flou. « À ce moment-là, nous ne nous attendions même pas à un vrai détournement », raconte le major-général canadien.

Avant que ce dernier et les dizaines d'autres personnes en fonction dans le centre n'aient eu le temps de recueillir plus de détails sur ce qui se passe, un militaire présent dans le centre crie à tous de regarder un des écrans géants où est diffusé CNN. Findley et ses hommes voient alors ce que des millions d'autres Nord-Américains suivent en direct.

*   *   *

Dans toutes les autres bases du NORAD, le scénario est pratiquement le même.

C'est le cas au centre des opérations de la base de Winnipeg, où une cinquantaine de personnes sont au travail en ce début de journée.

Parmi elles, le capitaine Bruce « Pux » Barnes, dont le travail consiste à maintenir constamment à jour les informations relatives aux opérations de surveillance de l'espace aérien du Canada. Celles-ci sont reproduites sur de grands écrans installés en hauteur sur un des murs de la pièce. Ce qui se passe tant dans le ciel de la côte est du pays que sur la côte du Pacifique ou dans l'Arctique y est représenté en temps réel. Toutes ces informations sont captées par la grande ligne de radars du NORAD, le North Warning System, installée d'un océan à l'autre. Elles passent d'abord par le centre des opérations de North Bay avant d'être relayées à Winnipeg.

À North Bay, justement, des dizaines d'autres militaires du NORAD sont en fonction, que ce soit dans le poste de commandement ou dans le centre des opérations. Parmi eux se trouvent le colonel Denis Guérin, commandant de cette section, le colonel Rick Pitre, son adjoint et directeur des opérations, ainsi que le major Wayne Smith, coordonnateur des opérations.

La base de North Bay est une parfaite relique de l'époque de la guerre froide. Lorsque la Défense nationale amorce sa construction à la fin des années 50, les travailleurs percent un tunnel de deux kilomètres de long sur une pente de dix degrés dans le granit du bouclier canadien. À cent quatre-vingts mètres sous terre, le roc du bouclier est dynamité jusqu'à ce que se forme un immense trou, dans lequel est ensuite construit un édifice de trois étages suspendu sur des poutrelles d'acier en forme de H plantées dans le roc.

Ce bunker souterrain a bien sûr pour but d'assurer la poursuite des opérations de défense en cas d'attaque nucléaire. Son accès est défendu par trois portes d'acier pesant dix-neuf tonnes chacune. En cas de besoin, celles-ci se referment et se verrouillent de l'intérieur ; de l'extérieur, tout intrus se bute à une surface parfaitement lisse.

*   *   *

Comme à Colorado Springs, les bases de Winnipeg et de North Bay sont plongées dans l'exercice Vigilant Guardian. À Winnipeg, des hauts gradés et des stratèges ayant planifié l'exercice sont assis derrière les grandes fenêtres d'une mezzanine donnant sur la salle où le personnel s'active. Parmi ces observateurs de haut rang figure le brigadier-général Angus Watt, commandant par intérim de toute la section canadienne du NORAD.

Soudain, le capitaine Dave Muralt, officier chargé des affaires publiques de la base, quitte son poste de travail et va parler à quelques personnes dont le directeur des opérations, le colonel Charles Duff Sullivan, se souvient Bruce Barnes. « Dave a dit à notre directeur des opérations qu'un écrasement spectaculaire était survenu à New York, raconte Barnes. Comme l'exercice Vigilant Guardian était dans une phase plus calme, nous avons demandé l'autorisation de faire passer un de nos grands écrans sur CNN. »

La permission est accordée. Lorsque l'image de la tour nord en feu apparaît sous les yeux du personnel, c'est l'étonnement. « On s'est dit "Wow ! Quel accident !", poursuit Barnes. Nous discutions entre nous. La capitaine Muralt a rappelé qu'un avion avait déjà percuté l'Empire State Building dans le passé [le 28 juillet 1945 ; il y avait eu quatorze morts]. Nous nous sommes dit que nos collègues américains réclameraient peut-être de l'aide pour des opérations de recherche et de sauvetage, qu'ils mettraient peut-être prématurément fin à l'exercice. »

*　*　*

Les militaires de la base souterraine de North Bay ne vivent pas les événements de la même façon, et ce, pour une raison très simple : l'alimentation de la télévision par câble fait défaut. L'équipe de réparateurs n'est attendue que le lendemain. Mais, dans l'intervalle, rien ne fonctionne.

Le colonel Denis Guérin est tout de même averti par téléphone de ce qui se passe. « Je me suis dit : "C'est bizarre." On a pensé que le temps devait être mauvais, qu'il y avait du brouillard et que c'était un accident. »

En raison de ses fonctions, le commandant Guérin possède

deux bureaux : un dans l'édifice souterrain et un autre dans les quartiers de la base construits en surface, à deux pas de l'aéroport. En plus, il a le privilège de circuler dans le tunnel avec sa propre voiture, alors que le personnel doit se déplacer à bord d'un autobus faisant la navette toutes les vingt minutes.

Informé du fait que la télé diffuse des émissions spéciales, Guérin apostrophe Rick Pitre dans le poste de commandement. Ce dernier est aussi au courant de ce qui se passe. Il vient juste de demander à ses officiers du renseignement de s'informer davantage et de le tenir au courant.

« Viens, on va aller voir ça dans mon bureau, en haut », dit Guérin à Pitre.

Les deux hommes sautent dans la voiture du commandant et remontent le tunnel à toute vitesse.

*   *   *

À la base aérienne McChord de Tacoma (Washington), où se trouve le Secteur de la défense aérienne de l'ouest du NORAD, le major canadien Michel Otis se concentre sur le déroulement de l'exercice Vigilant Guardian. Et pour cause ! Chef d'exercice depuis plusieurs mois, il a participé à l'élaboration de celui-ci.

En plein déroulement des opérations, il aperçoit sur l'écran de son ordinateur un curieux message en provenance du NEADS au sujet d'une tour du WTC en feu.

Otis se penche sur son clavier et écrit :

« Confirm No duff. »

Une façon de dire : « Ce n'est pas de la frime. »

« La réponse qu'on a eue, c'est : *"Look at CNN. No duff"* »,
se remémore-t-il.

Otis quitte alors son poste et va voir le commandant de l'unité, le colonel John Cromwell, un Américain. « Excusez-moi de vous déranger, monsieur, dit-il, mais nous devrions allumer la télé à CNN pour voir ce qui se passe. »

Calgary, consulat américain

Paul Cellucci se prépare à rentrer à Ottawa à la suite de sa visite de quelques jours effectuée au consulat américain de Calgary.

Nommé ambassadeur des États-Unis au Canada, en avril 2001, par le président George W. Bush, Cellucci en est à sa première visite officielle dans la métropole albertaine. Celle-ci s'inscrit dans le cadre d'une tournée de tous les consulats américains au pays. L'initiative lui permet du même coup de rencontrer des membres de la classe politique et du secteur économique de la ville et de la province.

Il participe également à quelques sorties publiques. Le lundi 10 en soirée, Cellucci a prononcé une allocution à la Tri-Lateral Business Leader's Conference organisée par la chambre de commerce de Calgary. Son discours portait principalement sur l'importance, tant pour les États-Unis que le Canada, de faciliter les contrôles aux frontières afin d'assurer une plus grande fluidité. Pour lui, la solution passait par la technologie, comme l'installation de transmetteurs électroniques de données à bord des camions faisant régulièrement la navette entre les deux pays.

« En regardant vers l'avenir, je me dis que j'aimerais que nous utilisions davantage de technologies pour nous assurer que le passage aux frontières soit plus aisé, dit-il. Pour les Canadiens, pour les Américains, pour tout le commerce qui va et vient.

Nous pouvons éviter les embouteillages et nous pouvons éviter les files d'attente[4]. »

Ce séjour albertain prend fin mardi matin. Tôt ce jour-là, Cellucci et sa femme, Jan, sautent à bord d'une minifourgonnette de la GRC en compagnie du consul, Roy Chavera. Destination : l'aéroport international de Calgary.

« Nous étions en route et étions presque arrivés à l'aéroport, ma femme Jan, le consul Roy Chavera et moi, lorsque la femme de M. Chavera (Gilda) lui a téléphoné. Elle lui a dit qu'un avion avait frappé le World Trade Center. » La nouvelle est étonnante, mais la conjointe du consul n'a pas réellement d'autres détails à transmettre. « Comme plusieurs personnes, nous nous sommes dit que c'était un terrible accident », résume Cellucci.

Sa femme et lui rentrent à Ottawa par un vol direct d'Air Canada. Mais, avant que le cortège ne soit arrivé sur place, il devient évident pour l'ambassadeur que cette histoire n'est pas le fruit d'un malheureux accident.

Entre Québec et Sainte-Foy

Ceux qui, comme Paul Cellucci, n'ont pas eu l'occasion de jeter un œil sur la télévision entre la première et la seconde attaques imaginent encore que l'écrasement à New York est l'affaire d'un petit avion privé dont le pilote a, on ne sait pour quelles raisons, perdu la maîtrise.

C'est ce à quoi conclut le ministre du Revenu national, Martin Cauchon, qui se trouve à Québec. Également ministre

---

4. Kerry Williamson, « Ambassador urges more open border », *The Calgary Herald*, 11 septembre 2001, page B2.

du Développement économique pour le Québec, Cauchon est arrivé la veille dans la Vieille Capitale. Le matin du 11, il s'apprête à prendre part à une conférence de presse où il doit annoncer l'octroi d'une subvention de vingt-cinq millions de dollars à l'Institut national d'optique (INO). Fondé en 1988, l'organisme privé et à but non lucratif est voué à la recherche appliquée ; il développe des technologies en optique et en photonique qu'il transfère par la suite à ses partenaires, soit d'autres entreprises évoluant dans le même secteur, dans le cadre de son « Programme de recherche pré-compétitive ».

Depuis ses débuts, l'INO bénéficie de subventions du secteur public. En 2001, il obtient une enveloppe de trente-cinq millions de dollars du gouvernement du Québec pour son budget quinquennal. Le président, Jean-Guy Paquet, s'attend à recevoir une somme équivalente du fédéral.

« Avant de monter dans la voiture pour nous rendre à la conférence de presse à Sainte-Foy, on m'a informé de l'accident. Nous nous sommes dit que c'était sans doute un petit avion, du genre Cessna », se remémore l'ancien ministre.

Entre deux conférences de presse et dans l'attente de la reprise des travaux parlementaires à Ottawa, Cauchon avait plusieurs dossiers prioritaires sur son bureau, dont l'un concerne la modernisation des douanes, son ministère étant responsable de l'Agence des douanes et du revenu du Canada (ADRC).

Élaborée par les fonctionnaires et présentée pour la première fois sous le règne de son prédécesseur, Herb Dhaliwal, la réforme vise à doter les postes de douanes de plus d'équipements technologiques. Le but ultime : favoriser un passage plus rapide des voyageurs ne représentant pas une menace, tout en ciblant davantage des usagers dits à risque.

En prenant ses nouvelles fonctions, le 3 août 1999, le député d'Outremont passe le projet en revue, l'endosse et entreprend de le défendre au conseil des ministres. En avril 2000, l'ADRC présente son nouveau plan d'action dans un document qui propose plusieurs modifications à la *Loi sur les douanes*. Cauchon lance une série de consultations sur son projet. « Essentiellement, affirme-t-il, on se disait : "Il y a une augmentation du volume des marchandises aux douanes, une augmentation des gens qui passent. Nous avons la plus grande frontière non militarisée du monde et il est impossible de gérer cette réalité-là avec des moyens traditionnels." Notre réforme disait : "Utilisons davantage de technologies pour faire en sorte qu'on ait une meilleure évaluation du risque. Et mieux cibler les risques." »

En soi, cette façon de voir les choses rejoint ce que pensait également l'ambassadeur Cellucci. Sauf que, de l'aveu même de l'ancien ministre, le projet n'obtenait guère l'attention souhaitée. « Avant le 11 septembre, on prêchait dans le désert. »

Verchères, le long de la route 132

Tous les matins, fidèle à une discipline qu'il s'est donnée, le premier ministre Bernard Landry consacre quarante-cinq minutes de sa journée à garder la forme en parcourant cinq kilomètres en marche rapide, à la cadence de cent vingt-cinq pas à la minute.

Lorsqu'il est plongé dans cet exercice, l'homme de soixante-quatre ans, premier ministre du Québec depuis environ six mois, réfléchit entre autres aux nombreux dossiers qu'il a à gérer. « C'est un moment privilégié pour réfléchir », dit-il.

En cette magnifique matinée de septembre dans la municipalité de Verchères, où il possède une maison depuis plusieurs années, la marche est agréable le long de la route 132 en bordure du fleuve. Ce matin-là, Bernard Landry choisit d'aller vers l'est et la ville voisine de Contrecœur. Il a déjà terminé les deux kilomètres et demi de l'aller et a bien entamé le parcours du retour.

Rien ne presse en cette journée somme toute pas trop chargée. La session parlementaire ne reprend à Québec que dans quelques semaines. À l'heure du lunch, le premier ministre est attendu à une causerie de Génération-Québec, à l'hôtel Delta de Montréal, afin de parler de mondialisation. Aucune autre activité publique n'est prévue durant la journée.

« Sur le chemin du retour, un de mes voisins, qui demeure à trois ou quatre maisons de la mienne, est sorti en courant de chez lui pour me parler, ce que je n'avais pas vu en plusieurs années. Il m'a dit : "M. Landry, il arrive quelque chose d'épouvantable à New York. Allez vite à votre télévision. On ne sait pas ce que c'est mais ce n'est pas beau." » Le pas de Bernard Landry s'accélère. Il n'est plus en mode de marche rapide. Maintenant, il court.

Cornwall, Institut de formation de Nav Canada, 1950, Montreal Road

La première fois que son téléphone cellulaire accroché à la hanche se met à vibrer, Kathy Fox ne répond pas. Mais après un ou deux autres appels en l'espace de quelques minutes, elle sort de la salle, se doutant bien que quelque chose ne tourne pas rond.

Vice-présidente adjointe et responsable du trafic aérien chez Nav Canada, Fox préside, depuis le dimanche 9 septembre, une importante rencontre avec les gestionnaires des sept centres régionaux de contrôle aérien du pays et d'autres cadres de l'entreprise. Échelonnée sur plusieurs jours, la réunion porte sur différents sujets : sécurité, réglementation, politiques internes, etc.

Le matin du mardi 11 septembre, la nouvelle politique de l'entreprise sur le harcèlement est à l'ordre du jour.

La présentation est faite par une responsable des ressources humaines. Si Fox dirige l'ensemble des travaux, elle se fait attentive lorsqu'une présentation est menée par quelqu'un d'autre. C'est pour cette raison que son téléphone est en mode vibration.

Quand elle prend finalement l'appel, c'est le directeur des normes, des procédures et des opérations, Larry Boulet, qui est au bout du fil. Travaillant au siège social d'Ottawa, Boulet devait en principe être à Cornwall pour cette rencontre, mais il est resté à la maison pour des raisons de santé.

Le matin, il regarde la télé et tombe sur la nouvelle. Il appelle sa patronne sans délai. « Les informations parlaient d'un petit avion, raconte Mme Fox. J'ai trouvé ça bizarre mais je lui ai dit : "OK, tiens-moi au courant." »

Elle met fin à la conversation et retourne dans la salle où se poursuit la présentation.

Montréal, hôtel de ville et rue Monkland

Pierre Bourque en a plein les bras. Depuis des jours, il est assailli de questions concernant l'occupation du Centre Préfontaine de Rosemont par une quarantaine de squatteurs.

Pourtant, c'est lui le responsable de cette situation, après avoir ouvert cet édifice désaffecté aux jeunes qui, le 27 juillet, ont réussi un coup d'éclat en occupant un immeuble de l'îlot Overdale dans le centre-ville, dans le but de forcer la Ville à s'occuper davantage de la question des logements sociaux. L'affaire suscite le mécontentement des citoyens et fait la une des journaux.

Le 10 septembre en soirée, au début d'une réunion régulière du conseil municipal, Bourque est de nouveau pris à partie par les opposants. À 22 h 11, la réunion, inachevée, est ajournée et reportée au lendemain matin à 9 h 30.

Les élus montréalais s'apprêtent donc à retourner siéger et à reprendre l'assemblée lorsque les événements prennent de l'ampleur dans la métropole américaine. Au même moment, le président du comité exécutif de la Ville, Jean Fortier, se trouve au local électoral de Vision Montréal, le parti de Bourque, situé rue Monkland, dans Notre-Dame-de-Grâce. « Comme il y avait des élections en automne (le 5 novembre), j'étais allé faire du travail électoral au local du parti », raconte Fortier. Plongé dans ses dossiers, il ne sait pas ce qui se passe à l'extérieur. Comme il doit assister à la réunion du conseil à 9 h 30, il demeure dans l'immeuble de la rue Monkland jusque vers 9 h. Puis, il remballe ses affaires et sort.

Ottawa, quartier général de la GRC

L'attaque contre la tour sud du WTC n'est pas encore survenue que le Centre national des opérations de la Gendarmerie royale du Canada s'est spontanément animé.

Situé dans un des nombreux édifices du quartier général de la GRC, à l'intersection de la Promenade Vanier et de l'autoroute 417 à Ottawa, le centre poursuit ses activités tous les jours de l'année, 24 h sur 24. En situation de veille, on n'y retrouve que quelques personnes. Mais lorsqu'une alerte est déclenchée, comme après l'écrasement de 8 h 46, de vingt-cinq à trente individus y convergent en vitesse.

La salle est divisée en cinq ou six îlots, chacun comptant plusieurs postes de travail munis d'ordinateurs et de lignes téléphoniques sécurisées. Sur le mur faisant face aux opérateurs, quatre immenses écrans sont encastrés. L'un d'eux est branché sur les réseaux de télévision. Un autre retransmet en permanence l'état de la circulation aérienne au-dessus de la capitale. Sur un fond vert où est dessinée la carte de la grande région d'Ottawa se détachent de petits icones, chacun représentant un vol en cours avec ses coordonnées essentielles. Un autre écran est divisé en quatre petites portions où sont retransmises par caméras de surveillance les images captées en direct depuis la colline parlementaire.

Une salle de vidéoconférence surplombe le centre. Deux grandes vitres, que l'on peut masquer avec des panneaux à contrôle électronique, donnent une vue imprenable sur celui-ci. Dans ce décor high-tech, on aperçoit sur le mur de gauche la tête empaillée d'un buffle, symbole de la GRC du temps où elle était encore la police du Nord-Ouest.

Lorsqu'il y a une crise, la salle accueille non seulement des policiers de la GRC, mais aussi des représentants d'autres agences fédérales tels que le SCRS, les ministères des Transports, de l'Immigration, etc.

Le 11 septembre en matinée, l'ambassade américaine y dépêche aussi des représentants. Pendant que le centre s'active, le commissaire Giuliano Zaccardelli, grand patron de la GRC depuis un an, retourne prestement à son bureau.

Quelques secondes auparavant, Zaccardelli et la dizaine de personnes formant le comité exécutif de la GRC étaient réunis dans une des salles du quartier général, s'apprêtant à amorcer, comme ils le font tous les deux ou trois mois, une rencontre de deux jours pour faire le point sur les différentes activités du corps policier fédéral.

« Nous venions juste de commencer la réunion lorsque mon adjoint est venu me dire : "M. Zaccardelli, je crois qu'il vaudrait la peine que vous alliez regarder la télé. Il se passe quelque chose…" » Ce que fit le commissaire.

Directeur de la salle des nouvelles, Jean Pelletier est dans son bureau, en train de discuter d'un projet futur avec un journaliste. Comme d'habitude, ses télés sont ouvertes, une à CNN, une autre à RDI. À CNN, il aperçoit du coin de l'œil un haut immeuble en flammes. « Mais pourquoi diffusent-ils *La Tour infernale* le matin sur CNN ? Soudain, j'ai dit : "Hé ! Ça c'est *live*, on est à CNN et c'est la tour du WTC." »

Il ne sait pas à ce moment-là qu'un avion a été précipité sur la tour mais, dans son esprit, ce qu'il voit de ses yeux constitue sans aucun doute le sujet du jour. Et même qu'il faut vite passer en émission spéciale.

*   *   *

Dans le même temps, Pierre Craig est arrivé dans la salle des nouvelles. Il constate tout de suite l'atmosphère ambiante particulière. « Mon bureau, que je partage avec l'animateur du *Téléjournal,* se trouve au milieu, dit-il. Dans une salle de nouvelles, ça bourdonne toujours un peu. Mais lorsque j'arrive, sans être silencieux, ce n'est pas comme d'habitude. »

*   *   *

Rédacteur en chef affecté à la cueillette des nouvelles, Jacques Auger est en train de traverser la même salle lorsqu'il aperçoit les images du coin de l'œil.« Cette journée-là devait être la première des négociations avec le syndicat des journalistes de Radio-Canada pour le renouvellement de la convention collective, se souvient-il. Je traversais la salle avec mon attaché-case qui contenait beaucoup de papiers pour aller à cette première journée. En traversant la salle, j'ai vu l'image. J'ai mesuré l'ampleur de l'événement. Je suis retourné à mon bureau, déposé ma valise et appelé le chef des ressources humaines, qui négociait avec moi, pour lui dire qu'il fallait annuler la première journée de négociations. »

Puis, Auger se met à la tâche. Premier réflexe : évaluer les ressources sur le terrain. Il sait que Claude Deschênes et André Grégoire sont à New York et s'empresse de les appeler. Il rejoint le journaliste, alors de retour à l'hôtel, et l'informe de ce qui se passe.

« Il me dit : "Je veux que vous alliez le plus près possible et que tu nous rappelles" », raconte Deschênes. À ce moment-là, ce dernier ne se doute pas que l'avion en question est le même qui lui a passé au-dessus de la tête quelques minutes plus tôt. « Je me dis que ce doit être un Cessna qui a heurté la tour. J'allume la télé et je vois l'image de l'édifice qui brûle. Je n'ai jamais fait le lien de cause à effet avec l'avion que j'avais entendu. Je ne pouvais pas m'imaginer que c'était ça. Pour moi, un Boeing qui entre dans un édifice, ça se peut pas. »

Le téléphone sonne à nouveau dans la chambre de Claude Deschênes. Cette fois, c'est sa conjointe, Diane Laflamme, qui l'appelle.

« As-tu vu ce qui se passe à New York ?, lui demande-t-elle.

— Ben oui, ils viennent de m'appeler. Ils m'ont dit de me rendre là. J'imagine que ça va être une longue journée.

— C'est correct. Tu me rappelleras. »

Deschênes, qui s'était préparé pour un séjour de trois jours dans la métropole américaine, n'a pas apporté beaucoup de vêtements. Et comme il appréhende de longues heures de travail sous le soleil, il se dit que mieux vaut rester bien à son aise. Il enfile donc un t-shirt blanc, des shorts et des baskets avant d'aller rejoindre André Grégoire.

À 8 h 59, après cinq minutes de commentaires hors-champ, l'animateur Michel Viens revient à l'écran, le temps de saluer les téléspectateurs des deux chaînes. « Je vous signale que les gens de la première chaîne vont bientôt nous quitter, retourner à la programmation normale. Il va sans dire qu'au Réseau de l'information on va continuer à suivre tout ça de très très près au cours des prochaines minutes, histoire d'en savoir un peu plus sur les causes de cet accident, sur le bilan aussi qu'il faudra en faire au cours des prochaines heures. »

Dès que Viens quitte l'antenne, RDI passe en émission spéciale. En prenant l'antenne, Christine Fournier résume ce qui s'est passé au cours des dernières minutes et rappelle les deux hypothèses qui circulent selon les agences de presse. L'agence Reuters évoque une explosion suivie d'un incendie, alors que l'Agence France-Presse parle plutôt d'un accident d'avion.

Dans le cas d'un événement en direct, l'animateur travaille sans filet. Son rôle consiste alors à commenter l'image et à interviewer d'éventuels invités, pendant qu'en coulisses des recherchistes s'activent à recueillir des informations de base qui lui sont transmises par télésouffleur. « On essaie de trouver tous les angles de l'histoire, poursuit Christine Fournier. On essaie de trouver des gens susceptibles de pouvoir nous alimenter. Et lorsqu'on commence une spéciale, c'est toujours plus marquant. On assiste, en même temps que les téléspectateurs, à la naissance de l'événement. »

En régie, justement, l'équipe des émissions spéciales tente de rejoindre Yvan Miville-Deschênes, un spécialiste de l'aviation qui est sous contrat avec la chaîne de télévision publique.

L'écho de l'accident attire instantanément l'attention de milliers de personnes concernées de près ou de loin par les questions d'aviation, de sécurité ou encore d'aide à apporter en cas de catastrophe. Dès le moment où ils apprennent la nouvelle, ces gens-là sont aux aguets.

C'est le cas de Peter Coyles. Chef de liaison pour l'aviation civile et les mesures d'urgence au ministère fédéral des Transports, il travaille au siège social du ministère, dans la tour C de Place de Ville, 330, rue Sparks, au centre-ville d'Ottawa.

D'ordinaire, Coyles va au boulot en autobus. Pas ce matin-là.

Depuis plusieurs jours, il a consacré de longues heures à démêler le dossier Air Transat. Le 24 août, le commandant Robert Piché avait sauvé la vie de 306 vacanciers et membres d'équipage en route pour Lisbonne en réussissant à poser son avion, un Airbus 330, à l'aéroport Lajes des Açores, après que les deux moteurs eurent cessé de tourner. Piché avait réussi à faire planer l'énorme appareil durant vingt et une minutes au-dessus de l'Atlantique. Un exploit.

L'affaire avait eu des suites. D'abord, le passé criminel de Robert Piché est dévoilé dans *La Presse* et *Le Journal de Montréal*. La décision entraîne moult débats, loin d'être toujours à l'avantage des médias, sur la pertinence de diffuser ou non de telles informations pour servir l'intérêt public.

Cette controverse est ensuite bousculée par la question du traitement de la sécurité chez Air Transat. On ouvre des enquêtes pour en savoir davantage sur les causes de l'incident. Le 6 septembre, le ministre canadien des Transports, David Collenette, annonce l'imposition d'une amende de 250 000 $ au transporteur. Un record dans l'histoire de l'aviation canadienne.

« Nous venions de terminer le dossier Air Transat, auquel j'avais consacré plusieurs heures supplémentaires, raconte Coyles. Comme je n'étais pas payé pour cela, je prenais donc quelques minutes de plus pour être avec ma famille, prendre le déjeuner. D'habitude, je pars plus tôt, je prend l'autobus. Cette fois-là, j'ai pris ma voiture. »

Ce matin-là, des milliers d'employés affiliés à l'Alliance de la fonction publique du Canada participent à la première de deux journées de grève nationale, excédés par la lenteur des négociations avec l'employeur. Des lignes de piquetage sont dressées devant plusieurs édifices fédéraux dans tout le pays. D'autres fonctionnaires convergent vers des postes frontaliers comme ceux de Lacolle et de Phillipsburg au Québec.

À Ottawa, les manifestants visent notamment la tour abritant les bureaux de Transports Canada. Comme il y a plusieurs points d'entrée pour le stationnement, Peter Coyles n'est pas ralenti, passant par une des portes où les syndiqués sont absents. À 9 h pile, au moment où il arrive en vue du stationnement souterrain de la tour C, Peter Coyles entend parler de l'accident au bulletin de CBC, Radio One. « C'était le "lead" du bulletin. Il n'y avait pas de détails. Je me suis dit : ce doit être un petit avion. Comment a-t-il pu faire cela ? Il avait peut-être un problème particulier », se souvient-il.

Avec ses vingt-neuf étages, l'édifice C est le plus haut immeuble d'Ottawa. Le bureau du ministre Collenette est situé au dernier étage ; celui de Coyles, au 28e. En s'engouffrant dans l'ascenseur, il se promet d'allumer le poste de télévision dans son bureau dès qu'il y sera arrivé.

Partie de l'intersection des rues Albany et West, Martine Primeau s'est un peu rapprochée des lieux de la catastrophe. De par sa fonction au SPIM, elle en sait un bout en matière de lutte contre les incendies et de mesures d'urgence. Et comme elle connaît bien le directeur du service, Alain Michaud, elle décide de l'appeler pour lui raconter ce dont elle est témoin. « Dans le monde des pompiers, combattre les incendies en hauteur est l'un des grands problèmes, dit-elle. Et là, je suis à New York ! Je me suis dit que j'allais appeler M. Michaud pour lui raconter en direct ce que je voyais. »

Autour d'elle, les gens se rassemblent. Primeau, qui n'a pas encore compris l'ampleur du drame qui se dessine, prend son téléphone cellulaire et compose le numéro direct du bureau d'Alain Michaud à Montréal.

Rien.

Elle essaie de nouveau.

Rien. Il n'y a pas de tonalité.

* * *

La fourgonnette de Maxime Fiset et de Patrick Giguère est arrivée en face du WFC, à la hauteur de l'entrée du Winter Garden. Comme prévu, les deux chauffeurs de Québec New York 2001 défont et retirent la banquette arrière du véhicule. Les autres passagers de la fourgonnette sont aussi descendus et ont pris la direction de l'hôtel Embassy. De l'autre côté de la rue West, la tour nord du WTC flambe. Une fois leur besogne terminée, Fiset quitte les lieux en vitesse, laissant Giguère et sa banquette sur le trottoir. « Là, j'ai rencontré Philippe Cannon, se souvient Giguère. Je lui ai demandé de me donner un coup de main afin de rentrer la banquette dans le Winter Garden. On entrait avec notre banquette alors que les gens, eux, évacuaient [les lieux]. On faisait "Blues Brothers" un peu, nous autres-là, en allant en sens inverse des gens. »

Ensuite, chacun s'en va de son côté. Patrick Giguère ressort à l'extérieur du Winter Garden par une porte donnant sur la rue West. Il regarde le brouhaha de l'autre côté de la rue. Il échange quelques paroles avec un policier. Et puis, il se questionne : la tour ou une partie de la tour peut-elle tomber ?

Il se passe bien peu de temps, quelques minutes à peine, peut-être moins, avant qu'il n'aperçoive une personne tomber dans l'abîme. « Le premier, tu n'es pas trop sûr, raconte-t-il. Mais plus "ça" se rapproche et plus tu te rends compte que ce sont des personnes. Ce n'est pas long que tu cesses de regarder. Après un et deux et trois, tu commences à comprendre que c'est grave. J'ai vu des gens qui se tenaient par les bras. Ils devaient être cinq ou six. À un moment donné, ça a décroché, j'ai dit, c'est assez. »

Giguère se rappelle que, quelques jours plus tôt, il a acheté un appareil photographique jetable qui se trouve dans le fond de son sac à dos. Il décide de prendre quelques photos et marche rue West vers le sud. Il s'arrête à la hauteur de South Bridge. De cet angle, il est en mesure de prendre en photo les deux tours et l'épais panache de fumée causé par l'incendie.

Boulevard de l'Aéroport, Gander (Terre-Neuve), 10 h 30 (9 h, heure de New York)

Comme presque tous les matins, Claude Elliott entre au restaurant Tim Hortons du boulevard de l'Aéroport. Il salue à la ronde et va rejoindre son groupe de copains, une douzaine de personnes, pour qui ce rendez-vous matinal est une habitude.

Ici, on aime bien prendre le temps de bavarder, d'échanger quelques potins. Claude Elliott n'est pas pressé puisqu'il est à la retraite, après une carrière de vingt-sept années dans les services paramédicaux. Et même s'il est maire de la ville de Gander et qu'il est présentement en pleine campagne électorale, l'élection devant avoir lieu le 25 septembre, Elliott ne renonce pas à sa visite. Dehors, il fait un temps superbe. On discute de tout et de rien. Un des habitués arrive et raconte qu'il y a eu un tragique accident d'avion à New York. Le groupe en discute un moment puis passe à autre chose.

Délégation générale du Québec, 1, Rockefeller Plaza

Au 26e étage du 1, Rockefeller Plaza, les bureaux de la Délégation générale du Québec sont en ébullition. Tous les employés sont plongés dans le sprint final avant le lancement de l'événement Québec New York 2001 et la visite du premier ministre Landry.

La tâche est d'une telle ampleur qu'au personnel régulier se sont greffés des employés surnuméraires. Certains ont été dépêchés en renfort par le ministère des Relations internationales depuis Québec. D'autres sont rattachés à l'organisation Québec New York 2001. Michel Létourneau, qui fait la navette entre Québec et New York depuis des mois, y a aussi un bureau temporaire.

Conseiller aux affaires gouvernementales et éducatives de la Délégation, Patrick Muzzi a un bureau dont la fenêtre donne sur le nord et Uptown. Assis devant son ordinateur, Muzzi essaie de mettre de l'ordre dans les notes de travail et le programme des rencontres destinées au premier ministre Landry et ses accompagnateurs. À l'approche de l'inauguration, la pression est forte. « On avait tous de la "broue dans le toupet" pour accueillir cette importante délégation qui arrivait et qui lançait une opération d'un mois », dit Muzzi, qui est alors le conjoint de Nataly Rae.

Un de ses collègues passe la tête par la porte et lui raconte ce qui se passe dans le sud de l'île. Muzzi se lève, sort de son bureau et se dirige vers le poste de télévision le plus près. D'autres employés se rassemblent dans la grande salle de réunion où un téléviseur à grand écran est encastré dans un des murs.

Diane Wilhelmy arrive. « Une fébrilité, une certaine confusion s'installait, raconte-t-elle. Tout le monde avait son explication. » On compatit, on est horrifié. Mais il reste beaucoup de travail à faire et, dans le bouillonnement des préparatifs de l'événement québécois, on tente de rester concentré sur les tâches encore à accomplir. Patrick Muzzi s'arrache aux images de la télé et retourne à son bureau et ses préparatifs.

Diane Wilhelmy, elle, est très inquiète. Un seul regard sur les dégâts au WTC lui suffit pour comprendre que l'accident n'est pas l'affaire d'un Cessna égaré ou d'un pilote qui a eu un malaise cardiaque. « Je me suis dit : "Ah ! Ça, c'est du terrorisme." Avec tous les systèmes de sécurité qu'il y a dans les avions, plus la présence d'un copilote, on n'entre pas dans une tour de cette façon. »

Ses pensées vont aux Québécois rassemblés au pied des tours. Premier moment d'angoisse dans cette longue journée. « Il va falloir sécuriser les gens, se dit la déléguée générale. On ne sait pas encore ce qui est arrivé, mais c'est très grave. Il faut s'occuper de notre monde, là-bas. »

Toujours coincés dans un embouteillage sur le pont Queensboro, Michel Létourneau et ses collègues regardent la fumée s'épaissir autour du WTC. Inquiet, il rejoint Philippe Cannon, qui le rassure sur la situation de ses compagnons. Létourneau raccroche, mais l'atmosphère demeure tendue.

Dans la navette conduite par Jacques Baillargeon, tous les occupants gardent les yeux sur les tours. À l'horizon, sur la gauche, le vent souffle l'épais panache de fumée vers la mer. Baillargeon remarque soudain la silhouette d'un avion remontant vers le nord. Au premier coup d'œil, il croit reconnaître un DC-3, un très vieil appareil. « Regardez, il y a un avion là-bas », dit-il aux passagers de la camionnette.

L'homme, qui possède une formation de contrôleur aérien, un emploi qu'il a exercé durant plusieurs années, se dit que l'aéronef qu'il aperçoit doit être en fait un genre d'avion de recherche et de sauvetage. D'autant plus qu'il se rapproche de la forêt de gratte-ciel dans le sud de l'île, situation qui, d'expérience, est inhabituelle. « Connaissant les normes en aviation, je sais que les avions ne sont pas autorisés à survoler [de si près] de tels environnements urbains. »

Le téléphone de Michel Létourneau sonne à nouveau.

Il répond.

C'est Robert Gillet.

Le populaire animateur de l'émission matinale de la station radiophonique FM 93 de Québec est encore en ondes lorsque survient le premier impact. Comme il connaît Létourneau, il lui demande une entrevue en direct. Ce dernier accepte.

L'avion repéré par Jacques Baillargeon se rapproche de plus en plus des gratte-ciel.

* * *

Le taxi transportant Nataly Rae ne s'est pas rendu jusqu'à l'Embassy. Avec les véhicules d'urgence arrivant les uns après les autres, la circulation se fait très dense dans la rue West. Le chauffeur décide d'arrêter en bordure de la grande artère. Rae met le pied à terre.

De l'endroit où elle se trouve, elle voit très bien les tours, qu'elle regarde durant un moment. Pendant qu'elle est en train de payer la course, son regard est attiré par un avion. Au-dessus de la baie où se trouve la Statue de la liberté, l'appareil s'approche. Il vole à basse altitude. On entend ses moteurs.

Durant un court instant, Nataly Rae s'imagine qu'il s'agit peut-être d'un appareil de secours, d'un réseau de télévision ou encore d'un aéronef du type CL-415 utilisé pour combattre les incendies de forêt. « Ça a été ma première idée. Je me suis dit qu'on allait arroser par le haut parce qu'aucune échelle ne pouvait se rendre jusque-là. Ce n'est pas vraiment possible, dit-elle aujourd'hui, mais c'est l'idée qui m'est passée par la tête. »

Il faut dire que l'édifice est tellement haut, que l'incendie fait rage si loin du sol. Et son intensité est loin de s'estomper…

Downtown Manhattan, 9 h 03

Martine Primeau essaie toujours de téléphoner. Peine perdue. Elle est très perplexe parce que, depuis des mois, à chacune de ses visites dans Downtown, elle a utilisé sans problème son téléphone cellulaire. Autour d'elle, plusieurs personnes s'agglutinent et regardent ce qui se passe à plus de trois cent cinquante mètres au-dessus du sol.

Une femme sort en vitesse de la tour sud du World Trade Center. Elle se prénomme Elizabeth, demeure à Brooklyn et travaille à un des étages inférieurs du 2, WTC. Elle s'approche de la Québécoise et, pointant son téléphone, lui demande : « *Can I call home ?* »

Primeau accepte et lui explique comment l'appareil fonctionne. Elle se dit qu'Élizabeth aura peut-être plus de chance qu'elle pour rejoindre ses proches.

Alors que les deux femmes sont penchées sur les boutons du téléphone, des cris déchirants s'élèvent.

« *Ô my God ! Ô my God ! ! ! ! ! !* »

« Les gens se sont mis à frémir autour de nous. Lorsque nous avons relevé la tête, on voyait des personnes tomber de l'édifice », se souvient Primeau.

Horrifiées, elle et Élizabeth, qui ne s'étaient jamais vues quelques minutes plus tôt, se jettent dans les bras l'une de l'autre.

Un corps, puis un autre et encore un autre. Primeau reste là, comme tous les autres, sonnée, pétrifiée. Elle perd la notion du temps. Les minutes s'accélèrent, ralentissent, elle ne sait plus. D'autres corps plongent vers la mort. Et puis soudain, un bruit, énorme, gigantesque, un vrombissement épouvantable. Primeau se retourne. L'avion est là, tout près, juste à sa droite, ses ailes penchées sur la gauche, fonçant vers la tour sud.

Dans cet instant d'éternité, même s'il vole à plusieurs centaines de kilomètres/heure, le Boeing 767 de la United Airlines semble s'approcher au ralenti. Et même s'il se trouve à trois cents mètres au-dessus du sol, Martine Primeau est certaine que son aile va lui toucher le nez.

Dans la foule, un cri : « *What is he doing ! ? !* »

L'instant d'après, le vol UA175 s'encastre entre les 78e et 83e étages de la tour sud du World Trade Center.

Chapitre 4

Une attaque concertée (9 h 03)

C'est la panique totale dans Downtown, où les badauds courent dans toutes les directions. À la curiosité mêlée d'inquiétude des dernières minutes succède un sentiment de panique, d'horreur et d'angoisse extrême devant ce que tous considèrent maintenant comme une attaque concertée.

Rue West, près de South Bridge, Patrick Giguère a entendu le bruit de l'aéronef arrivant en trombe. Il ne l'a pas vu tout de suite, l'appareil étant masqué par les hauts édifices du secteur. Mais, à la dernière seconde, il aperçoit le Boeing 767 percuter la tour. « J'ai finalement vu l'avion entrer dans l'édifice. Je suis allé me cacher sous le South Bridge. »

Cette seconde attaque a été vue en direct, par des millions de personnes, à la télévision. À RDI, Christine Fournier vient tout juste de céder la parole — traduite en simultanée — aux commentateurs d'un réseau américain lorsqu'on aperçoit soudain, sur la gauche de l'écran, une énorme boule de feu et des débris partant dans toutes les directions.

« Ô my goodness, there's another one. […] A second plane

just crashed into the World Trade Center. I think that we have a terrorist act of proportions that we cannot begin to imagine this juncture. [...] *A second plane now has crashed into the other tower of the World Trade Center* », entend-on distinctement derrière la voix du traducteur.

La caméra donne un plan plus général, laissant voir le champignon de feu et de fumée de la tour sud, jumelle de l'autre édifice en flammes. Pas de doute, le geste est délibéré. L'attaque est concertée. Le cauchemar.

« Là, il y a un silence de mort, dit Pierre Craig, qui se trouve près de son bureau, face à un moniteur, en compagnie de collègues. Ce qu'on venait de voir, c'était un acte planifié. Et personne, je dirais pendant trente ou quarante secondes, n'a été capable d'accepter cette réalité-là. [...] Nous sommes restés interdits. La bouche ouverte. L'esprit comme dans la gomme. Tu ne sais pas quoi penser durant quelques instants parce que tu ne veux pas penser à l'impensable. Et puis, après ces trente et quelques secondes, un brouhaha comme on ne peut pas se l'imaginer. »

À Ottawa, dans la salle de l'hôtel Delta, où il se demande encore comment il va annoncer ce qui se passe aux représentants des compagnies aériennes réunis autour de lui, Andy Vasarins entend à nouveau son téléphone cellulaire résonner. Il prend la communication, discute quelques instants avec son interlocuteur et referme l'appareil.

Toujours dans la capitale nationale, Peter Coyles est rivé à son téléviseur lorsqu'il voit la seconde explosion. Il sort de son bureau en vitesse pour descendre au Centre d'intervention de Transports Canada (CITC) situé au 14e étage de l'édifice.

Dans sa chambre de l'hôtel Élysée, Bob Scott, l'adjoint de Bernard Lord, n'en revient pas. Cet avion, sous ses yeux. Un second dans les tours, en quelques minutes. Qu'est-ce qui se passe ? Scott sort de sa chambre et emprunte l'escalier de service qu'il dévale à toutes jambes pour aller raconter ce qu'il vient de voir à Lord et aux autres membres de son groupe.

Rue West, Nataly Rae est complètement figée. « J'ai déposé ma boîte et j'ai regardé. Je suis devenue une statue de sel. Je n'étais plus capable de faire autre chose. » Ce ne sont pas tant le rugissement des moteurs de l'appareil et le vacarme de l'explosion que les cris des gens autour d'elle qu'elle entend. « Qu'est-ce que c'est ? Qu'est-ce qui se passe ? », se demande-t-elle.

Au quartier général du NORAD à Colorado Springs, une certaine confusion règne, tellement le flot d'information entre à toute vitesse. Lorsqu'un opérateur branche un des grands écrans du centre sur le réseau CNN et qu'apparaît l'image de la tour nord en flammes, le major-général Findley se fait dire qu'il s'agit d'un petit appareil, une navette. Drôle de dégâts pour un petit appareil, répond-il.

Findley a la tête penchée sous son bureau, où se trouve toute une série d'appareils téléphoniques, s'apprêtant à prendre un appel, lorsqu'il aperçoit, du coin de l'œil, une explosion à l'écran du téléviseur. Dès ce moment-là, il comprend qu'il a affaire à une attaque coordonnée. Il croit qu'il s'agit d'une bombe, mais on le corrige. Il s'agit d'un second avion-missile.

Au quartier général du secteur canadien du NORAD, à Winnipeg, le silence est total. Comme tous ses collègues, Bruce Barnes reste muet devant les images retransmises en direct sur l'écran géant du centre des opérations. « Pendant dix à quinze secondes, on aurait entendu une épingle tomber », dit-il.

Dans le bureau du colonel Denis Guérin, à la base de North Bay, le colonel croise le regard avec son adjoint, Rick Pitre. Un instant plus tard, ils se précipitent vers la porte. Dans leur esprit, il n'y a plus de doute. Ce dont ils sont témoins est l'œuvre de terroristes. La menace est bien réelle et, même si elle ne vient pas de l'extérieur du continent, ils savent que le NORAD est directement concerné. Ils sautent dans leur voiture et retournent sous terre à toute vitesse.

À Colorado Springs, toutes les unités de commandement et d'opération du quartier général sont soudainement noyées dans une immense cacophonie. « À ce moment-là, raconte le major-général Findley, tous les appareils téléphoniques dans cette salle du centre de commandement et des autres centres se sont mis à sonner en même temps. »

De nouveaux rapports concernant des détournements d'avion arrivent. Combien y a-t-il d'appareils en jeu? Un? Deux? Plusieurs? On ne sait pas.

À Winnipeg, pendant encore quelques instants, c'est l'incrédulité dans le centre des opérations. Cet avion, c'était une reprise? Le même scénario sous un nouvel angle? Non, car il y a maintenant deux tours en flammes.

Bruce Barnes se rappelle encore le ton tranchant et impératif de Duff Sullivan. « Cet exercice est interrompu. Je veux savoir ce qui se passe. Jusqu'à ce que nous le sachions, cet exercice est secondaire et je veux que tout le monde porte attention à ce qu'il voit. Préparons-nous », tonne le directeur des opérations.

Maintenant, on ne joue plus à la guerre. Maintenant, on passe dans le monde réel.

Chapitre 5

L'attaque se poursuit (9 h 03 – 9 h 40)

Les États-Unis sont attaqués. Plus personne ne croit à un accident. Mais ce que la très grande majorité des gens ne savent pas encore, c'est que deux autres avions survolant l'espace aérien américain sont sous le contrôle de terroristes. À 9 h 37, l'un d'eux, le vol AA77 d'American Airlines, frappe de plein fouet l'aile sud-ouest du Pentagone, quartier général du ministère de la Défense, à Washington.

À 10 h 03, un autre Boeing de United Airlines, le vol UA 93 faisant le trajet Newark-San Francisco, s'écrase dans un champ près de Shanksville dans le comté de Somerset (Pennsylvanie), à environ cent vingt-huit kilomètres à l'est de Pittsburgh. Cette fois, la révolte des passagers annihile le plan des terroristes, dont la cible ultime demeure indéterminée.

À 10 h 28, la tour nord du World Trade Center, celle qui est surmontée d'une immense antenne de retransmission, s'écroule sur elle-même. Premier des trois édifices percutés par un des avions au cours des deux dernières heures, elle est la dernière à s'effondrer, après la tour sud du WTC (10 h 05) et l'aile du Pentagone (10 h 10[1]).

New York, Downtown, 9 h 05

À toute vitesse, Martine Primeau s'éloigne des tours en flammes. Mais, dans la bousculade, elle tombe. « Quelqu'un est tombé devant moi, je suis tombée par-dessus et une autre personne est tombée par-dessus moi. J'ai eu tellement peur de mourir écrasée que je me suis relevée avec une énergie que je ne me connaissais pas », raconte-t-elle.

Dans toute cette confusion, Primeau perd son téléphone cellulaire. Elizabeth, qui l'avait toujours à la main au moment de la seconde attaque, est disparue. La Montréalaise retourne à son appartement de la rue Albany et tente de joindre Nadia Seraiocco. En vain. Les lignes téléphoniques fonctionnent sporadiquement.

Elle tente aussi de joindre son conjoint à la maison. Mais encore une fois ses tentatives demeurent vaines.

Primeau redescend dans le hall de son immeuble. Le portier la somme de quitter les lieux. « *Get out of here! Get out of here!* », crie-t-il.

Sortir? Partir? Mais pour aller où? Chaque minute qui passe rend la situation un peu plus irréelle. Les options sont limitées. Tout autour du WTC, les pompiers élargissent le péri-

---

1. Les heures des écrasements des vols AA77 et UA93 sont tirées de *The 9/11 Commission Report*. Celles des trois écroulements sont tirées de la chronologie de CNN.

mètre de sécurité. Les innombrables véhicules d'urgence et la chute des débris bloquent aussi le passage. Reste le bord de l'eau, à deux pas, sur la gauche, côté ouest, et vers le sud. Durant un court instant, Primeau marche vers la rivière.

Mais l'envie de téléphoner à la maison la tenaille. Elle se souvient d'avoir aperçu une cabine téléphonique, près du périmètre du WTC. Convaincue qu'il lui faut rejoindre ses proches, un geste important qu'on apprend à faire dans une situation d'urgence, elle repart dans cette direction.

Pont Queensboro et Québec, 9 h 05

« Michel Létourneau est en direct à New York, actuellement. Bonjour, Michel », lance Robert Gillet sur les ondes de FM 93, poste de Québec.

« Allô, Robert. Bien, écoute, c'est un autre drame qui vient d'arriver. Un autre avion vient de percuter à l'instant même l'autre tour. La tour numéro 2, répond Létourneau, dont la voix, d'ordinaire joviale, trahit son angoisse. C'était la tour numéro 1 qui avait été percutée, celle où il y a le Top of the World [le restaurant Windows on the World]. Et là, il y a un deuxième avion qui a percuté… Et là, ça brûle…

— Un deuxième avion vient de percuter la deuxième tour du WTC, répète Gillet, revenu de son propre étonnement. De quel genre d'appareil s'agit-il ?

— Je ne le sais pas, répond Létourneau. Je pense que c'est un plus petit avion, de type Jetliner, très en vogue dans la région. »

Gillet évoque une rumeur selon laquelle le premier avion aurait été un Boeing 737. Létourneau est sceptique.

« Je suis un peu étonné de la grosseur de l'appareil.

Moi, les informations qu'on a ici (par la radio), c'est que c'est un petit avion. »

Les deux hommes discutent quelques secondes du fait que les deux appareils sont encastrés dans les deux immeubles, ce que croit voir Létourneau. « Mais je vois beaucoup plus de flammes et de fumée que d'avion pour le moment, dit-il. Il y a eu une explosion assez importante. On est à peu près à trois kilomètres. »

Puis, Létourneau tient à se faire rassurant quant à la situation des employés travaillant à l'organisation de l'événement dont il est responsable. Un bon réflexe, compte tenu que plusieurs viennent de la région de Québec, là où est diffusée l'émission de Gillet. « Ils ne sont pas touchés par ça puisqu'on est à quelques centaines de mètres de là, dit Létourneau. Pour le moment, les équipes sont sous le choc, évidemment, mais il n'y a pas de blessé, il n'y a rien. Sauf que nous, on ne sait pas si on va être capable de se rendre à notre hôtel.

— Mais Michel, restez donc sur place, lance Gillet. C'est beaucoup plus intéressant. Vous vivez quelque chose d'historique, là ! »

Létourneau rit un brin nerveusement. « Je me serais bien passé de ça », réplique-t-il.

Létourneau et Gillet discutent ensuite d'un possible attentat. Quelques instants plus tard, un auditeur de l'émission, qui se dit pilote, entre en ondes. « J'avais les images de ABC montrant la première tour et l'avion arrive au-dessus de l'eau. Je vous le confirme, c'est un Boeing 737, un gros appareil », dit l'auditeur, qui ne s'identifie pas.

« La deuxième explosion a fait du dégât, poursuit l'auditeur. C'est un gros appareil et l'explosion a été assez gigantesque. »

— Ah oui ! enchaîne Létourneau. Très violent, comme explosion. D'où on était, c'était assez impressionnant. On se serait cru dans un mauvais film. »

La conversation se poursuit durant quelques minutes. Robert Gillet parle d'un événement dont on va encore parler dans un siècle. Michel Létourneau rappelle l'attentat de 1993. « S'ils ont manqué leur coup dans le stationnement il y a quelques années, ils ne l'ont pas manqué là ! » dit-il.

Au moment où Létourneau quitte les ondes, la fourgonnette conduite par Jacques Baillargeon est entrée dans Manhattan. Létourneau promet de rappeler Gillet s'il a d'autres informations et exprime à haute voix son scepticisme sur la possibilité de se rendre jusqu'à l'Embassy Suites.

New York, hôtel Embassy Suites, 9 h 05

« Je suis passé tout droit ce matin-là. Je n'ai pas entendu l'impact du premier avion. »

Candide, l'aveu de Roland Lajeunesse s'explique peut-être par le fait que sa conjointe, Line Gros-Louis, et lui occupent une chambre de l'Embassy donnant sur le fleuve Hudson. Située à l'un des derniers étages de l'immeuble, la pièce donne sur la rue North End et l'Hudson ; elle fait donc dos aux tours du WTC. Au premier impact, sa conjointe, dit-il, a entendu un boum. Mais elle s'est recouchée, associant le bruit aux activités d'un chantier environnant.

Au second impact, par contre, le réveil est sec. « Il y a eu une grosse vibration qui a secoué la vitre de la chambre, dit le président de GID. On s'est levé et j'ai regardé dehors. J'entendais des gens crier. Je regardais en bas et eux regardaient vers le haut. Je me suis dit qu'il y avait peut-être eu un tremblement de terre et que, par réflexe, ces gens avaient peur que des débris leur tombent dessus. »

Le couple s'habille en vitesse et se prépare à descendre.

Roland Lajeunesse allume la télé en se disant que, s'il se passe quelque chose de particulier, ce doit être déjà diffusé sous forme de « *breaking news* » par les différents réseaux. D'un coup d'œil, il comprend tout.

« Nous avons ramassé nos passeports, nos portefeuilles, notre argent, la caméra et avons chaussé de bons souliers de marche », se rappelle M. Lajeunesse.

Lui et sa conjointe font vite. Il n'est plus question de rester dans cet hôtel.

*   *   *

Pendant ce temps, à la hauteur de la mezzanine, Ana-Laura Baz, employée de GID et muséologue responsable de l'exposition *Québec Wise*, a le même réflexe que son patron. « J'ai envoyé tout le monde chercher son passeport, dit-elle. En me disant que c'est la seule chose dont on a vraiment besoin. »

Dans les minutes précédentes, Mme Baz et son conjoint, Clément Laberge, ont été témoins des attaques. Attablés au restaurant de l'Embassy Suites au moment du premier impact, ils étaient à l'extérieur, observant ce qui se passait au sommet de la tour nord, lorsque le second appareil s'est encastré dans la tour sud. « Après le premier avion, même si c'était majeur comme événement, l'effet était comme d'être au cinéma, se souvient Mme Baz. C'était surréaliste, comme s'il n'y avait pas de danger. Et que rien de grave n'allait se passer. Jusqu'à ce que le deuxième appareil rentre. Là, on a compris que ce n'était pas une erreur. »

*   *   *

Bang !

En sortant de l'ascenseur, au 14e étage de l'hôtel, l'agent René Lafrenière entend et ressent la même chose que ce qu'il a perçu une quinzaine de minutes plus tôt. Tout de suite après, il croise des femmes de chambre affolées, en larmes. Ce sont elles qui l'informent que cette seconde vibration est en fait l'écho d'une autre attaque à l'avion-suicide.

Policier rattaché au Service de la protection des personnalités (SPP) de la Sûreté du Québec depuis 1998, Lafrenière a été dépêché en éclaireur à New York en raison de la visite du premier ministre Landry, dont il est aussi l'un des gardes du corps. Dans la métropole, il est accompagné d'un second agent de la SQ, Daniel Brouillette, dont c'est la première mission à l'étranger, et de la responsable du protocole, Denise Marcotte.

Le trio prenait le petit-déjeuner dans le restaurant de l'Embassy lorsqu'il a clairement ressenti la résonance du premier impact. Après avoir vu de la fenêtre du restaurant ce qui se passait et entendu les premières informations à la télé, les trois Québécois décident de se rendre à la chambre de Lafrenière pour faire le point. À ce moment-là, ils ne savent pas qu'il s'agit d'un attentat, mais ils estiment que l'incendie au sommet de la tour nord est suffisamment important pour réagir. « Nous nous souvenions que, quelques mois plus tôt, un petit avion avait frappé une tour de télécommunications en Mauricie (le 22 avril à Notre-Dame-du-Mont-Carmel ; le pilote, Gilbert Paquette, s'était tué en frappant une tour de trois cent trente mètres de haut) et était resté pris là, indique Lafrenière. Alors, au premier impact, on a pensé à un accident. En constatant l'ampleur de l'incendie, on s'est dit : "Allons faire le point, appeler nos autorités pour savoir si l'événement aurait quand même lieu." »

Après avoir pris connaissance du second attentat, il devient impératif pour Lafrenière de communiquer avec ses supérieurs. Du téléphone de sa chambre, il appelle son patron, le capitaine Denis Rivest, responsable du SPP, dont les bureaux se trouvent à Brossard. Il lui explique la situation mais, au même moment, une alarme est déclenchée dans l'hôtel. La communication téléphonique est soudainement coupée. Il ne reste plus qu'une chose à faire : quitter les lieux. Ce qu'ils font. Avant de partir, Lafrenière et Brouillette prennent soin d'apporter leur walkie-talkie et se donnent le mot d'ordre, avec Denise Marcotte, de ne pas se perdre de vue dans la confusion qui risque de suivre.

Montréal, Palais des congrès, 9 h 05

En politicien aguerri, le ministre fédéral des Transports, David Collenette, ne se formalise guère des bruits, des murmures et du manque d'attention qu'il observe depuis le fond de la salle où il est en train de livrer un discours depuis une dizaine de minutes.

De passage à Montréal, Collenette est sur l'estrade de la grande salle du Palais des congrès de Montréal pour adresser un mot de bienvenue aux quelque deux mille deux cent cinquante congressistes du Conseil international des aéroports. Ceux-ci, dont environ la moitié sont des Américains, se réunissent trois jours à Montréal afin de discuter d'enjeux communs, notamment les problèmes liés à la congestion dans les aéroports des États-Unis, au bruit, à l'environnement et à l'adaptation aux avions de plus en plus gros.

Ce matin-là, le ministre est bien obligé de le reconnaître, son allocution ne passe pas très bien. Pour une raison inexpliquée, l'attention de plusieurs congressistes est ailleurs.

« Dans une telle situation, dit-il, de deux choses l'une : ou votre discours est totalement endormant, ou il se passe un événement dont vous n'êtes pas informé. »

Le ministre ne tarde pas à l'être… informé, lorsqu'à 9 h 05 son sous-ministre adjoint, Louis Ranger, lui glisse un bout de papier sous le nez. Sur le message, griffonné à la hâte, le ministre lit : « Dépêchez-vous d'en finir. Il s'est passé quelque chose de terrible. En sortant, ne vous adressez pas aux journalistes, venez directement nous voir. »

Collenette sait bien que les médias ne sont pas là pour son petit discours de bienvenue. Ils ne veulent pas non plus lui poser des questions sur le programme du congrès, mais bien sur l'industrie aéronautique canadienne, qui subit des turbulences depuis quelques mois.

Les sujets ne manquent pas : importantes pertes financières chez Air Canada, vive concurrence entre les exploitants, dépôt récent d'un rapport du Bureau de la sécurité dans les transports concernant l'inflammabilité des matériaux, à la suite de la tragédie du vol de la Swissair en 1998. Plus récent sujet : le dossier Air Transat et l'amende salée imposée quelques jours plus tôt au transporteur.

En quelques mots, suivant la recommandation de Louis Ranger, le ministre conclut son allocution, remercie le public et sort. Dans la salle, de plus en plus de téléphones et de téléavertisseurs résonnent.

Ses adjoints s'empressent de l'emmener dans une pièce séparée, où ils lui parlent de ce qui se passe à New York. À ce moment-là, même si la seconde attaque vient de se produire, Collenette n'est informé que du premier événement. Qu'importe. L'affaire sent déjà mauvais. Pour la FAA, lui disent ses adjoints, il s'agit d'un acte délibéré. Collenette pense la même chose. « Du moment que j'ai su que c'était un avion de passagers, j'ai senti une attaque terroriste. Les avions ne "crashent" pas dans les édifices », se rappelle l'ancien ministre.

Lorsqu'il sort de la salle, les journalistes l'entourent. Eux aussi sont au courant de ce qui se passe et demandent une réaction à chaud. Collenette, qui tente de ne pas se prononcer tout de suite, bafouille une réponse. En anglais, sa déclaration est un monument d'ambiguïté.

« Des choses de ce genre peuvent arrriver, et un accident est toujours une tragédie, mais s'il s'agit d'un accident qui a été causé par – par d'autres, d'autres que — d'autres forces, c'est donc quelque chose qui est – qui est vraiment — vraiment une source d'inquiétude. Donc, je dois attraper mon avion... »

« J'ai probablement donné le pire *scrum* de ma vie, dit l'ancien ministre au sujet de ce point de presse, parce que je ne pouvais pas dire ce que je pensais vraiment. J'étais très hésitant. Je suis ce genre de personne qui, si elle sait quelque chose, ne peut pas mentir. Mon esprit faisait deux choses à la fois : répondre aux questions et penser à ce qui se passait... »

En déclarant qu'il a un avion à prendre, Collenette trouve un bon moyen de mettre fin à la conversation. Et il dit la vérité. En principe, il doit prendre l'avion à 10 h à Dorval pour se rendre à Toronto, où il doit prononcer une autre conférence plus tard dans la journée. Lui et ses adjoints du cabinet descendent en vitesse les escaliers lorsque le téléphone de Louis Ranger sonne à nouveau. Il apprend alors la nouvelle de l'écrasement du vol UA175 dans la tour sud et en informe le ministre.

Collenette est formel : « On retourne en voiture à Ottawa. »

Notre-Dame-de-Grâce, rue Monkland, 9 h 05

Il est 9 h 05 lorsque Jean Fortier sort du local électoral de Vision Montréal. « Mon chauffeur se trouvait à deux coins de rue de là. Il ne pouvait se garer devant le local parce qu'on ne peut utiliser les voitures de fonction pour du travail partisan », raconte Fortier.

Dans la voiture, la radio joue et le chauffeur informe le président du comité exécutif de la Ville de ce qui se passe. L'écrasement du vol UA 175 de United Airlines dans la tour sud du WTC vient à peine de se produire. La voiture de Fortier fonce vers l'hôtel de ville.

En route, les deux hommes écoutent la première chaîne de radio de Radio-Canada. À 9 h débute normalement l'émission *Indicatif présent*. Ce matin-là, une des invités de l'animatrice, Marie-France Bazzo, est Denise Bombardier. Au lieu de discuter du sujet prévu, elles décrivent et commentent en direct ce qu'elles voient à la télévision.

À son arrivée à l'hôtel de ville, Fortier est étonné : en dépit de ce qui se passe à New York, la séance du conseil va quand même avoir lieu. En fait, elle est sur le point de reprendre. « Tout le monde se regardait. J'ai été surpris », dit Fortier.

À l'époque conseiller de Vision Montréal, le parti du maire Bourque, et président du conseil municipal, le Dr Luc Larivée ne se souvient pas de ce détail. Par contre, il n'est pas surpris de se faire rappeler que la séance qu'il présidait a malgré tout commencé. « Par tempérament, moi, si quelque chose doit arriver, ça ne m'empêche pas d'ouvrir une séance du conseil. Il y aurait eu une explosion au Parlement à Québec que si nous avions eu à commencer notre séance et que j'avais eu quorum, j'aurais demandé à ce qu'elle commence », dit-il.

Ottawa, hôtel Delta, 9 h 10

Andy Vasarins est plongé dans ses pensées, se demandant encore comment il va annoncer à ses interlocuteurs ce qu'il vient d'apprendre. Une autre attaque, un autre avion, le même résultat.

Lorsqu'il informe son auditoire de ce qui se passe, c'est la commotion. Les personnes présentes le pressent de questions. Quels types d'avion sont impliqués? Quelles compagnies aériennes sont concernées? « Je n'ai confirmé ni l'un ni l'autre, d'abord parce que je n'avais moi-même aucune confirmation de ce qui venait de se passer et parce que je ne voulais pas alarmer tout le monde », raconte l'ancien vice-président.

Tous ces représentants de compagnies canadiennes et américaines sont complètement défaits. En dépit de leur insistance, Vasarins ne cède pas à leurs questions. Il annule la rencontre et quitte précipitamment l'hôtel pour retourner au siège social de NAV Canada.

Hôtel Clarion, New York, 9 h 12

À 9 h 12, soit neuf minutes après la seconde attaque, Claude Deschênes fait une première intervention téléphonique sur les ondes de Radio-Canada. Il est le tout premier interlocuteur de Christine Fournier.

Deschênes et André Grégoire se trouvent à l'intersection de l'avenue Park et de la 29e Rue, tout près en fait du Clarion, l'hôtel où ils sont descendus. Deschênes raconte ce qu'il a vécu dans les minutes précédentes lorsqu'il a aperçu un avion passant à basse altitude au-dessus de Manhattan. « Je ne sais pas si c'est cet avion [qui a percuté la tour nord], mais celui que j'ai vu voler à basse altitude était un avion de ligne, dit-il.

— Il pourrait donc s'agir d'un avion commercial, lance Christine Fournier.

— Oui, ça avait l'air de ça, répond Deschênes. Moi, je suis un passionné d'avions. Chaque fois qu'un avion passe dans le ciel, je le remarque. Et là, je trouvais que c'était anormalement bas. D'où je suis présentement, je vois la colonne de fumée au bout de Park Avenue. C'est vraiment spectaculaire et c'est de voir aussi le visage des New-Yorkais qui semblent atterrés. »

Deschênes observe que la circulation automobile est en voie de devenir un véritable enfer vers le sud de l'île. Il évoque aussi la présentation de Québec New York 2001, et la possibilité que les attaques aient des répercussions sur la présentation des activités. « Dès que possible, on se rapproche de l'événement et on vous donne des détails », dit-il.

À Claude Deschênes succède, toujours au téléphone, Yvan Miville-Deschênes, le spécialiste de l'aviation sous contrat avec la SRC. En commentant la rediffusion des images de la seconde attaque, il essaie de déterminer le type d'appareil. « C'est un appareil à ailes basses. Il y a deux moteurs, évidemment, avec une queue assez conventionnelle. Donc, ça pourrait être un petit réacté, peut-être même au maximum un Boeing 737, mais ce pourrait être également un Gulfstream, qui ressemble étrangement à ce que je vois à l'écran présentement. C'est bien entendu pas tellement défini. C'est difficile à voir si c'est un réacté ou un avion à hélices à cette distance. […] De toute évidence, si on regarde le ciel présentement, ce n'est pas une erreur de pilotage. »

En regardant une reprise au ralenti, lui et Fournier ne peuvent réprimer une réaction de consternation.

Puis, ils poursuivent leur discussion sur les normes restrictives entourant la circulation aérienne dans le secteur et la possible planification de tels actes terroristes.

* * *

Pendant ce temps, Pierre Craig se prépare à entrer en ondes.

« Dans la salle des nouvelles, le bureau de Jean Pelletier, qui est le directeur de la salle, est à ma gauche. Jean sort de son bureau et me lâche un cri : "Pierre !"

Je le regarde. On est un peu loin l'un de l'autre. Il me fait un signe de descendre au niveau C. Moi je lui crie : "Combien de temps ?" Lui et moi nous sommes compris tout de suite. Il n'a pas besoin de me dire que je m'en vais faire une spéciale. Je viens de comprendre. »

Craig est bien d'accord pour animer l'émission spéciale. Mais, dans l'après-midi, il doit aller chercher sa fille à l'école et doit donc s'organiser si son horaire est chambardé. « Il me fait le signe trois, ce qui veut dire jusqu'à 3 h [de l'après-midi]. »

L'animateur se prépare à prendre la place de Christine Fournier, à compter de 10 h. Pourquoi ce changement d'animateur ? « Pierre faisait le bulletin du midi sur les deux réseaux et, comme directeur des nouvelles, c'est le *casting* que j'ai choisi », dit Pelletier.

Christine Fournier restera quand même en ondes pour faire régulièrement un résumé de tout ce qui se passe, à mesure que de nouveaux détails arrivent sur le fil de presse. « Avec elle, il y a eu une chimie instantanée. Ça a été extraordinaire », dit Craig. Une fois en ondes, ce dernier fera le commentaire, les entrevues et un rappel fréquent de l'essentiel de la nouvelle, car de nouveaux téléspectateurs s'ajoutent de minute en minute.

*   *   *

Pelletier aurait pu aussi demander à Stéphan Bureau de rentrer beaucoup plus tôt cette journée-là. Mais ce dernier est en route pour Toronto. À l'époque, Bureau anime le *Téléjournal* de 21 h à RDI et de 22 h à la première chaîne de la SRC. Tôt le matin, il a pris l'avion pour la Ville reine, où se tient la 26e édition du Festival international du film de Toronto. Il doit réaliser une entrevue avec la comédienne française Jeanne Moreau, venue présenter le film *Cet amour-là*, dans lequel elle campe le rôle de la romancière Marguerite Duras. « J'ai pu attraper Bureau à l'aéroport, dit Jean Pelletier. Je lui ai dit : "Tu reviens à Montréal." Il m'a répondu qu'il ne pouvait pas, qu'aucun avion ne décollait. »

En fait, Bureau a joué de malchance. Tout de suite après être descendu de son vol et pris connaissance de ce qui se passait, l'animateur a sauté dans un autre avion faisant le trajet inverse vers Montréal. Malheureusement, l'avion qui a précédé le sien était le dernier à s'envoler.

« Je lui ai dit : Prends un taxi. Loue une voiture, poursuit Jean Pelletier. Mais il n'y avait plus de voitures. »

Et pas beaucoup plus de taxis. Bureau a fini par en trouver un et a promis au chauffeur de lui payer à prix fort s'il le ramenait à Montréal. Au départ, le chauffeur a mis un temps fou à se mettre en route, notamment parce qu'il cherchait à faire le plein dans une station-service vendant un mélange particulier d'essence. L'animateur lui a expliqué qu'il n'avait vraiment pas de temps à perdre.

Le taxi est finalement arrivé à Montréal vers 16 h 30. Stéphan Bureau, qui avait offert à la dame assise à côté de lui dans l'avion de partager le taxi, la fit déposer à l'aéroport de Dorval avant de se diriger vers la maison de Radio-Canada.

New York, Délégation générale du Québec, Rockefeller Center

« La deuxième attaque a été quelque chose de terrible, lance Diane Wilhelmy. C'était la confirmation évidente que c'était un acte terroriste d'une ampleur sans précédent et que la catastrophe allait être totale. » La déléguée générale, qui connaît bien le quartier de la pointe sud de l'île, craint pour les Québécois rassemblés là-bas. « Dans des circonstances semblables, le pire ennemi des humains, c'est la panique. » Elle songe aussi à son propre personnel, dans les bureaux répartis sur l'étage, où l'agitation est palpable.

Dans son esprit, les priorités s'alignent d'elles-mêmes : gérer ses émotions et celles des autres, faire tout ce qui est possible pour assurer la sécurité de tout le monde et rapatrier vers le nord tous ceux qui travaillent Downtown. Elle fait venir ses six conseillers dans son bureau où l'on discute des mesures à prendre.

La discussion se poursuit pendant qu'ailleurs, dans les bureaux de la délégation, l'inquiétude s'accroît. Des employés reçoivent des appels, des courriels de leurs proches qui suivent les mêmes événements qu'eux. D'autres sont collés aux écrans de télévision.

Pendant ce temps, Michel Létourneau, les autres membres de l'équipe voyageant avec lui et le chauffeur Jacques Baillargeon arrivent aux bureaux de la Délégation. Après avoir traversé le pont, Létourneau a demandé à son chauffeur de les emmener là, qu'il serait de toute façon impossible de se rendre jusqu'au quartier des affaires.

« On va être inutiles en bas », dit-il à Baillargeon.

Ottawa, édifice Connaught, rue Mackenzie

Entre son bureau du 191, rue Laurier et l'édifice Connaught, siège social de l'Agence canadienne des douanes et du revenu, Denis Lefebvre calcule qu'il a douze minutes de marche. Comme la journée est magnifique, le sous-commissaire de l'agence, grand responsable du secteur des douanes et associé au projet de réforme du ministre Cauchon (voir le chapitre 3), s'y rend à pied. Ce matin-là, il doit assister à une réunion du comité exécutif, au 7e étage.

Lorsque les portes de l'ascenseur s'ouvrent, Lefebvre aperçoit le personnel aggluttiné autour des postes de télévision. « Les secrétaires m'ont dit : "Regarde CNN", et j'ai vu les avions qui frappaient les tours », raconte-t-il.

Le commissaire, Bob Wright, était en voyage d'affaires dans la région de Los Angeles. Son assistant, le commissaire délégué Alain Jolicœur, est quant à lui à Ottawa et assume ce jour-là la direction de la boîte. C'est d'ailleurs lui qui doit présider la réunion du comité exécutif.

Dans son bureau, il regarde aussi les événements. Sa femme l'a appelé quelques minutes plus tôt pour lui raconter ce qui se passe. « Quelques secondes, peut-être une minute mais pas vraiment plus que ça, après le deuxième avion, j'ai reçu un appel du Bureau du Conseil privé, raconte-t-il. Une de nos premières réactions a été de resserrer la ligne à la frontière terrestre parce qu'il y avait possibilité que les gens qui avaient participé aux attentats tentent de fuir du côté canadien. »

Le Bureau du Conseil privé est le ministère du premier ministre, et son greffier, le chef de la fonction publique. Le bureau assure la coordination de l'ensemble des activités des ministères et des organismes fédéraux. C'est encore plus vrai en temps de crise. Le matin du 11 septembre, l'organisme passe rapidement des appels à la Défense, aux Douanes, à Transports Canada, à la GRC, etc.

Denis Lefebvre se souvient parfaitement d'avoir vu son patron sortir du bureau. « Le Bureau donnait instruction d'augmenter immédiatement et au maximum la vigilance aux frontières. J'ai tout de suite contacté tous les directeurs régionaux des douanes pour les informer des attentats et leur transmettre à mon tour la directive reçue. »

Calgary / Ottawa

Lorsque Paul Cellucci, son épouse, Jan, et le consul général, Roy Chavera, arrivent à l'aéroport international de Calgary, les voyageurs sont regroupés devant les nombreux écrans de télévision. La journée tourne au désastre.

L'ambassadeur est anxieux. Il veut retourner à Ottawa où, il le sait, il y a soudainement des millions de choses à faire. Après avoir salué leur hôte, Cellucci et son épouse s'apprêtent à monter à bord du vol d'Air Canada devant les ramener dans la capitale fédérale.

En l'absence de l'ambassadeur à Ottawa, c'est son adjoint, Stephen Kelly, qui assure la gestion des affaires courantes. Et ce matin-là, c'est d'une crise qu'il hérite. Peu de temps après la confirmation des attentats, toutefois, Kelly reçoit un appel du bureau du premier ministre canadien, Jean Chrétien. « M. Chrétien lui a dit que, peu importe ce que le gouvernement canadien pouvait faire pour aider les Américains, il serait là », raconte Paul Cellucci.

Kelly prend bonne note de l'offre avant que les deux hommes ne raccrochent.

Ottawa, quartier général de la GRC, 9 h 10

De retour à son bureau, une des premières directives du commissaire de la GRC, Giuliano Zaccardelli, vise à renforcer la protection de personnalités politiques de haut rang et de lieux considérés comme des cibles potentielles. « J'ai donné ordre d'ouvrir tous les centres de mesures d'urgence ; il y en a un par province et par territoire, résume-t-il. Puis, nous avons fait une évaluation rapide de la menace et donné des ordres afin de protéger des personnalités importantes et des lieux importants dans la ville. »

La sécurité est ainsi redéfinie autour du premier ministre, Jean Chrétien, des principaux ministres du cabinet, qui, à ce moment-là, se trouvent aux quatre coins du pays et à l'étranger, de l'ambassadeur Cellucci et des consuls américains.

Des agents supplémentaires sont envoyés sur la colline parlementaire, autour de la Cour suprême, de certaines ambassades et d'autres édifices jugés à risque. Mais, paradoxalement, c'est le calme plat autour de ces endroits. Durant les premières heures de la crise, plusieurs activités ne sont pas suspendues. Les touristes ne sont pas refoulés. Le tournage d'une télésérie sur Pierre Elliott Trudeau se poursuit même dans les édifices de la colline parlementaire.

Au fil de la journée, quelque mille deux cents agents de la GRC, sur une force qui en compte environ dix-sept mille à cette époque-là, sont temporairement affectés à de nouvelles tâches, surtout à la surveillance et à des enquêtes.

Hôtel Embassy Suites

Philippe Cannon, Nadia Seraiocco, Rémy Charest et d'autres membres de l'organisation Québec New York 2001 sont rassemblés près d'une entrée de l'hôtel Embassy.

La décision est prise de rassembler tous les acteurs de l'organisation et de les envoyer vers le nord. Or, les responsables de Québec New York 2001 ont une chance incroyable : plusieurs d'entre eux ont en leur possession un appareil de communication bidirectionnelle de type Nextel. L'équipement a été loué afin de faciliter les communications durant les vingt-quatre jours de l'exposition. Et comme ces appareils communiquent directement entre eux, sans passer par un relais ni par un réseau téléphonique complètement embouteillé, les communications ne sont pas interrompues. « Nous en avions peut-être vingt-cinq, trente en notre possession, dit Cannon. Nous communiquions entre nous, nous nous donnions rendez-vous à des endroits précis. Ceux qui retrouvaient des membres du groupe sur leur chemin me communiquaient leur nom, que j'inscrivais sur un bout de papier que j'avais apporté. »

*   *   *

Nataly Rae est sérieusement sonnée par ce dont elle vient d'être témoin. Quelques minutes plus tôt, dans la foule des badauds autour d'elle, on évoque l'attentat. C'est l'évidence. Il s'écoule de longues minutes au cours desquelles la jeune femme regarde ce qui se passe. Autour d'elle, la foule est de plus en plus dense. Des centaines, des milliers de gens sont dans la rue.

Toujours figée, elle remarque toutes sortes de débris, qu'elle croit d'abord être des éclats de verre, tombant des étages. Après quelques secondes, un badaud la ramène à l'horrible réalité. « Quelqu'un a dit : "Ce ne sont pas des vitres, ce sont des gens." »

Pour Rae, c'est le choc, l'espèce de coup de poing qui la sort de son engourdissement des dernières minutes. Cette scène d'horreur, elle ne veut pas en être le témoin plus longtemps. Dégoûtée, elle prend sa boîte de brochures et s'en va à l'Embassy.

À l'intérieur, elle est frappée par le calme des occupants. Si, dehors, des milliers de personnes fuient, au restaurant de l'hôtel, on regarde les reportages à la télé en prenant un café. « Il y avait une inconscience collective absolument phénoménale », dit la Québécoise.

Mais elle, à ce moment précis, ne mesure pas non plus la gravité de la situation. Au contraire, elle est happée par son travail. Il y a tellement de choses à faire encore, à deux jours du début de l'événement. Car à ce moment-là elle croit, comme plusieurs autres participants à l'événement, que la situation va se résorber et que Québec New York 2001 aura encore lieu.

Elle quitte le brouhaha du bar, se rend à son bureau, branche son ordinateur et se met à travailler.

*   *   *

Ce constat troublant quant à l'inconscience collective, Patrick Giguère et Roland Lajeunesse vont le faire également en passant dans le restaurant de l'hôtel, entre le second impact et l'écroulement de la tour sud.

Patrick Giguère s'est réfugié sous le South Bridge après l'attaque contre la seconde tour. Au bout de quelques minutes, le temps que les choses se calment, il a pris la direction de l'Embassy. Sur la droite, en haut des escaliers roulants, se trouve le restaurant dont les fenêtres donnent sur la rue West et les tours du WTC. Les occupants de l'hôtel y sont réunis en grand nombre, déjeunant ou occupant le bar, les yeux rivés sur les téléviseurs. « Je pense que les gens avaient besoin de prendre un verre après ce qu'ils venaient de vivre, dit Giguère. Ils étaient tous là, au bar, à suivre les événements à la télévision. Pourtant, on n'avait qu'à se pencher un peu et à regarder par la fenêtre pour voir les tours en flammes. »

Il décide d'aller téléphoner à sa conjointe, Katherine Bleeker, restée à Québec avec leurs deux jeunes enfants, depuis les bureaux loués par Québec New York 2001 dans l'hôtel. Par une chance incroyable, la communication passe et il réussit à la rejoindre. « Katherine était devant la télévision quand elle me parlait, se souvient Giguère. Elle m'a dit : "Va-t'en de là. Va-t'en de là." »

Roland Lajeunesse et Line Gros-Louis sont descendus à la mezzanine de l'Embassy, où ils rencontrent les autres membres de l'équipe de GID. Certains s'affairent encore au travail. En dépit de ce qui se passe de l'autre côté de la rue, les responsables de l'hôtel tentent de se faire rassurants. « Ils utilisaient les haut-parleurs pour dire que tout était sous contrôle », se souvient M. Lajeunesse.

Lui n'est pas rassuré. Il va à la rencontre d'un de ses employés, Gaston Duchesne, et lui exprime sa crainte de voir les tours tomber à la manière d'un arbre coupé au tronc. « J'ai dit : "Il faut s'en aller." Ma crainte était que ça culbute et, le cas échéant, nous étions dans le rayon où les édifices pouvaient s'effondrer. »

En plus, observe-t-il, l'Embassy est construit comme un beignet. Son centre est creux. Au-dessus de la mezzanine et de l'atrium au deuxième étage, il n'y a que le vide jusqu'au toit. Lajeunesse craint que, en tombant, des débris le fracassent et s'abattent sur les gens, plus bas.

Durant ces minutes, il croise aussi Nataly Rae qui lui propose de s'arrêter à son bureau et de passer un coup de fil au Québec pour rassurer ses proches. Le président de GID réussit à rejoindre le siège social de son entreprise. « J'ai demandé à la réceptionniste d'appeler toutes nos familles. »

*   *   *

Rassemblés à l'extérieur de l'Embassy, plusieurs membres de Québec New York 2001 arrêtent une stratégie.

Comme les communications par téléphone cellulaire ne fonctionnent plus ou très mal, il est pratiquement impossible de joindre les gens de la Délégation du Québec, le ministère des Relations internationales ou des parents et amis au Québec pour leur donner des nouvelles.

Rémy Charest et Nadia Seraiocco partent donc à la recherche d'une cabine téléphonique. Ils vont vers le nord, laissant sur place les autres membres de l'équipe en se disant qu'ils se retrouveront au même endroit dans quelques minutes. Tout en marchant, Charest fait d'autres tentatives d'appels par cellulaire. Il songe à joindre sa conjointe pour la rassurer mais il n'est pas sûr de pouvoir l'atteindre du premier coup. Il appelle ses parents à Québec. « Je me disais : "Qui est-ce que je pourrais rejoindre facilement à cette heure-ci de la semaine" et j'ai pensé à mes parents qui sont retraités. Lorsque Nadia et moi sommes partis à la recherche d'une cabine téléphonique, nous avons traversé West Street à une ou deux rues au nord du North Bridge, se rappelle Charest. C'est là, avec le téléphone cellulaire de Nadia, que j'ai réussi à rejoindre mes parents. Je n'ai pas eu à leur expliquer longtemps ce qui se passait ; au bout de la ligne, j'ai entendu un grand soupir de soulagement." »

Après avoir en vain exploré les environs à la recherche d'une cabine téléphonique disponible, Charest et Seraiocco reviennent sur leurs pas. Pour découvrir que le groupe de collègues laissés près de l'Embassy n'est plus là.

Tout le monde a disparu.

Base du NORAD, North Bay (Ontario), 9 h 10

Comme la douzaine d'autres personnes qui se trouvent avec lui dans le poste de commandement de la base du NORAD à North Bay, le major Wayne Smith n'a aucune espèce d'idée de ce qui vient de se passer.

Quelques secondes plus tôt, en plein exercice Vigilant Guardian, les écrans radars de son poste étaient truffés d'icones lumineux simulant de faux avions ennemis. Et puis soudain l'exercice s'est arrêté net. Comme le service du câble ne fonctionne pas, impossible de savoir ce qui se passe là-haut, dans le monde réel. « On était aveugles, raconte le major Smith, aujourd'hui lieutenant-colonel dans l'aviation canadienne. Et puis, l'information sur les attentats a commencé à circuler. Je me suis dit : "Non, ce n'est pas réellement arrivé. C'est un ajout à l'exercice afin de voir comment nous allons réagir." »

Réalité ou fiction ? Pour en avoir le cœur net, le major Smith décroche un téléphone et appelle sa femme à la maison. « Évidemment, elle était assise devant la télé à suivre les événements. Elle m'a dit que c'était vrai. J'ai raccroché et je suis retourné à mes affaires. »

*   *   *

Au même moment, à Winnipeg, les bonzes du quartier général, dont le brigadier-général Watt, descendent dans la salle du centre des opérations, se rappelle Bruce Barnes. Ils discutent avec le colonel Duff Sullivan de la suite des choses. La priorité alors est d'établir le contact avec le quartier général de Colorado Springs. Ce qui est chose faite dans les secondes suivantes.

Que ce soit au quartier général ou dans les autres bases du NORAD, les premières minutes sont marquées par la confusion et l'incertitude quant au nombre d'avions entre les mains des terroristes, leur destination, leur itinéraire, etc.

Bruce Barnes retourne à son poste de travail. Cette fois, les écrans radars qu'il a sous les yeux, tout comme le grand écran mural du centre des opérations, reflètent la situation en temps réel à l'intérieur de l'espace aérien canadien.

Les techniciens en aéronautique se mettent en liaison directe avec les stations et les divers centres et tours de contrôle de NAV Canada, avec qui la Défense canadienne a des ententes quant au partage des informations sur le trafic aérien. Des messages sont envoyés dans les bases aériennes où se trouvent les chasseurs CF-18 pour ordonner aux équipes de se tenir prêtes à décoller.

À North Bay, le colonel Guérin et le lieutenant-colonel Pitre sont de retour dans le bunker souterrain. « On a battu des records de vitesse en redescendant, dit Denis Guérin. Les téléphones ont commencé à sonner. Nous avons eu la confirmation que nous n'avions pas affaire à des accidents. »

Québec / Verchères

Lorsque Bernard Landry arrive chez lui, les voyants rouges de ses appareils téléphoniques clignotent, annonçant que ses proches collaborateurs ont tenté de le rejoindre. Ayant allumé le téléviseur, il ne met pas de temps à savoir pourquoi.

Dans les minutes suivant la seconde attaque sur les tours, Landry téléphone à Québec, à Jean St-Gelais.

Ancien haut fonctionnaire au ministère des Finances, St-Gelais a suivi Landry dans ses nouvelles fonctions après l'assermentation de ce dernier comme premier ministre, le 8 mars 2001. Il devient alors secrétaire général du gouvernement et du Conseil exécutif, le ministère du premier ministre. En d'autres mots, c'est le premier fonctionnaire de l'État et le sous-ministre du premier ministre.

Landry et St-Gelais se connaissent donc depuis un bon moment. St-Gelais, un homme posé, un brin timide, vouvoie le premier ministre. Landry, lui, le tutoie. « Il m'a dit : "Jean, il se passe quelque chose de gros, se remémore St-Gelais. Fais tout ce qu'il y a à faire, dans les pouvoirs du gouvernement du Québec, pour réagir, porter assistance, etc. Enclenche avec toutes les équipes ce qu'il y a à faire." »

Jean St-Gelais ne perd pas de temps à rejoindre ses collègues. Une trentaine de minutes après l'appel de Bernard Landry, il préside une première conférence téléphonique à laquelle participent une douzaine de mandarins de l'État.

Ce comité restreint a déjà l'habitude des crises, son expertise remontant au début des années 90. « Nous avions la prétention d'avoir une longueur d'avance en raison des événements survenus lors de l'incendie de pneus de Saint-Amable (16 mai 1990), de la crise du verglas (janvier 1998) et du Sommet des Amériques (avril 2001) », dit St-Gelais.

Base des Forces canadiennes, Halifax

Lorsque le vice-amiral Bruce MacLean, commandant de la Force maritime de l'Atlantique, et quelques proches collaborateurs rassemblés dans son bureau voient de leurs propres yeux l'avion du vol UA175 percuter la tour sud du WTC, ils comprennent non seulement que l'événement a un effet instantané au Canada, mais aussi qu'ils seront — et à court terme — directement concernés. « Nous nous sommes dit : "Si le trafic aérien est dévié, il y aura des avions provenant d'Europe qui vont atterrir dans les Maritimes." »

Parmi les collaborateurs présents, il y a le capitaine Laurence Hickey, chef de la division des opérations des Forces maritimes atlantiques. Ce dernier voit à tout ce qui se passe au quotidien, comme les activités de la flotte par exemple. Ce matin-là, Hickey se rend au bureau du vice-amiral, au 6e étage, pour une des deux réunions opérationnelles de la semaine, l'autre ayant lieu le vendredi matin. C'est en route pour la rencontre qu'il est informé de la première attaque. Lorsqu'il est témoin du second attentat en regardant la télévision, il retourne précipitamment à son bureau du premier étage et ordonne le relèvement immédiat du niveau d'alerte du Centre des opérations de la base.

Comme ailleurs, ce centre des opérations exerce une discrète surveillance autour de la base et sur les côtes. Il sert également de pivot entre la base, les bateaux, les avions, les unités en déploiement, etc.

« Normalement, il y travaille cinq ou six personnes, mais en décrétant une veille de combat, le personnel augmente de trente à quarante personnes, indique le capitaine Hickey. Nous avons bien vu que quelque chose de gros venait de se produire. Il y avait beaucoup d'incertitude quant aux répercussions sur les États-Unis, le Canada. »

« Presque immédiatement, nous avons fermé la base au reste du monde, enchaîne le vice-amiral MacLean. Nous avons établi une procédure d'identification à 100 %, installé des barrières de béton, posté des gardes armés à différents endroits. »

Ce qui se passe à Halifax n'est pas unique. Dans toutes les bases de la Défense nationale, de semblables procédures sont en cours. Dans tous les édifices de NAV Canada, les responsables reçoivent ordre de verrouiller les portes. Dans les heures cruciales qui s'annoncent, des milliers de Canadiens travaillant dans des secteurs névralgiques pour la gestion de la crise se coupent littéralement du reste du monde...

Cornwall, Institut de Nav Canada

Après l'appel de son subordonné Larry Boulet l'informant du premier écrasement, Kathy Fox retourne à sa réunion sur la nouvelle politique de harcèlement au sein de NAV Canada. Ce retour est de très courte durée. Il se passe une dizaine de minutes avant qu'elle ne reçoive un second appel, encore plus alarmant que le premier. L'autre tour du WTC est atteinte.

Deux appels. Deux tragédies.

Fox est déjà ressortie de la salle. Sachant qu'Andy Vasarins est lui-même en réunion à l'extérieur, elle téléphone au président de NAV Canada, John Crichton, au siège social d'Ottawa, pour faire le point sur la situation. « Je lui ai demandé ce qu'il savait, raconte-t-elle. Encore à ce moment-là, les nouvelles étaient très confuses. Personne ne savait vraiment ce qui se passait mais évidemment, il y avait quelque chose qui sonnait l'alarme. »

Mme Fox retourne à sa réunion en se demandant si elle doit ou non mettre fin abruptement à la rencontre. Certes, quelque chose cloche, mais ça se passe aux États-Unis. « En fin de compte, j'ai décidé d'attendre que cette partie de la rencontre qui devait se terminer vers 9 h 30, 9 h 45, finisse pour annoncer aux gens ce qui venait de se passer. »

Ses plans seront déjoués. Son téléphone continue à vibrer. Les appels entrent les uns après les autres. Au bout d'un moment, c'est est trop. Elle se lève et annonce l'interruption de la rencontre sans donner de détails. Cette discrétion est voulue pour des raisons de sécurité. Il y a alors beaucoup de gens dans la salle dont plusieurs consultants externes. « J'ai demandé à tous les gestionnaires de venir me rejoindre dans une autre salle. À ce moment-là, j'aimais mieux parler uniquement aux gestionnaires. »

Gander, hôtel de ville, 10 h 45 (9 h 15 heure de New York)

Le maire Claude Elliott a quitté précipitamment son groupe d'amis du Tim Hortons. Après avoir appris l'affaire du second avion écrasé dans les tours du WTC, il a sauté dans sa voiture et est retourné à la maison, rue Elizabeth.

Il est dans son salon, son téléviseur ouvert à CNN, à suivre les événements. Au bout de quelques minutes, la sonnerie du téléphone résonne. Elliott décroche. C'est le directeur général de la ville, Jake Turner. Ce dernier lui résume la conversation qu'il vient d'avoir avec un des responsables de l'aéroport. La situation est encore confuse, mais il est possible qu'une partie du trafic transatlantique soit déviée vers le Canada.

Pour Gander, cela signifie à coup sûr l'arrivée de gros porteurs. On ne sait pas encore combien. Mais une chose est certaine : avec sa population d'une dizaine de milliers d'habitants, Gander a des infrastructures et des ressources bien limitées pour accueillir tous ces visiteurs impromptus.

De retour derrière le volant de sa voiture, Claude Elliott songe à tout cela lorsqu'il file vers l'hôtel de ville, situé à trois minutes de sa résidence. Vers 11 h, heure locale (9 h 30 à New York), il a rejoint Jake Turner et le reste du personnel. « On s'est mis à discuter de ce qui s'en venait, du rôle qu'on aurait à jouer, raconte-t-il. Nous avons compris que, si des avions étaient forcés d'atterrir, nous aurions du trafic parce que, à ce moment-là de la journée, notre espace aérien est bien occupé. Nous ne savions pas encore comment les choses allaient évoluer, mais nous avons déclenché notre plan de mesures d'urgence, en attendant d'avoir de plus d'information de l'aéroport. »

Sage décision…

Consulat général des États-Unis, Québec

Susan Keogh-Fisher est arrivée à Québec deux semaines plus tôt.

Femme bardée de diplômes, Keogh a réalisé une bonne partie de sa carrière au Secrétariat d'État du gouvernement des États-Unis. Ses fonctions l'ont conduite partout dans le monde. En parallèle, elle a eu plusieurs enfants, dont le cadet réside avec elle dans la Vieille Capitale.

Brillante, la carrière de Susan Keogh a néanmoins été ponctuée d'une histoire tragique : la mort de son mari, Dennis W. Keogh, tué au cours d'un attentat à la bombe perpétré dans une station-service en Namibie, en 1984. Employés du service des Affaires étrangères des États-Unis, M. Keogh et le lieutenant-colonel Ken Crabtree périrent dans l'explosion alors qu'ils se rendaient à une rencontre portant sur le retrait des troupes sud-africaines présentes en Angola.

À Québec, Susan Keogh occupe pour la première fois de sa carrière un poste de consule générale. Dans le passé, elle était venue une fois dans la Vieille Capitale, il y avait une bonne vingtaine d'années. Si elle a demandé d'être affectée à Québec, c'est notamment pour être à courte distance de sa famille, plusieurs de ses enfants demeurant à Washington. En matière d'affectation à l'étranger, il y a pire que Québec !

Situé au 2, Terrasse Dufferin, le consulat est voisin du Château Frontenac, dont il est séparé par un parc. L'édifice a du charme et attire le regard des amoureux d'architecture. Érigé à l'intersection de l'avenue Sainte-Geneviève, il a deux façades, l'une donnant sur le fleuve, l'autre sur le Château Frontenac, qui sont faites de petites briques brunes. Nombreuses, les fenêtres sont cintrées de plus grosses briques d'un ton gris clair. La toiture est de tôle verte. Sur le côté donnant sur le parc et le Château, le toit est percé de sept lucarnes ; plus bas, deux portes en ogive s'ouvrent sur la rue. Les deux bannières étoilées, dont les mâts sont plantés dans chacun des deux murs donnant sur les rues, rappellent la fonction de l'édifice.

Du bureau de la consule, on voit le fleuve Saint-Laurent s'élargissant, l'île d'Orléans, son pont, la rive sud. Au loin se découpent les montagnes de la côte de Beaupré et de Charlevoix. Susan Keogh est d'ailleurs dans son bureau avec son adjointe, durant les premières minutes de l'attentat. Après avoir suivi les événements devant le petit écran, elle réunit son personnel (le consulat compte neuf employés : deux Américains et sept Québécois) pour faire le point.

L'idée de fermer le consulat est évoquée mais vite repoussée. Par contre, Keogh offre à ses employés qui le souhaitent la possibilité de quitter les lieux pour rentrer à la maison. « Personne n'est parti. Les membres du personnel se sont dit qu'il y aurait sans doute plusieurs Américains qui se présenteraient au consulat. Et, effectivement, plusieurs personnes sont venues nous voir. Elles nous demandaient quoi faire, si elles pouvaient sortir du pays, etc. »

New York, hôtel Élysée

Les membres de la délégation du Nouveau-Brunswick poursuivent leurs discussions en attendant le retour de Bob Scott, alors que ce dernier déboule les escaliers de l'hôtel, tournant et retournant dans son esprit ces invraisemblables images qu'il vient de voir à la télévision.

C'est seulement à New York que des choses comme celle-là peuvent se produire, se dit-il. Lorsque Scott fait irruption dans la salle, il n'a pas encore saisi toute la signification de la nouvelle qu'il s'apprête à annoncer à ses collègues. « Vous n'allez pas me croire, dit-il. Il y a deux avions qui sont entrés dans chacune des tours du WTC. »

Les autres membres sont estomaqués, un peu sceptiques.

« Allumez le téléviseur, vous allez bien voir », leur répond Scott. « C'est ce qu'ils ont fait. Il y avait un appareil dans la salle et nous nous sommes rassemblés devant lui. » En voyant ce qui se passe, Bernard Lord n'a aucune espèce de doute ; la ville est sous le coup d'un attentat terroriste.

Dans les minutes suivantes, les membres de la délégation décident d'annuler toutes les activités de la journée. Bernard Lord se voit mal aller vanter à des gens d'affaires du New Jersey les avantages d'investir au Nouveau-Brunswick, alors que, de l'autre côté de l'Hudson, les tours jumelles, symboles par excellence du capitalisme américain, sont en flammes.

Lord et ses collègues font un saut dans la rue. Même si leur hôtel est à des kilomètres du site des attaques, ils ne mettent pas de temps à ressentir le remue-ménage qui s'installe chez les New-Yorkais. Mais là d'où ils sont, à l'intersection de l'avenue Park et de la 54e Rue, ils ne voient rien. À la hauteur de la 45e Rue se dressent le Helmsley Building et surtout l'édifice de la Met Life barrant l'horizon vers le sud.

Dans tout ce chaos, une bonne chose : le premier ministre ne s'est pas senti en danger, ni à ce moment-là, ni plus tard dans la journée.

Mais pour lui, comme pour ses adjoints, il est temps d'appeler à la maison.

Manhattan, entre la 30e et la 20e Rues

Après une première intervention à la télévision, à 9 h 12, Claude Deschênes et André Grégoire hèlent un taxi près de leur hôtel, où ils ont pris soin d'annoncer qu'ils reportaient leur jour de départ. Ils emportent le minimum d'équipement : une caméra, deux téléphones cellulaires et une cassette et demie, l'équivalent d'environ 45 minutes de film, pour la caméra.

Le duo a d'autres cassettes en main, mais ce sont celles des reportages tournés au cours des derniers jours. Entre autres, il y a toute la cérémonie extérieure du spectacle de Michael Jackson. Ne connaissant pas encore toute l'ampleur du drame, Deschênes hésite à enregistrer par-dessus ce précieux matériel. « Des images du tapis rouge avec Michael Jackson, c'était historique, ça !, lance-t-il. Je ne voulais pas perdre ça. »

À bord du taxi, Deschênes et Grégoire demandent au chauffeur de les conduire au World Trade Center. « Il nous a dit : "Je ne pense pas que ce soit une bonne idée." Nous lui avons répondu de se rendre le plus près possible », dit Deschênes.

Le véhicule emprunte une des grandes artères nord-sud du côté est de l'île et descend en direction du centre-ville. Mais au bout de quelques rues, c'est le bouchon. « Je ne peux pas aller là », dit le chauffeur à Deschênes et Grégoire. « Tournez et allez prendre une autre avenue, lui répond le journaliste. Je vais vous payer, je vais vous payer ! »

« Il y avait des véhicules d'urgence qui sortaient de partout, poursuit Deschênes. Des sirènes assourdissantes et, ce qui m'a frappé, des voitures de police banalisées. Il y en avait partout. Des Crown Victoria, des Blazer… On ne peut pas s'imaginer qu'il y en ait autant. »

Cédant aux demandes insistantes et pressantes des deux représentants de Radio-Canada, le chauffeur du taxi obtempère et cherche un autre moyen de filer vers le sud. Peine perdue. Au bout d'une course d'à peine quelques rues, le résultat est le même. Aux environs de la 20e Rue, tout est bloqué. Dehors, les sirènes hurlent. Dans la voiture, la radio joue à tue-tête. L'annonceur décrit ce qui se passe au bout de l'île. Deschênes n'en croit pas ses oreilles.

Lui et Grégoire se rendent à l'évidence : marcher vers le sud sera plus efficace que de s'obstiner à trouver un chemin en voiture. Ils paient leur course et descendent.

Sur l'autoroute 40 Est

Conduite par Robert Rivard, un inspecteur de la sécurité de Transports Canada pour la région du Québec, la camionnette dans laquelle David Collenette et Louis Ranger ont pris place fonce vers Ottawa. À bord se trouve aussi Marie-Hélène Lévesque, adjointe spéciale du ministre.

Sur l'autoroute, Collenette, Louis Ranger et Marie-Hélène Lévesque sont littéralement accrochés à leur cellulaire, essayant d'accumuler le plus d'information possible afin de prendre les décisions qui s'imposent. « Bien sûr, nous avions la radio, mais nous n'avions pas encore vu les horribles images. Le ministre était au téléphone avec la sous-ministre [Margaret Bloodworth] et sa chef de cabinet, Sue Ronald. Quant à moi, je plaçais des appels à droite et à gauche, tout comme Marie-Hélène », se souvient Louis Ranger[2].

Dans l'édifice C de la Place de ville à Ottawa, le Centre d'intervention de Transports Canada (CITC) est activé à 9 h 21.

Comme dans tous les ministères névralgiques et plusieurs organismes publics, parapublics ou privés du pays, le CITC sert de pivot central où transite toute l'information et où se fait toute la coordination des opérations d'urgence en cas de catastrophe.

Incorporé à l'édifice C à l'automne de 1994, le centre a

---

2. *Quatre jours en septembre,* page 15. Toutes les citations de M. Ranger sont tirées de ce document.

avant tout été créé pour la coordination des mesures d'urgence dans l'éventualité d'un important tremblement de terre sur la côte ouest. Si aucun séisme majeur ne s'est produit jusqu'à maintenant, l'endroit a tout de même servi à plusieurs occasions depuis son ouverture, notamment au cours de la tempête de verglas de janvier 1998 et après l'écrasement du vol de la Swissair qui a fait deux cent vingt-neuf morts au large de Peggy's Cove (Nouvelle-Écosse), le 2 septembre 1998.

Maintenu en état de veille 24 h sur 24, le centre peut aussi être activé lors du lancement de la navette spatiale américaine, car certains aéroports canadiens pourraient devenir des points d'atterrissage d'urgence au cours des premières minutes d'un lancement, selon la trajectoire adoptée par l'aéronef américain après le décollage.

Dans les toutes premières minutes suivant les attaques, l'atmosphère est à la fois sombre et agitée à l'intérieur du CITC. Des rumeurs circulent. On parle de l'explosion d'une bombe dans un centre commercial de Washington ou bien au Département d'État.

À l'extérieur de l'édifice, la nouvelle de la tragédie se répand sur la ligne de piquetage. Conscients de la situation d'urgence qui se développe, les grévistes mettent fin à leur débrayage et rentrent au travail. Participant à une réunion chez Industrie Canada, dans un édifice situé tout près de l'édifice C, la sous-ministre des Transports, Margaret Bloodworth, est de son côté revenue en vitesse à son bureau, d'où elle gère les premières minutes de la crise.

Alors que Collenette et son entourage viennent de prendre la route, le ministère canadien des Transports reçoit un appel de la FAA lui indiquant que le ministre des Transports des États-Unis, Norman Mineta, s'apprête à décréter l'immobilisation au sol de tous les avions dans les aéroports des États-Unis et la fermeture de l'espace aérien américain aux vols internationaux. La nouvelle est transmise au ministre, se souvient David Collenette, avant d'être rendue publique, à 9 h 40.

Pour le Canada, cette annonce est sans doute l'une des plus cruciales de la journée, car elle aura de graves conséquences dans les heures qui viennent. À ce moment-là, environ cinq cents vols partis d'Europe se dirigent vers l'Amérique et entrent dans l'espace aérien du Canada à raison d'un ou deux par minute. Environ quatre-vingt-dix autres vols traversent le Pacifique depuis l'Asie. De cette nuée d'aéronefs, la majorité a pour destination un aéroport américain. Quelques-uns ont le Canada pour destination finale. D'autres, une minorité, doivent atterrir aux Antilles, au Mexique ou en Amérique du Sud.

Dans les airs, les Forces aériennes américaines n'entendent pas à rire. Déjà, de nombreux chasseurs F-15, F-16 et F-18 rattachés à la Force aérienne, à la Marine, à la Garde nationale ou au NORAD envahissent le ciel, prêts à faire feu sur n'importe quel type d'aéronef refusant de se conformer aux ordres ou présentant une quelconque forme de menace.

David Collenette a maintenant de très graves décisions à prendre. Et le temps qui lui est alloué pour le faire se compte en minutes.

Halifax, vers 10 h 30 (9 h 30 heure de New York)

Coordonnateur des mesures d'urgence pour la municipalité régionale d'Halifax, Barry Manuel ne ferme pratiquement jamais son téléphone cellulaire. Mais ce matin-là devait être l'exception. Manuel a éteint son appareil avant de pénétrer dans l'église de la capitale néo-écossaise où sont célébrées, entre 10 h et 11 h (heure locale), les funérailles du père d'un de ses meilleurs amis. Une question de respect pour ce policier qui, après vingt-deux ans de carrière, a démissionné en 2000 pour occuper son poste actuel.

Des mesures d'urgence, Manuel en mange. Il aime ce milieu. Il adore cette dose d'adrénaline qui court dans ses veines lorsqu'une situation épineuse se présente. Il aime planifier, coordonner, agir, intervenir. « Le succès, c'est 80 % d'attitude et 20 % de matériel », se plaît-il à dire.

Et, en plus, Manuel travaille dans des locaux tout neufs inaugurés en grande pompe le… 6 septembre 2001. Le Centre intégré de coordination des mesures d'urgence est en fait un vieux projet devenu réalité, où les autorités municipales, provinciales et fédérales en matière de mesures d'urgence se retrouvent côte à côte.

Après des années de cogitation et des mois d'efforts, ces quartiers ont été aménagés au second étage d'un édifice municipal existant, rue Mount Hope à Dartmouth, un des arrondissements d'Halifax. Dans une pièce spacieuse, le centre des mesures d'urgence (CMU) d'Halifax, que pilote Manuel, a installé ses pénates. Dans la pièce voisine se retrouve son jumeau et partenaire, le centre conjoint de mesures d'urgence Nouvelle-Écosse/Canada.

Pour passer de l'un à l'autre, les opérateurs n'ont qu'à ouvrir une porte et à faire quelques pas dans un corridor. De petites salles communes servent à l'organisation de réunions.

« Avant, lorsque nous ne cohabitions pas au même endroit, il arrivait qu'on s'appelle sans avoir de réponse. Maintenant, on traverse une pièce et on se parle face à face », raconte Manuel.

Dans une entrevue accordée le 4 septembre au quotidien *The Daily News* d'Halifax, le directeur du centre provincial et vis-à-vis de Manuel, Mike Lester, cachait mal sa nervosité à quarante-huit heures de l'ouverture. « Nous tombons en pleine saison des ouragans, disait-il à ce moment-là. Alors, nous espérons seulement qu'aucune grosse tempête ne va s'abattre sur nous. »

N'empêche, on n'est pas peu fier dans la communauté lorsque le centre, unique en son genre, est inauguré le matin du 6 septembre. L'événement pourrait bien servir d'exemple ailleurs au pays, propose-t-on. « L'idée d'un tel centre intégré a germé dans notre esprit à la suite de la rencontre du G7 tenue en 1995 (du 15 au 17 juin, à Halifax), où nos services ont travaillé ensemble, raconte Manuel. Puis, après l'écrasement de la Swissair en 1998, le projet s'est accéléré. »

Manuel, donc, est introuvable en ce beau mardi matin du 11 septembre, alors qu'au nouveau CMU fédéral-provincial-municipal les lignes téléphoniques se mettent à sonner. Ironie du sort, son collègue Mike Lester est quant à lui chez le dentiste lorsqu'il apprend ce qui se passe à New York et à Washington.

Aéroport international de Whitehorse (Yukon)

Que ce soit à Cornwall, à Ottawa, à Halifax ou à Vancouver, qu'ils soient au travail ou encore à la maison, tous les responsables de NAV Canada ayant vu ou revu les images des attentats savent qu'il y aura des conséquences.

C'est le cas de Bob Miller, directeur du trafic aérien à la tour de contrôle et à la station d'information de vol de l'aéroport international de Whitehorse (Yukon). En poste depuis un an là-bas, Miller veille à la gestion quotidienne des déplacements d'aéronefs. En hiver, on en compte une quarantaine par jour, mais à cette période de l'année il y en a de deux cents à trois cents sur une base quotidienne. Et c'est sans compter tous les aéronefs traversant la zone de contrôle de Whitehorse, qui se trouve exactement sur la route orthodromique entre l'Amérique et l'Asie.

Il est encore très tôt, autour de 6 h du matin à Whitehorse, au moment où surviennent les attaques sur la côte est de l'Amérique. Comme il le fait chaque matin avant de quitter la maison pour le travail, Miller est devant le téléviseur à regarder les informations. Lorsqu'il voit les images de la seconde attaque, il sait que l'aéronef enfonçant la tour sud est un avion commercial. Il comprend tout de suite qu'il s'agit de l'œuvre de terroristes.

« Je me suis dit : "Partons tout de suite au travail car ce ne sera pas une journée normale. Il va y avoir toutes sortes de restrictions sur à peu près tout ce qui vole, et en plus nous sommes sur la route polaire des gros porteurs." »

Miller ramasse ses affaires et s'en va. S'il comprend d'instinct que sa journée de travail risque d'être particulièrement chargée, il ne sait pas encore à quel point les prochaines heures seront parmi les plus folles de sa carrière.

Ottawa, siège social de Nav Canada, 9 h 30 – 9 h 40

En une trentaine d'années de service chez Nav Canada, Andy Vasarins a vu pas mal de choses. Lorsqu'il était contrôleur aérien, il a été témoin de l'écrasement d'un DC-8 d'Air Canada ayant fait cent huit morts, le 5 juillet 1970, à l'actuel aéroport Pearson de Toronto. Mais une situation comme celle qu'il est en train de vivre, en ce mardi matin de septembre 2001, il n'a jamais rien vu de pareil.

N'ayant pas trouvé de taxi, Vasarins boucle à pied le parcours entre l'hôtel Delta et le siège social de NAV Canada, immeuble de douze étages fait de pierres grises foncées et orné de fenêtres teintées bleu sombre situé au 77, rue Metcalfe. En chemin, il téléphone au bureau et ordonne la mise sur pied d'une cellule de crise dans les salles de réunion du 12e étage.

« Pour moi, c'était une balade surréaliste. Je me disais que cela n'aurait jamais dû arriver et, en même temps, j'avais hâte d'être de retour au bureau pour en savoir plus sur ce qui s'était passé. »

À son arrivée, justement, la situation a encore évolué. Pour le pire. Un autre avion aux mains des terroristes vient de percuter une aile du Pentagone à Washington. Et toutes sortes de rumeurs circulent comme quoi ce ne serait pas fini.

Chapitre 6

Le ciel se ferme (9 h 40 – 10 h)

Sur les autoroutes 40 et 417

« Est-ce que nous avons toute l'autorité juridique pour agir ? Est-ce que je dois faire une requête au bureau du premier ministre ou au Bureau du Conseil privé ? » Dans la minifourgonnette qui le conduit vers Ottawa, David Collenette doit prendre toute une série de décisions qui, si elles sont appliquées, seront uniques dans l'histoire de l'aviation canadienne. Elles auront d'importantes conséquences, tant pour les voyageurs que pour les compagnies aériennes, l'économie et les contribuables du pays.

Quelques minutes auparavant, le ministre des Transports a été informé de la décision unilatérale de la FAA de fermer son espace aérien au trafic international. Avec près de six cents avions en train de traverser l'Atlantique et le Pacifique vers le continent nord-américain, le Canada n'a plus le choix : il doit agir et en accueillir un certain nombre. Ainsi que les milliers de personnes qu'ils transportent. « Que pouvions-nous faire d'autre ? Les laisser s'abîmer dans l'Atlantique ? demande l'ancien ministre. Les Américains ont fermé leur espace aérien et c'est à nous de vivre avec le problème. Si nous avions dit : "Nous ne prenons pas ces avions", nous aurions eu des MAYDAY (code de détresse pour les communications vocales). Il y avait des milliers de personnes concernées. Ça aurait été la panique dans le ciel. »

Accueillir des avions, donc ? Oui, pas de doute.

Mais tous ? Cela reste à déterminer.

Et tout ce qui s'ensuit, d'ailleurs. Quels aéroports choisir ? Quelles sont les capacités de chacun ? Par quels moyens contrôler l'identité des passagers à bord ? Et, par la suite, comment héberger, nourrir, soigner, rassurer ces milliers de personnes ? Et pour combien de temps ?

La question concernant l'autorité juridique de toutes ces décisions, c'est à la sous-ministre en titre des Transports, Margaret Bloodworth, que David Collenette la pose. « Comme nous n'avions pas le temps de consulter le premier ministre, son cabinet ou le Bureau du Conseil privé, il me fallait être certain d'avoir l'autorité statutaire d'agir, se défend l'ancien ministre. En tant que représentant des pouvoirs publics, on ne peut pas donner des directives qui risquent d'être remises en question par la suite. Les coûts associés à mes instructions étaient énormes et je ne pouvais créer une situation qui aurait laissé les contribuables canadiens responsables à l'égard de déclarations illégales. »

Première décision : Collenette ordonne aux vols transatlantiques ayant assez de carburant de retourner se poser en Europe. Des appels sont immédiatement logés au Centre de contrôle océanique de Prestwick, qui devra coordonner les mouvements des quelque 250 avions devant faire demi-tour.

Quant aux autres, ils atterriront au Canada mais pas à l'endroit de leur choix. C'est le début de l'opération Ruban jaune.

Ce sont principalement les aéroports situés à l'extrême-est du pays qui vont recevoir les appareils détournés. Les contrôleurs aériens de NAV Canada ont les pleins pouvoirs de prendre la décision quant à leur destination finale. « Pendant que nous discutions de l'endroit où faire atterrir les avions, nous avons reçu un rapport du SCRS, alimenté par la CIA, selon lequel un appareil d'une compagnie espagnole aurait à son bord un passager soupçonné d'être un terroriste. Nous nous sommes alors dit que nous ne pouvions prendre le risque de faire atterrir ces avions près des grandes villes », raconte l'ancien ministre.

Il doit aussi se prononcer sur le trafic aérien national. Car, à cette heure de la matinée, quelque mille cinq cents aéronefs de toutes les tailles, de l'ultraléger au Boeing 747, sont en déplacement à l'intérieur même du pays. Ordonner à tous ces pilotes de poser leur appareil à l'aéroport le plus près, comme viennent de le décider les Américains, risque de surcharger le travail des contrôleurs et des opérateurs de NAV Canada, qui en auront déjà plein les bras dans les prochaines heures avec les gros porteurs transocéaniques déviés de leur route.

Et quelle est, en fin de compte, la portée juridique de cette décision lourde de sens ? Dans les bureaux de Transports Canada à Ottawa, Margaret Bloodworth consulte un des principaux avocats du ministère. « Margaret m'a dit que j'avais toute l'autorité nécessaire pour prendre les décisions, poursuit l'ancien ministre. Nous sommes allés de l'avant. Le Bureau du Conseil privé n'a été informé de nos choix qu'après la prise des décisions. »

Autour de 9 h 45, les hauts fonctionnaires du ministère sont en train de plancher sur une ordonnance interdisant tous les décollages, sauf pour les vols à caractère militaire, policier ou humanitaire. À 10 h, le ministre émet deux ordonnances : la première interdit les décollages de tous les aéroports canadiens et la seconde signale aux pilotes en vol à l'intérieur du pays de se tenir loin de l'espace aérien des États-Unis. Pour l'instant, par contre, ils peuvent poursuivre leur route.

Cornwall / Ottawa

Alors que David Collenette prend de cruciales décisions à la chaîne, les lignes de communications directes entre Transports Canada et NAV Canada sont établies. De part et d'autre en haut lieu, on s'active à organiser l'opération d'accueil des vols transatlantiques.

À Cornwall, Kathy Fox a maintenant entraîné ses subordonnés dans une pièce à part. Avant même qu'elle ne leur adresse la parole, elle reçoit un autre appel sur son téléphone cellulaire. Un autre avion. Cette fois sur le Pentagone.

Il est près de 10 h lorsqu'elle annonce simultanément toutes ces tragédies aux gestionnaires, en plus de les informer de la fermeture de l'espace aérien des États-Unis et des conséquences pour le Canada. Très rapidement, John Crichton l'appelle de nouveau pour lui annoncer que Transports Canada décrète un arrêt au sol de tous les avions qui s'apprêtent a décoller. À elle de jouer pour faire exécuter la décision.

Dans les bureaux de NAV Canada à Ottawa, on est aussi plongé en pleine crise. De retour de l'hôtel Delta, Andy Vasarins multiplie les appels téléphoniques, tant auprès de Transports Canada que de Mme Fox ou de ses homologues de la FAA, qu'il a toutes les peines du monde à rejoindre. Autour de lui, dans la grande salle du 12e étage de l'édifice, les techniciens s'affairent à installer des équipements informatiques et des lignes téléphoniques, comme il l'a demandé. La cellule de crise prend forme.

* * *

Au sein des Forces aériennes canadiennes, l'activité est à son comble. « Lorsque l'information concernant l'attaque sur le Pentagone nous est parvenue, l'adrénaline a monté d'un coup », se rappelle le colonel Denis Guérin, qui se trouvait à la base de North Bay.

« Après l'attaque contre le Pentagone, j'ai ordonné une position de combat totale », ajoute le Canadien Rick Findley. Autrement dit, les chasseurs du NORAD ont ordre de se déployer ou de se tenir prêt à le faire aux quatre coins de l'Amérique, dans toutes les zones où le trafic aérien est intense, au-dessus de toutes les grandes villes.

Dans un premier temps, seuls vingt chasseurs du NORAD sont en état d'alerte, donc armés et prêts à s'envoler. Mais là, des dizaines, voire des centaines d'autres chasseurs, américains pour la très grande majorité, sont en voie d'être préparés et armés avant de se lancer à l'assaut des cieux nord-américains, si ce n'est déjà fait.

Dans les centres d'opérations, toutes les équipes de travail sont en état d'alerte totale. En plus d'utiliser leurs propres stations radars, les contrôleurs aériens s'alimentent aussi à ceux des aéroports civils auxquels ils ont accès. Tous ont les yeux maintenant rivés sur chacune des petites boîtes lumineuses signalant l'essentiel des coordonnées de chaque vol. La moindre déviation, le moindre changement d'altitude ou de vitesse non autorisé attirent l'attention.

À Winnipeg, Bruce Barnes est un de ceux qui scrutent minutieusement tous les parcours de ces avions civils qui, il y a moins de deux heures à peine, ne représentaient que des vols de routine à prendre en considération, certes, mais uniquement en raison des corridors aériens à éviter. « Nous retenions notre souffle et nous préparions à réagir s'il y avait une autre vague, dit Barnes. Car, lorsque quelque chose survient dans une opération aérienne, une des choses à faire est d'attendre la prochaine vague. On ne peut pas uniquement se concentrer sur ce qui vient d'arriver. On doit se projeter à des heures en avant de nous et prévenir une autre attaque. »

New York, hôtel Embassy

Après avoir attendu en vain le retour de leurs collègues disparus près de l'Embassy, Rémy Charest et Nadia Seraiocco quittent les lieux pour aller à nouveau vers le nord. Cette fois, ils sont bien décidés à marcher jusqu'à la Délégation générale du Québec.

Où sont passés les membres de leur groupe pendant leur absence ? Ils ne le savent pas vraiment. Selon Charest, l'hôtel aurait invité, dans l'intervalle, les gens à retourner à l'intérieur, ce que certains ont fait. « Il y a eu un signal d'évacuation qui a été donné, et après ils ont invité les gens à retourner à l'intérieur. Moi, je n'étais pas intéressé à retourner à l'intérieur avec une tour de cent dix étages qui flambe derrière et [je craignais] qu'on se prenne des débris par la tête. »

Lui et Nadia Seraiocco partent de la porte d'entrée principale de l'Embassy donnant sur l'avenue North End et remontent jusqu'à la rue Chambers. À cette intersection se trouve l'école secondaire Stuyvesant, bâtiment moderne d'une dizaine d'étages. Comme les autres édifices de la rue, sa façade donne directement sur le trottoir. Seule coquetterie dans ces lignes austères : l'espace concave de l'édifice où se trouve la porte d'entrée principale.

Il y a du monde dans l'entrée, justement. Des enfants en

pleurs à la vue des flammes, de la fumée, des véhicules d'urgence et de ces corps tombant dans le vide. Consternés, les parents arrivent à la hâte pour les reprendre. « Ç'a été ma sœur froide de la journée, dit Charest. J'ai pensé au fait que ma femme et mes deux enfants devaient venir me rejoindre le vendredi 14 septembre. Évidemment, une des premières choses que je voulais faire avec eux était de monter en haut à Windows on the World [le restaurant au sommet de la tour Nord]. J'ai eu l'impression d'avoir perdu ou plutôt gagné à la loterie. »

Lui et Nadia Seraiocco ne traînent pas très longtemps dans le secteur. Ils tournent à droite dans la rue Chambers pour ensuite tourner à gauche dans la rue West. S'éloignant des tours jumelles en marchant vers le nord, ils longent cette grande artère durant un moment avant de la traverser d'ouest en est en empruntant une des passerelles surélevées. C'est de là, quelques minutes plus tard, qu'ils verront la tour sud s'écrouler.

Montréal, hôtel de ville, 9 h 40

Pendant que l'Amérique brûle, le conseil municipal de Montréal, lui, siège.

Prolongeant la séance régulière ajournée la veille en fin de soirée, le conseil reprend ses activités à 9 h 40. Outre le maire Bourque, seuls vingt-huit des conseillers élus sont présents à l'ouverture de l'assemblée, selon le procès-verbal de l'époque ; vingt autres arrivent en cours de séance alors que trois sont absents.

Au moment de la reprise des travaux, on sait déjà que les États-Unis sont attaqués. Dans son mot d'ouverture, le président, Luc Larivée, en fait d'ailleurs état : « Je vous demanderais quelques moments de respect parce que, peu importe d'où viennent les coups, il y a toujours des innocents qui sont victimes de ces tristes coups », dit-il.

Après quelques instants de silence, il ouvre la période de questions réservée aux citoyens. Un homme s'avance au micro. Sa question porte sur le paiement des comptes de taxes. Il demande au maire Bourque que les propriétaires fonciers aient le privilège d'acquitter leurs comptes pour les services municipaux en douze versements sans intérêt, au même titre que les locataires, qui les paient dans les mensualités de leur loyer.

Le maire Bourque lui répond brièvement qu'on pourra débattre de sa question après la création de la nouvelle ville de Montréal, à la suite des fusions, le 1er janvier 2002. Mais le maire ne lui laisse guère d'espoir quant à la possibilité de le faire en douze versements.

Puis, Bourque revient subitement sur les attentats : « Maintenant, pour l'information des membres du conseil, je viens de recevoir d'autres informations concernant les États-Unis. C'est encore pire que ce que l'on pense, dit-il. Le Pentagone a aussi été attaqué. Il y a l'alerte générale aux États-Unis, partout. C'est un peu étrange ce qui se passe là. »

Assis à la droite du maire, Jean Fortier suit la situation de minute en minute. En tant que président du comité exécutif, Fortier est le seul membre du conseil à avoir un appareil téléphonique sur son bureau, ce qui lui permet de communiquer avec les fonctionnaires présents dans les galeries afin de répondre aux questions des citoyens ou de l'opposition.

Ce matin-là, le téléphone lui sert bien davantage à se tenir au courant de ce qui se passe à New York. De plus, comme son bureau se trouve à deux pas de la salle du conseil, il sort deux ou trois fois de la séance pour aller jeter un coup d'œil à la télé.

Pendant ce temps, la séance du conseil municipal se poursuit…

New York, avenue Broadway

Tout en marchant dans Broadway vers le sud, Claude Deschênes et André Grégoire enregistrent des images des tours en flammes. Ils recueillent au hasard les commentaires de New-Yorkais se déplaçant en sens inverse, fuyant la scène de la catastrophe.

Deschênes fait un constat : son téléphone cellulaire est en train de rendre l'âme.

Bien qu'il l'ait loué à forfait de la société américaine AT&T pour la durée de son séjour new-yorkais, il éprouve d'énormes difficultés à joindre les studios de la SRC à Montréal, compte tenu des communications déficientes et surchargées dans Downtown.

Grégoire, lui, a un cellulaire acheté à Montréal, ce qui facilite les appels car il n'emprunte pas les mêmes réseaux. N'empêche, chaque appel réussi est un exploit en soi.

« Pour avoir la ligne téléphonique, tu pouvais recomposer le numéro dix fois, se souvient Deschênes. Lorsque je rejoignais le bureau, ils me mettaient sur le *hold* avant de m'envoyer en studio. Chez eux aussi, c'était la panique. À deux reprises, ils m'ont perdu. Je voulais appeler d'une boîte téléphonique, mais elles étaient toutes occupées. Les gens faisaient la queue. D'autres m'ont demandé si je pouvais leur prêter mon téléphone. »

Pour Deschênes, il devient impératif de « sauver le téléphone » de Grégoire, son seul lien avec le monde extérieur. Le reste devient pratiquement secondaire. Il l'utilise donc avec parcimonie. Mais, en même temps, il souhaite tellement en dire davantage. Lorsqu'il est mis en attente, il écoute l'émission de sa collègue, Marie-France Bazzo. « Eux commentent quelque chose dont ils sont loin. Toi, tu es là. Tu voudrais parler, tu voudrais dire les choses. […] Je ne voulais pas cesser de parler. Je voulais toujours qu'on me mette en ondes. »

Pendant ce temps, dans les studios de Radio-Canada, les nouvelles défilent à une vitesse folle. À 9 h 44, Christine Fournier salue les téléspectateurs de la première chaîne, qui vient de passer en émission spéciale. Un peu plus d'une minute plus tard, la SRC diffuse une première série d'images depuis Washington. Derrière un bâtiment administratif, à droite de l'écran, s'élève une immense colonne de fumée noire se détachant dans le ciel bleu immaculé au-dessus de la capitale. C'est le Pentagone qui flambe à la suite de l'écrasement d'un autre avion.

À 9 h 49, des images captées depuis un autre angle montrent clairement l'édifice du ministère de la Défense des États-Unis ravagé par l'incendie. Un commentateur américain évoque alors l'écrasement d'un hélicoptère.

Enfin, à 9 h 50, on annonce que la FAA vient d'ordonner l'arrêt de tous les déplacements aériens aux États-Unis. Tout de suite après, Yvan Miville-Deschênes revient en ondes. Dans sa conversation avec l'animatrice, il suggère fortement aux voyageurs devant prendre l'avion ce jour-là de communiquer avec leur compagnie de transport.

« Il y a par ailleurs des vols qui arrivent probablement d'Europe à destination des États-Unis. Se peut-il qu'ils soient détournés vers le Canada ? », demande avec justesse Mme Fournier.

« Il est possible que ces gens-là se ramassent dans les grands aéroports où il y a beaucoup d'endroits pour se garer, répond Miville-Deschênes. On pense à Mirabel, un peu plus près de Montréal. On pense à Dorval, on peut penser à Québec, à Halifax. […] Il y a des centaines d'avions qui sont au milieu de l'océan Atlantique au moment où l'on se parle et qui s'en viennent quelque part en Amérique, dont plusieurs aux États-Unis. Alors, on devrait avoir des nouvelles de la FAA, c'est-à-dire l'équivalent de Transports Canada, au cours des prochaines minutes à cet effet-là. »

On ne pouvait mieux dire…

Québec, Assemblée nationale, 9 h 42

Bien qu'elle soit entièrement d'accord avec ce principe démocratique, comparaître en commission parlementaire n'est pas la tasse de thé de la ministre des Relations internationales, Louise Beaudoin. Encore moins lorsqu'elle doit répondre à des questions sur les engagements financiers de son ministère remontant à… 1997. À cette époque, Beaudoin n'était même pas à la tête de ce ministère. Son collègue Sylvain Simard en était le titulaire.

C'est à cet exercice fastidieux que s'apprêtent à participer la ministre et plusieurs fonctionnaires de son entourage immédiat, le matin du 11 septembre 2001. La session parlementaire n'a pas encore repris ses travaux et l'Assemblée nationale est presque déserte, la plupart des parlementaires étant dans leur comté respectif. Une autre commission, relative aux transports, se tient dans une autre pièce.

Lorsque le président de la commission permanente de l'administration publique, le député libéral Geoffrey Kelley, déclare qu'il y a quorum, il est 9 h 42. Pour questionner la ministre sur les comptes publics, l'opposition libérale est représentée par la députée de Jean-Talon et critique en matière de relations internationales, Margaret Delisle.

Comme le veut la règle en matière d'examen des dépenses, la députée a quelques heures à sa disposition pour questionner le gouvernement sur les comptes. Il faut savoir poser les bonnes questions, ne pas perdre son temps avec des broutilles.

L'exercice exige une bonne préparation, ce à quoi s'est employée la députée. Mais le cœur, ce matin-là, n'y est pas.

En route pour l'Assemblée nationale, Margaret Delisle entend la nouvelle de la première attaque à la radio. La commission parlementaire a lieu dans une pièce jouxtant la porte d'entrée des visiteurs, du côté de la Grande Allée. Dans le hall, il y a un écran de télévision. Lorsque la députée arrive, le poste est allumé. Il y a attroupement.

« C'était surréel, commente Mme Delisle, qui, au moment de l'entrevue réalisée pour cet ouvrage, était ministre déléguée à la Santé mentale et à la réadaptation. C'était impossible de faire semblant qu'il ne s'était rien passé, là. […] On a essayé, tant bien que mal, de faire le travail qui était le nôtre mais ç'a été quasi impossible. »

Geoffrey Kelley ouvre les travaux en évoquant la situation à New York. Les quelques mots lancés en guise d'introduction laissent voir que la matinée sera ardue.

« Alors, bienvenue, madame la ministre, à cet exercice qui est de toute évidence à l'ombre d'un incident tragique ce matin à New York, indique-t-il. On ne sait pas trop tous les détails, mais je pense que ça renforce l'importance des relations internationales dans un monde de plus en plus complexe, un monde de plus en plus dangereux, d'une certaine façon. Alors, je pense, pour toutes les victimes de la tragédie de ce matin à New York, nos pensées sont avec elles. »

« Malgré tout, on va procéder à nos devoirs, qui sont beaucoup moins importants aujourd'hui, mais, quand même, c'est notre devoir de le faire. »

Marquée par la tragédie, Louise Beaudoin est aussi préoccupée par le sort des dizaines de Québécois travaillant au montage de Québec New York 2001. Avant de faire son entrée à la commission, elle et ses collaborateurs, dont la sous-ministre

Martine Tremblay, ont aussi jeté un œil aux images diffusées en direct à la télévision.

« Avant la commission, nous, les membres du cabinet et quelques hauts fonctionnaires, nous étions réunis au restaurant Louis-Hébert, sur Grande Allée, pour préparer la journée, se souvient Martine Tremblay. En sortant de là, nous avions eu vent du premier avion. Mais, en arrivant à l'Assemblée nationale, il y avait beaucoup de journalistes dans le hall, des caméras, les télévisions ouvertes. »

À la vue du WTC, l'inquiétude la gagne. « J'ai regardé Louise et lui ai dit : "Il me semble que c'est là où est notre *gang*", poursuit Martine Tremblay. J'ai demandé à ce que l'on tente de joindre Michel Létourneau. »

Lorsque vient son tour de prendre la parole, Louise Beaudoin salue le président et les autres personnes présentes puis elle résume la situation. Déjà, elle fait allusion à une possible annulation des activités de Québec New York 2001. « Comme vous, monsieur le président, je veux dire que j'ai été catastrophée tout à l'heure en apprenant la nouvelle de ce qui s'est passé à New York et en voyant ces images à la télé, là, dans la salle d'à côté, et que l'on veut tous exprimer notre sympathie au peuple américain à ce moment-ci. » « Pour l'instant, ce que l'on sait… Parce que vous êtes sûrement au courant qu'il y a des Québécois qui étaient juste à côté du World Trade Center, au World Financial Center, là où nous organisons — mais je verrai si on le met au passé ou au futur — la Saison du Québec à New York, qui doit commencer jeudi. Alors, on fera le point là-dessus, mais il est… Notre première préoccupation, ç'a été de se demander si tous nos employés qui étaient dans la rue d'à côté étaient sains et saufs, et c'est le cas d'après ce que l'on sait. »

Après cette entrée en matière, les travaux de la commission débutent par une déclaration liminaire de la ministre pour décrire l'action internationale du Québec dans le contexte des effets de la mondialisation et des changements technologiques. Au bout de quelques minutes, elle s'arrête et consulte la sous-ministre Martine Tremblay, assise à ses côtés. « Le Pentagone brûle, dit-elle en reprenant la parole. Il y a un troisième attentat. Puis la Maison-Blanche vient d'être évacuée. Bon. Alors, on continue, comme vous dites, mais disons que le cœur est ailleurs un peu, là, mais je vais terminer. »

« Louise [Beaudoin] était très, et à juste titre, perturbée », se remémore Margaret Delisle.

Au bout de sa chaise, Martine Tremblay n'a qu'une envie : partir et retourner en vitesse au ministère. Situés au 525, boulevard René-Lévesque, les bureaux du MRI se trouvent à cinq minutes à pied de l'Assemblée nationale.

De plus en plus préoccupée, la ministre Beaudoin, elle, enchaîne tant bien que mal… « Alors, pour agir efficacement dans le monde d'aujourd'hui, il faut adapter sans cesse les moyens… »

Il est alors 9 h 50.

New York, Délégation générale du Québec

Lorsque Michel Létourneau, ses adjointes et Jacques Baillargeon arrivent à la Délégation générale du Québec vers 9 h 30, le personnel présent est déjà en train d'élaborer des plans pour former des cellules de travail, se rappelle Diane Wilhelmy. Comment retracer les personnes travaillant au WFC et dans les environs immédiats ? Comment organiser les communications ? Où rassembler les gens ? À qui la tâche de dresser des listes de rescapés ? Etc.

Les discussions vont bon train dans le bureau de la déléguée générale, qui y a rassemblé sa garde rapprochée. « Quelqu'un est venu frapper à la porte pour nous dire qu'un avion était tombé sur le Pentagone à Washington », raconte Patrick Muzzi. L'appareil en question, c'est le vol AA77 d'American Airlines. Parti de l'aéroport Dulles de Washington à 8 h 20, le Boeing 757 avec cinquante-huit passagers et six membres d'équipage à bord était en route pour Los Angeles. Après être tombé aux mains des terroristes, l'aéronef a effectué un virage pour retourner vers Washington. À 9 h 37, il heurte une aile du Pentagone à une vitesse estimée à 850 kilomètres/heure.

Patrick Muzzi se souvient à quel point cette nouvelle catastrophe soulève la peur et les pires craintes dans les locaux de la délégation. « On sentait que ça bougeait dans le bureau d'à côté. Une de mes employés, qui avait vécu les attentats de 1993, était complètement paniquée. »

Diane Wilhelmy décide alors de réunir tous les employés dans la grande salle de conférence.

Sainte-Foy, 9 h 55

Lorsque Jean-Guy Paquet se présente à la conférence de presse annonçant que l'Institut national d'optique doit recevoir une aide fédérale, le ministre Martin Cauchon est déjà reparti. La conférence de presse a été annulée. Mais quelques journalistes sont encore sur place.

« Les attachés de presse et ceux qui étaient en charge de l'organisation de la conférence avaient distribué les communiqués de presse avant le début de celle-ci. Puis, ils ont essayé de les récupérer, se rappelle M. Paquet en riant. Ces communiqués annonçaient que l'aide apportée était de vingt-cinq millions, soit dix millions de moins que ce que l'INO attendait. Plus tard, nous avons pu en partie récupérer le manque à gagner par d'autres programmes. »

La nouvelle est rapportée par les médias de la Vieille Capitale mais, compte tenu des événements aux États-Unis, elle se retrouve bien loin dans l'ordre des priorités. Quant à Martin Cauchon et ses collaborateurs, ils sont en route pour le 1040, rue Belvédère à Sillery. Là où se trouve le bureau régional des ministres canadiens.

Québec, Assemblée nationale, 10 h

Plus le temps passe et plus la situation devient tendue pour Louise Beaudoin et son entourage. Depuis quelques minutes, la ministre doit répondre à des questions sur la structure des dépenses dans les délégations générales du Québec à l'étranger. Entre autres choses, on décortique le pour et le contre de la location et de l'achat d'appartements pour le personnel.

Mais, dans l'entourage de la ministre, on a la tête ailleurs. La situation devient de plus en plus préoccupante à mesure qu'arrivent de nouvelles informations. Ne tenant plus en place, Martine Tremblay signale à la ministre qu'elle s'en va. « J'ai dit à Louise : "Reste, moi je m'en vais. Il y a quelque chose à gérer." J'étais énervée », raconte Martine Tremblay.

Une ou deux minutes après 10 h, la ministre Beaudoin demande à Geoffrey Kelley d'excuser la sous-ministre.

« Alors, ce sont les Palestiniens qui revendiquent… qui revendiquent ces attentats, dit-elle[1]. Tous les ponts de Manhat-

---

1. On peut présumer que la ministre a fait cette déclaration à partir des notes passées par ses aides qui sont allés aux nouvelles et ont entendu l'in-

tan sont fermés, tous les vols sont annulés temporairement. Et, si vous me permettez, ma sous-ministre aimerait retourner au bureau, parce que… Vous savez que jeudi on devait lancer cette Saison, ce qui devient, je veux dire, assez surréaliste dans les circonstances. Il faudrait qu'on suive un peu… puisqu'on a des Québécois qui sont là-bas. »

Le président acquiesce à la demande. Pour remplacer Martine Tremblay, Beaudoin demande aux autres membres de son cabinet de se regrouper autour d'elle.

New York, Embassy Suites, 9 h 55 – 10 h

Toujours déterminé à quitter les lieux, Roland Lajeunesse fait un saut au restaurant de l'hôtel pour prendre des bagels et du café. Par une des fenêtres, il aperçoit clairement ce qui se passe de l'autre côté de la rue West. « Je vois le WTC, la fumée et des gens se jeter par les fenêtres. Je me retourne et je vois la salle à déjeuner remplie de gens assis, comme si de rien n'était ! Ils regardaient la télévision et continuaient à manger, à discuter. Ça n'avait pas de bon sens. »

Selon lui, ces clients sont des résidents de l'hôtel, qui

(suite de la note 1)

formation à la télévision. « Selon la télévision d'Abou Dhabi (NDLR : un émirat de la fédération des Émirats arabes unis) le Front de libération de la Palestine réclame ou revendique la responsabilité de cet attentat qui a été commis ce matin. Mais c'est selon la télévision d'Abou Dhabi. Alors, reste à voir si la chose sera confirmée par le Front de libération de la Palestine », annonce l'animatrice Christine Fournier à 9 h 39. À 9 h 56, le journaliste Christian Latreille, venu donner les dernières nouvelles dépouillées sur les fils de presse, indique que cette histoire a été démentie formellement par le FLP.

compte plus de quatre cents chambres, mais ils ne font pas partie des organisateurs et des employés de l'événement québécois.

Lajeunesse est de plus en plus anxieux. Dans les minutes précédentes, une des monteuses de l'exposition lui a montré un morceau de béton gros comme une pièce de deux dollars qu'elle a ramassé par terre. « Regarde ce que j'ai trouvé », lui dit-elle.

Cela n'a rien pour le rassurer. Dans son esprit, ce morceau s'est sans doute détaché d'une des tours du WTC et est tombé dans le vide avant d'aboutir sur le plancher de la mezzanine de l'hôtel en passant à travers les pales du système d'aération. « Vite, répète-t-il à ses employés. Allons-nous-en ! »

C'est à ce moment qu'il entend un grondement sourd accompagné d'une secousse…

New York, quartier des affaires, juste avant 10 h

Arrivée près de la cabine téléphonique repérée plus tôt, Martine Primeau constate qu'une dizaine de personnes y font la file. Elle se place au bout et attend. Les minutes passent. Son tour arrive. Elle appelle à la maison. Cette fois, la communication est établie. Mais il n'y a personne pour répondre. Elle laisse donc un message au répondeur, assurant son conjoint que tout va bien.

Au même moment, à l'Embassy Suites, Philippe Cannon et un de ses collègues s'activent à faire évacuer les bureaux loués par Québec New York 2001. Avant de quitter les lieux, Cannon retourne à son bureau. Celui-ci est situé du côté ouest de l'hôtel ; sa fenêtre donne sur le chantier d'un monument érigé à la mémoire des Irlandais morts durant la terrible famine du XIXe siècle et sur le fleuve Hudson. Il se trouve donc dos au WTC. De cet endroit, Cannon ne peut voir comment évolue la situation à l'extérieur.

Cannon veut appeler sa conjointe, enceinte de quatre mois, pour la rassurer. Peine perdue, la ligne téléphonique reste morte. Il essaie d'appeler sa mère, Denise Bernier, à Québec. Et cette fois, ça marche !

« Tu es où ? Tu es où ? lui demande-t-elle, inquiète.

— Je suis à l'Embassy, de l'autre côté de la rue. Tout va bien », dit-il.

Mais, au moment où il lui dit cela, la tour sud est en train de s'écrouler.

Dans une autre pièce de l'Embassy, au premier étage, Nataly Rae entend un énorme vrombissement. En regardant par la fenêtre, elle voit la panique et l'horreur se dessiner dans les yeux des gens. En un instant, elle sait… « J'ai tout de suite compris qu'une des tours venait de s'écrouler. »

Dehors, Martine Primeau sort de la cabine téléphonique et l'édifice de cent dix étages s'effondre sous ses yeux.

Entre Québec et New York, la liaison téléphonique est subitement coupée. La mère de Cannon, qui, la seconde précédente, parlait encore avec son fils, voit les images à la télévision.

« Ma mère pensait que j'étais mort », dit Cannon.

New York, Délégation générale du Québec, 9 h 55 – 10 h

La nouvelle concernant l'attaque contre le Pentagone ne fait qu'ajouter à la consternation générale. En moins d'une heure, trois édifices importants, trois symboles de la puissance américaine, ont été frappés par des avions-missiles. Y en aura-t-il d'autres ? Et lesquels ?

Dans la salle de conférence de la Délégation générale du Québec dont les fenêtres donnent sur le côté ouest de l'île de

Manhattan, Diane Wilhelmy est debout, à côté du téléviseur. L'appareil est allumé, diffusant les images des deux tours en flammes.

La salle est une grande pièce rectangulaire que l'on peut diviser en deux unités distinctes au moyen de panneaux amovibles. Au centre, deux tables de conférence entourées de fauteuils. Quelques autres sont dispersés le long des murs. Le téléviseur est encastré dans un des murs du fond.

Tous les occupants du bureau sont réunis dans la pièce. Wilhelmy essaie de les calmer.

Alors que la situation se détériore de minute en minute, l'inquiétude gagne les employés du bureau. Patrick Muzzi est particulièrement tourmenté. Il n'a pas de nouvelles de sa conjointe, Nataly Rae. Selon Michel Létourneau, plusieurs employés sont dans tous leurs états. Certains pleurent, d'autres craignent de voir les tours s'effondrer. Il essaie tant bien que mal de se faire rassurant, tout comme la déléguée générale, Jean Clavet et d'autres.

De l'angle où elle se trouve, Diane Wilhelmy ne voit pas les images sur l'écran.« J'étais en train de leur dire de rester calme, d'essayer de les rassurer. Je leur disais que nos gens là-bas avaient peut-être déjà tous fui la zone la plus dangereuse », dit Wilhelmy.

Et là, devant elle, l'horreur, de nouveau, se dessine sur le visage des employés qui, les yeux écarquillés, assistent en direct à l'écroulement de la première tour. « L'un d'eux m'a dit de me retourner, raconte Wilhelmy, qui, à son tour, voit ces images d'apocalypse à l'écran. « Là, il y a eu un vent de panique », dit Muzzi.

Dans les minutes suivantes, une sirène résonne dans tous les étages de l'édifice, suivie de la voix d'un responsable de la sécurité dans le système de haut-parleurs. L'ordre d'évacuation des bureaux du Rockefeller Center vient d'être lancé.

Chapitre 7

« Je refuse de mourir » (10 h – 10 h 28)

New York, Délégation générale du Québec,
Rockefeller Center

« Dans toute cette journée, le moment où j'ai eu le plus peur, ce fut celui-là, dit Diane Wilhelmy. Ce n'est pas l'impact, ce n'est pas le second avion sur la deuxième tour qui m'a donné le plus grand choc, poursuit-elle. C'est la désintégration de la première tour. […] C'est un peu comme une image de fin du monde. Je ne m'attendais pas à ce que la tour s'effondre. »

La peur. Un sentiment de quelques secondes que Diane Wilhelmy essaie tout de suite de chasser, de gérer et de ne pas laisser paraître. Car, malgré cette « catastrophe invraisemblable », la leader du groupe, c'est toujours elle. « Je ne peux pas laisser sentir à quel point j'ai peur. Et il faut que je protège mon monde », se dit-elle. Dans son esprit et avant même que l'alerte ne sonne, il ne fait pas de doute que le moment d'évacuer les lieux est venu.

D'autant plus que Rockefeller Center est un autre symbole

de New York et que son édifice principal, la tour GE, voisine de l'immeuble où se trouve la délégation, est parmi les plus hauts de New York avec ses deux cent cinquante-neuf mètres. Dans l'esprit de plusieurs, on commence à comprendre que les auteurs des attentats visent délibérément des symboles de l'Amérique. « C'était un autre édifice en hauteur, un autre édifice faisant partie du grand patrimoine symbolique international, dit-elle. Je me disais : "Si cette tour-là [du WTC] tombe en miettes, la nôtre peut tomber en miettes." C'est comme une fin du monde. Il y a quelque chose de tellement gros qui se passe. [...] Durant ces quelques secondes-là, je voyais la tour, les humains, la poussière. Je voyais des milliers de morts et je me disais : "Vite ! Il faut sortir de notre tour". »

À peu de choses près, les mêmes pensées traversent l'esprit de Michel Létourneau. « Je me voyais pris dans ce symbole qu'est le Rockefeller Center. » Autour de lui, des gens pleurent.

Létourneau répète ses tentatives d'appel au Québec. Par miracle, il obtient une ligne et rejoint sa conjointe pour la rassurer. « Je lui ai demandé d'appeler aussi ma sœur et ma mère qui a quatre-vingt-dix ans », se rappelle-t-il.

Émus, secoués, les employés de la délégation quittent le bureau. Certains empruntent les escaliers, d'autres, les ascenseurs. À tous les étages, c'est la même chose. Même plus besoin d'ordre d'évacuation ; tout le monde souhaite déguerpir.

Mezzanine de l'hôtel Embassy Suites, Downtown Manhattan, 10 h

De la fenêtre de la mezzanine où se trouve son bureau, Nataly Rae voit l'horreur se dessiner sur le visage des gens dehors, près de l'hôtel. Et, dans les secondes suivantes, un cri.

« Quelqu'un a hurlé : "Il faut déguerpir d'ici. Vite, tout le monde. On s'en va." »

Ce cri, était-ce celui de Patrick Giguère ? Peut-être. Car lui aussi se trouve dans les bureaux de l'organisation à ce moment-là. Il se souvient d'avoir ressenti le grondement sourd de l'effondrement et d'avoir crié à tout le monde. « On sort d'ici, ça va tomber. Il faut arrêter de travailler et s'en aller. »

Au même étage, près du restaurant, Roland Lajeunesse prend sa conjointe par le bras et l'entraîne sous un cadre de porte, dans l'espoir qu'ils y seront à l'abri. Quelques secondes plus tard, ils se ruent vers la sortie.

« Lorsque la tour est tombée, ça a fait comme un tremblement de terre. Il y a eu un arrêt de courant de quelques secondes », dit Ana-Laura Baz. Le conjoint de celle-ci, Clément Laberge, avait les yeux sur CNN au moment de cette interruption. Lorsque l'alimentation électrique revient et que les images réapparaissent à CNN, la tour sud a disparu. « Là, on a compris ce qu'était en fait ce "tremblement de terre" », dit Baz.

Patrick Giguère quitte les lieux. Tous les autres employés de Québec New York 2001 encore sur place font de même. Nataly Rae sort de son bureau en vitesse et se rend jusqu'aux escaliers. Elle voudrait bien aller plus vite mais, devant elle, une dame, fataliste, prend tout son temps. « Elle portait des talons hauts et descendait marche par marche [elle dit cela sur un ton lent]. Je lui ai pris l'épaule en lui disant en anglais de se dépêcher.

— *Hurry ! Hurry !*

Elle m'a regardée et m'a dit que, de toute façon, on risquait de mourir. Qu'il ne servait à rien de se précipiter. »

Rae est estomaquée. Renversée. Choquée. Mourir ? Non. Pas question. « Je refuse de mourir », se dit Nataly Rae. « Et là je me suis mise à courir, courir, courir. »

Dehors, parmi les milliers de personnes fuyant, c'est le sauve-qui-peut général. Chacun pour soi. La masse de scories et le nuage de poussière de béton du WTC arrivent sur eux.

« En passant la porte, l'espèce de nuage s'en venait de deux côtés à la fois, raconte Roland Lajeunesse. J'ai pris la main de Line et lui ai dit : "Ne regarde pas en arrière. Viens. On court !" Mais elle a regardé en arrière. Et là, on court encore plus ! C'était tellement opaque qu'on avait l'impression d'une avalanche. »

Dans ce secteur de la ville, une piste cyclable est aménagée en parallèle à la rue West. C'est là que Nataly Rae court, vers le nord, mais en restant toujours près de la rive de l'Hudson. « Je me suis dit : "Si jamais il y a du feu, un incendie, je me jette à l'eau. J'aurai plus de chances de m'en sortir." »

Dans cette déroute, Nataly Rae croise puis dépasse une quinzaine de bambins. Des bouts de chou d'une garderie voisine. Ils vont main dans la main, chacun portant un dossard de leur établissement. Les gardiennes qui les encadrent les encouragent, mais ils ne peuvent fuir plus vite sous cette pluie de gravats qui continue à tomber du ciel.

« J'avais juste envie d'en prendre dans mes bras et de courir avec eux », dit-elle.

Rae croise aussi des personnes âgées. Leur pas est lent, lourd. Elles non plus ne courent pas. Elles en sont incapables. Comme pour les enfants, elle voudrait les aider. Mais elle continue, fâchée contre elle-même, dit-elle, de cet élan d'égoïsme « que je n'aimais pas, contre lequel je devais lutter ».

Mais, dans la cohue, l'instinct de survie ressort. « C'est : "Je sauve ma peau." »

Au cours de ces minutes de déroute totale, Rae finit par buter sur Patrick Giguère, le patron des chauffeurs. Lui aussi préfère resté collé sur l'Hudson. De toute façon, ils sont maintenant des milliers à fuir en vitesse en marchant sur la piste cyclable parallèle à la rue West, le dos tourné à la seule tour encore debout et continuant de brûler.

Giguère et Rae poursuivent leur chemin ensemble. Bientôt, ils rencontrent d'autres membres de l'organisation. Le groupe finit par s'éloigner du nuage de poussière. Ils sont une douzaine. Ils décident de se rendre jusqu'aux appartements loués par l'organisation dans le secteur de la rue Christopher, un peu plus au nord. Avec son appareil Nextel, Giguère avise ceux qui le désirent de rejoindre le groupe dans cette rue.

*   *   *

Roland Lajeunesse et Line Gros-Louis n'ont pas eu la même chance. Au contraire, ils sont sortis de l'hôtel avec quelques membres de leur équipe, pour ensuite les perdre de vue dans la cohue. Trop essoufflé, Lajeunesse n'a pas couru longtemps. Il n'a pas souvenir d'avoir été rattrapé par le nuage de poussière, mais il sait qu'il a marché un bon moment avec sa conjointe en longeant l'Hudson. Plus haut dans la rue West, ils retrouvent Ana-Laura Baz et Clément Laberge. « Nous commencions à remonter la rue. Les gens étaient sous le choc. On aurait dit des zombies », dit Lajeunesse.

Pendant que cette procession humaine monte vers le nord, des vagues de voitures d'urgence foncent dans la rue West en sens inverse.

Parmi tous ces véhicules, Lajeunesse remarque plusieurs voitures de police banalisées. Il y en a plus qu'il aurait pu l'imaginer. Il y a même des motos et des taxis avec des sirènes. « C'était impressionnant. »

Dans le ciel, des avions chasseurs de l'aviation américaine passent en trombe. Dans la foule, des bribes d'information circulent. Le Pentagone aurait été attaqué. Mais bien des incertitudes demeurent et on ne sait pas trop ce qui se passe.

« L'Amérique est en guerre », se dit Roland Lajeunesse.

Battery Park, Manhattan, 10 h

Martine Primeau court à en perdre haleine. Autour d'elle, tout le monde fuit : des pompiers, des policiers, des femmes avec des landaus, des hommes et des femmes d'affaires. Le nuage de poussière soulevé par l'effondrement de la tour sud les rattrape. Elle va d'abord vers l'ouest, donc vers le fleuve Hudson, avant de bifurquer vers le sud. Elle longe alors le fleuve par une promenade aménagée sur la rive. De plus en plus de gens se pressent.

Avec des centaines d'autres personnes, Primeau débouche à Battery Park, au bout de l'île. Elle ne peut aller plus loin. Le nuage de poussière soulevé par l'écrasement du WTC rattrape les fuyards. « On s'est écrasé par terre, le temps qu'il nous tombe dessus », raconte-t-elle.

Tous attendent que les cendres se dissipent un peu avant de se relever. « Lorsque nous l'avons fait, la poussière s'en allait vers la mer. Nous en avions dans les yeux, la bouche, le nez, les oreilles. »

À son souvenir, il n'y a pas de panique. Tout le monde reste calme. Mais personne ne parle.

Ottawa, siège social de NAV Canada, vers 10 h

À 10 h, au moment où Transports Canada décrète l'immobilisation au sol de tous les avions sauf pour les vols militaires, policiers ou humanitaires, les dirigeants de NAV Canada s'organisent.

Interdire tout nouveau décollage est une opération relativement simple. Plus imposant est le défi de s'assurer que tous les aéronefs en vol se posent en toute sécurité.

Les gros porteurs volant au-dessus de l'Atlantique et n'ayant plus l'autorisation de pénétrer dans l'espace aérien des États-Unis sont en route pour le Canada. Ils pénètrent dans l'espace aérien canadien à raison d'un ou deux à la minute.

Dans les centres régionaux de NAV Canada, les contrôleurs aériens font l'inventaire des vols à l'intérieur du territoire ou à proximité des côtes. Ils essaient de communiquer avec tous les pilotes. Plusieurs sont facilement rejoints mais, dans d'autres cas, la tâche est plus ardue. « Certains avions étaient carrément au milieu de l'océan Atlantique, là où il est parfois plus difficile de les joindre par radio », dit Andy Vasarins.

Revenu à son bureau, au 12ᵉ étage du siège social de l'organisation à Ottawa, Vasarins décide de répartir les tâches entre deux cellules de crise. Une première, dont il prend la tête, a une orientation stratégique. C'est la cellule parapluie, celle qui chapeaute et coordonne l'ensemble des activités, en plus de garder le contact avec les autres organismes concernés : le gouvernement canadien, Transports Canada, la Défense nationale, la FAA, les compagnies aériennes, la GRC et d'autres organismes directement associés aux opérations en cours.

La seconde cellule, dite tactique, est organisée à la hâte dans les bureaux de l'Institut de formation de NAV Canada à Cornwall, où Kathy Fox, tous les directeurs généraux des centres régionaux et d'autres gestionnaires importants sont réunis. La tâche de Fox consiste à recevoir les directives d'Ottawa et à les transmettre aux directeurs régionaux. À leur tour, ceux-ci les communiquent à leurs assistants en poste dans les centres régionaux de Gander, de Moncton, de Montréal, de Toronto, de Winnipeg, d'Edmonton et de Vancouver. À eux ensuite de les relayer aux quarante-deux tours de contrôle et aux soixante-douze stations d'information de vol dispersées à travers le pays.

En fait, la cellule stratégique gère les communications externes de NAV Canada, y compris celles avec les autres ministères et organismes du gouvernement canadien, alors que la cellule tactique se concentre sur les communications internes de l'entreprise. « Dans le cas contraire, nous aurions été handicapés dans notre travail, tellement il y avait d'appels qui entraient », dit Vasarins.

Et, dans un sens, c'est le meilleur des deux mondes. Même si Kathy Fox n'est pas à Ottawa, tous les grands responsables sous sa gouverne, avec qui elle aurait de toute façon eu à parler si elle avait été au siège social, se retrouvent autour d'elle. Dans la même pièce ! « D'être tous là ensemble facilitait notre action », dit-elle.

Fox demande aux responsables de l'Institut de monter le centre de crise dans une de ses salles. Les techniciens se mettent au travail. On y installe des lignes téléphoniques, des ordinateurs, un écran de télévision, un tableau et des craies. Une ligne téléphonique est établie et maintenue constamment en liaison avec la cellule de crise du siège social, où se trouve Andy Vasarins.

En parallèle à ce travail, on planche sur l'élaboration de la liste des aéroports susceptibles d'accueillir les vols transocéaniques et on évalue les capacités opérationnelles de chacun d'entre eux : longueur des pistes, nombre d'aéronefs pouvant être reçus, installations au sol, personnel disponible, etc.

Une ligne directrice guide les discussions : tenir les aéronefs le plus loin possible des grands centres urbains.

Dans le véhicule le conduisant vers Ottawa, David Collenette est constamment informé de l'évolution du dossier. « Nous aurions pu utiliser Mirabel, mais Mirabel c'est encore près de Montréal. Toronto ? C'était encore pire, l'aéroport étant situé à proximité de grandes villes américaines telles Rochester, Buffalo, Detroit, Chicago », se souvient le ministre.

En fait, la majorité des avions vont atterrir dans les Maritimes. Fort heureusement, plusieurs des aéroports de Terre-Neuve et de la Nouvelle-Écosse possèdent de longues pistes, construites en fonction des besoins de l'aviation alliée durant la Seconde Guerre mondiale.

Gander, par exemple, possède une piste de plus de trois mille mètres. C'est là, mais aussi à Halifax, St. John's, Stephen-ville, Goose Bay et Moncton, qu'atterriront des dizaines d'appareils. En raison des capacités limitées des installations, plusieurs aéronefs larguent du carburant au-dessus de la mer afin d'être moins lourds à l'atterrissage.

« Je dois dire que nous n'avions pas prédéterminé ce genre de scénario et ne savions pas combien d'aéronefs chacun de ces aéroports pouvait accueillir », dit Andy Vasarins.

L'opération se fait par téléphone. Les centres régionaux ont un rôle crucial à jouer, chacun communiquant avec les aéroports pour mieux connaître leurs capacités opérationnelles. « C'était une des premières questions et une des plus difficiles à résoudre, indique Chris Mouland, responsable des opérations au centre de contrôle régional de Gander. Nous devions évaluer combien d'aéronefs chaque aéroport était en mesure de recevoir. À Gander, notre activité quotidienne habituelle est de gérer le trafic passant au-dessus de nos têtes, pas de faire atterrir un nombre d'avions aussi élevé. Cette expérience était toute nouvelle pour nous. »

Aéroport international de Whitehorse (Yukon)

Bob Miller est un des nombreux responsables de NAV Canada à contacter afin de connaître la capacité des aéroports à recevoir des avions déviés de leur course. C'est son patron, Dave Radtke, qui l'appelle directement depuis Ottawa, phénomène plutôt inhabituel, se souvient-il.

Combien de gros porteurs Whitehorse serait-il en mesure d'accueillir au cours des prochaines heures ? demande Radtke à Miller. Serait-il envisageable de faire atterrir dix aéronefs dont des 747, des 767 et des 777 ? « Je n'en étais pas certain pour des raisons de poids. J'ai consulté le directeur de l'aéroport [Brian Clark]. J'ai dit à mon patron que dix appareils étaient le maximum que nous pouvions prendre », raconte Miller.

À l'époque, l'aéroport de Whitehorse n'avait accueilli qu'un seul Boeing 747 dans son histoire et cela remontait à 1999.

Dans la tour de contrôle, le matin du 11 septembre, on compte trois contrôleurs. Par prudence, Miller fait aussi entrer au travail un spécialiste de vol. Maintenant, il lui faut attendre la suite des choses.

Édifice de Radio-Canada, Montréal, 10 h

À peine une ou deux minutes après l'effondrement de la tour sud du WTC, Pierre Craig entre en ondes. L'indicatif musical annonçant l'émission spéciale joue, alors qu'à l'écran défilent en reprise les images de la seconde attaque prises de plusieurs angles. Ses premiers mots résument la gravité de la crise en développement.

« Bonjour, mesdames, messieurs. Radio-Canada continue de vous informer avec cette émission spéciale sur ce qui apparaît comme le pire attentat de toute l'histoire. [...] Les dépêches parlaient ce matin de six morts et d'un millier de blessés. Ces chiffres-là, il faut le dire, ne signifient pas grand-chose pour l'instant. »

Puis, il résume les événements des soixante-quinze minutes précédentes, avant de se lancer dans toute une série d'entrevues avec des correspondants et des analystes : Christine Saint-Pierre, en poste à Washington, Yvan Miville-Deschênes, le spécialiste de l'aviation civile, et Joyce Napier, en poste à Jérusalem.

Vers 10 h 13, Normand Lester, journaliste et spécialiste du terrorisme, arrive sur le plateau. « Normand, est-ce que vous avez une idée de ce qui peut se passer ? » demande Craig.

Dès sa première intervention, Lester vise juste : « Ça semble être la signature d'une organisation comme celle d'Oussama ben Laden, dit-il, qui a pu coordonner l'attaque de trois ambassades américaines en même temps. C'est un milliardaire qui a des moyens financiers, des ressources à travers le monde… »

Montréal, hôtel de ville, salle du conseil municipal, 9 h 55 – 10 h 05

Après la période des questions des citoyens vient le tour des conseillers.

La séance du conseil municipal de la Ville de Montréal se poursuit. Michel Prescott et André Cardinal reviennent sur l'affaire des squatteurs. Le conseiller Marvin Rotrand questionne quant à lui Paolo Tamburello, responsable des parcs au comité exécutif, au sujet de la sécurité dans les aires de jeu des parcs de la Ville de Montréal.

Il s'interroge notamment sur la suite à donner à une récente manchette de *La Presse* révélant que plusieurs appareils sont recouverts d'une peinture fortement contaminée au plomb. Tamburello se fait rassurant et affirme qu'il suit la situation de près. Deux conseillères déposent par la suite des pétitions d'habitants de leur quartier. Puis, on passe au contenu de l'ordre du jour. Les conseillers n'ont le temps de se prononcer que sur un seul sujet, l'adoption du procès-verbal d'une assemblée précédente, avant que Pierre Bourque ne reprenne la parole : « Je vais recommander à ce conseil d'ajourner [la réunion] une demi-heure. La tour du WTC vient de s'effondrer. Il y a des attaques sur le Pentagone. On va aller aux nouvelles. Vous savez que le Québec a une exposition au même endroit et on est partie prenante, la Ville de Montréal. Je vais demander d'ajourner [la réunion] jusqu'à 10 h 30. »

Adopté, enchaîne le président, Luc Larivée.

Il est alors 10 h 05.

Hôtel de ville de Gander

À 11 h 45 heure locale (10 h 15 à New York), le centre des mesures d'urgence de la ville de Gander entre en activité. Celui de l'aéroport est activé dans les minutes suivantes, tout comme celui de la province de Terre-Neuve. À 10 h 30, les autorités des CMU de la ville et de l'aéroport de Gander établissent la première d'une longue série de communications qui marqueront la journée et les jours subséquents.

Comme la ville ne compte que dix mille habitants, ces centres, dans les deux cas, se résument à une pièce où sont disposés une table centrale, quelques chaises, des téléphones à chaque poste de travail et quelques ordinateurs. Si celui de la ville, au deuxième étage de l'édifice municipal central, est neuf et assez spacieux, celui de l'aéroport est exigu. En forme de fer à cheval, la table de travail est dos à la fenêtre donnant sur le tarmac. Devant chaque poste, une plaquette identifie l'organisme représenté : GRC, Immigration, Transports Canada, SCRS, etc.

Pour le moment, aucune annonce officielle n'a été faite aux autorités de Gander. Mais ça ne saurait tarder. Tout le monde est sur les dents.

Aéroport de Calgary

« Cet avion ne décollera probablement pas », se dit l'ambassadeur Paul Cellucci.

Depuis quelques minutes, lui et sa femme, Jan, sont montés à bord de l'appareil d'Air Canada devant assurer la liaison Calgary-Ottawa. « Mais, juste avant d'embarquer, nous avons appris que la FAA avait annulé tous les vols aux États-Unis. »

Réfléchissant à tout ce qu'il devra faire dans les prochaines heures et inquiet de la situation, dont il ne connaît pas encore tous les détails, l'ambassadeur n'a qu'une idée fixe : rentrer au plus vite à Ottawa.

Mais, pour le moment, ce ne sera pas possible. Il avait vu juste.

Son vol vient d'être annulé.

Base des Forces canadiennes, Halifax

Avant que les premiers avions n'atterrissent à Halifax, le vice-amiral MacLean et le brigadier-général Craig Mitchell, commandant de la force terrestre de la base d'Halifax, sont en réunion dans le bureau de MacLean, au sixième étage de l'édifice principal de celle-ci.

Aménagé dans l'angle de l'édifice, le bureau de MacLean a des fenêtres sur deux façades. La section du port donnant sur la mer s'étend sous ses yeux avec, en surplomb, l'immense structure du pont Angus-L.-Macdonald.

Au cours d'une situation de crise, un événement est d'abord traité à l'échelle locale puis régionale, provinciale et, enfin, nationale. Ce n'est donc qu'en dernier recours, lorsque les autorités civiles en font la demande, que la Défense nationale intervient. Et, dans un tel cas, c'est l'armée de terre qui prend les choses en main, comme on a pu le voir, par exemple, au Québec après la tempête de verglas de janvier 1998.

Mais le vice-amiral MacLean occupe une position hiérarchiquement supérieure à celle du brigadier-général Mitchell, ce qui incite ce dernier à faire preuve de *fair play.* Les deux hommes concluent un *gentleman's agreement* pour se diviser le travail. La marine va s'occuper des opérations menées à l'aéroport et dans les limites des villes d'Halifax et de St. John's (Terre-Neuve), cette dernière étant aussi sous l'autorité du Commandement maritime de l'Atlantique (MARLANT). Les hommes de Mitchell seront quant à eux responsables des opérations effectuées en dehors des limites des deux villes.

« Sans savoir combien de personnes seraient accueillies, nous avons décidé de mobiliser beaucoup de gens là-dessus, se rappelle le vice-amiral MacLean. Nous avions élaboré notre plan avant l'arrivée du premier avion. Plus tard, dans la journée, le quartier général de la Défense à Ottawa a confirmé notre initiative. »

*   *   *

Au même moment, dans le Maritime Warfare Center, un autre édifice de la base des Forces canadiennes à Halifax, une trentaine de commandants et d'officiers en second des navires de la flotte de l'Atlantique sont réunis pour une formation d'une semaine. Le but de l'exercice : réviser l'ensemble des règles en vigueur dans le domaine maritime.

Dans les semaines précédentes, tous ces hommes ont été

nommés à leur nouvelle fonction et, avant de prendre la mer, il leur faut bien entendu se mettre à jour, se rafraîchir la mémoire.

La session du mardi est en cours lorsque le directeur de l'école se présente dans la salle, interrompt l'exposé et résume la situation pour les personnes présentes. Il conclut en leur demandant de retourner sans délai à leur navire, dans l'attente d'instructions ultérieures.

Nommé deux mois plus tôt au poste de commandant du navire de ravitaillement *NCSM Preserver,* le capitaine, Brian McCarthy, et son second, Colin Darlington, mettent une dizaine de minutes à retourner à leur navire. « Déjà, on savait que c'était un acte délibéré », dit McCarthy.

En raison de sa mission et de sa fonction, le *Preserver* est de loin le plus imposant navire de la flotte de l'Atlantique. Faisant 172 mètres de long, pesant 24 700 tonnes et pouvant accueillir un équipage de 365 membres (incluant le personnel aérien), le navire sert au transport de toutes sortes de choses : mazout, lits, denrées, médicaments, munitions, pièces de rechange, véhicules, etc.

Revenu à bord, McCarthy rassemble son équipage. Il expose brièvement la situation, n'ayant pas beaucoup plus de détails que ses hommes, prend des mesures d'urgence exceptionnelles : interdiction de quitter le navire, et instaure une rotation de surveillance avec des marins armés.

Ce qui se passe sur le *Preserver* se déroule simultanément à bord de la quinzaine de navires de la flotte qui sont ancrés au port. Pendant ce temps, des gardes armés sont postés aux trois entrées de la base, qui occupe plusieurs centaines de mètres le long du port d'Halifax.

Jusqu'au matin du 11 septembre, les bateaux, les quais et les bâtiments de la base ne bénéficiaient d'aucune espèce de protection en cas d'agression provenant des eaux. N'importe qui pouvait, à bord d'un bateau de plaisance, s'approcher en toute impunité des embarcations.

Ce qui était en train de se passer aux États-Unis a éveillé, dans le souvenir des marins d'Halifax, l'attaque perpétrée le 12 octobre 2000 contre le *USS Cole* au Yémen. L'attentat-suicide avait causé la mort de six marins américains.

Bien sûr, la situation n'est pas la même à Halifax. La Marine canadienne est chez elle, en terrain ami. Mais on ne voulait courir aucun risque. En même temps, dans les circonstances, on voulait soigner son image, montrer aux gens qu'on était aux aguets. « Nous ne pensions pas qu'Halifax serait attaquée. Mais, pour des raisons de perception, nous avons considérablement haussé le niveau de sécurité, raconte le vice-amiral MacLean. Nous ne nous attendions pas à des attaques, mais la situation était nouvelle et il fallait s'adapter. On veut que les gens sachent que les militaires sont présents et prennent les mesures appropriées. »

Toujours depuis le quartier général d'Halifax, ordre est envoyé au destroyer *NCSM Iroquois* d'accentuer sa surveillance radar du ciel et de transmettre aux autorités du NORAD toute information concernant de potentielles menaces aériennes. Parti en mer pour des manœuvres, le navire a alors toutes les capacités techniques de mener à bien ces opérations. Une aubaine dans les circonstances, puisque ses équipements permettent aux militaires de bénéficier d'un système radar avancé sur l'océan, pendant que les gros avions déroutés du ciel américain se dirigent vers les côtes canadiennes.

Hôtel Embassy, New York, vers 10 h 15

Après l'écroulement de la tour sud, Philippe Cannon et un de ses collègues s'assurent une dernière fois que tous les employés de Québec New York 2001 sont évacués et quittent l'Embassy. Dehors, ils cherchent à tâtons leur chemin à travers l'épais nuage de poussière de béton provoqué par l'effondrement. Dans cette purée de pois, ils vont vers le nord, retrouvent par hasard des membres de leur organisation et cherchent ceux qui manquent à l'appel.

Bientôt, le groupe formé autour de Cannon se retrouve dans le parc Nelson-A.-Rockefeller donnant sur le fleuve Hudson, tout juste au nord-ouest de leur hôtel. Enclavé entre la rue River Terrace et le fleuve, le parc s'étend sur quelques hectares et est divisé en deux parties : l'une gazonnée, plus près de l'eau, l'autre en pavés unis, plus près de la rue.

Cette dernière section est plutôt sympathique. On y trouve une œuvre sculpturale en bronze de Tom Otterness, intitulée *The Real World,* faite de plusieurs éléments déformés de la réalité : un pied, un poing et une tête d'humain disproportionnés, un singe donnant le biberon à son enfant, un aspirateur aux multiples têtes ayant les allures d'une hydre, des tortues promenant leur marmaille sur leur dos. À travers ce monde féerique se promènent de tout petits personnages humains, des lilliputiens côtoyant des géants.

Pour aller d'un élément à l'autre, on suit des chemins faits de pieds d'enfant et de gros sous noirs américains eux aussi coulés dans le bronze. Des jeux d'échecs aux damiers verts et gris sont tracés sur des tables de pierre.

La zone gazonnée est ceinturée d'une promenade longeant l'eau, lieu fréquenté autant par les joggeurs que par les marcheurs ou les jeunes parents promenant leurs enfants en poussette. À cet endroit, un hélicoptère atterrit. Un agent du FBI en débarque. Philippe Cannon le reconnaît. « C'est un des hommes du service de sécurité que j'avais rencontré en vue de la visite du premier ministre Landry », se rappelle-t-il.

« Monsieur Cannon, avez-vous tout votre monde ? lui demande l'agent.

J'en ai pas mal récupéré.

— Bien. Alors, continuez à aller vers le nord, le plus loin possible. »

Et l'agent s'en va.

Halifax, vers 11 h 15 (10 h 15 à New York)

À bord de sa voiture, Barry Manuel fonce vers l'hôtel de ville de la municipalité régionale d'Halifax. Érigé au centre de la capitale de la Nouvelle-Écosse, le vieil édifice trône à l'extrémité d'un parc et est le voisin immédiat du World Trade and Convention Centre, immeuble moderne servant de centre de conférences, où le premier ministre, Jean Chrétien, devait justement se rendre dans l'après-midi.

En sortant de la cérémonie funéraire à laquelle il assistait, Manuel réactive son téléphone cellulaire et se rend compte que sa boîte vocale est remplie de messages urgents. « Dès que j'ai su ce qui se passait, je suis allé à l'hôtel de ville pour une rencontre avec le maire, Peter Kelly, le directeur général et d'autres responsables », raconte-t-il.

Pendant ce temps, le maire Kelly annule ses rendez-vous de la journée. On ne connaît pas encore les conséquences qu'auront les attentats sur les activités de la ville mais, dans les circonstances, mieux vaut se préparer, se dit-on. « Devant l'incertitude, nous avons décidé qu'il valait mieux activer notre centre de coordination des mesures d'urgence », dit Manuel.

Partout dans l'hôtel de ville, des téléviseurs sont allumés. Les membres du personnel sont aux aguets. Bientôt, ils seront fixés. Halifax va jouer un rôle majeur dans l'accueil des vols transatlantiques déroutés vers le Canada.

Lorsque le ministère des Relations internationales a remis, en 1997, une somme de 25 000 $ à la Commission de la capitale nationale pour l'installation d'une sculpture de José Martí, héros de l'indépendance cubaine, dans le parc de l'Amérique latine, était-ce pour couvrir l'ensemble des frais ou seulement une partie ?

Et si c'est seulement pour une partie, qui a payé le reste ?

Épineuse question que celle-là ! Surtout qu'on est en 2001. Et celle à qui on la pose s'appelle Louise Beaudoin. Elle n'était pas titulaire de ce ministère en 1997. Et elle a bien d'autres chats à fouetter en ce tragique matin du 11 septembre 2001, alors qu'elle n'a à peu près aucune nouvelle des employés et des contractuels de son ministère qui sont plongés dans la tourmente des attentats de New York.

La sculpture dont il est ici question fait partie d'un échange conclu quelques années plus tôt entre le gouvernement du Québec et celui de Cuba. Québec a donné un buste d'un de ses héros, Pierre Lemoyne d'Iberville, à Cuba, tandis que le pays de Fidel Castro a remis un buste de son héros national, Martí, à Québec. L'œuvre est installée dans le parc de l'Amérique latine situé dans la basse ville, entre le palais de justice et l'embouchure de la rivière Saint-Charles. Quatre ans plus tard, l'échange fait maintenant l'objet des questions de la députée Margaret Delisle, au cours de la commission parlementaire examinant les crédits du ministère.

La ministre Beaudoin répond comme elle le peut, s'embrouille, consulte ses adjoints, avant de conclure que Québec a payé le buste d'Iberville et Cuba la sculpture de Martí et qu'elle allait quand même vérifier le tout.

La députée Delisle est satisfaite. On passe à l'examen des crédits du mois d'août 1997.

Autour de Louise Beaudoin, les fonctionnaires s'agitent.

« Il y a un va-et-vient dont je m'excuse infiniment, mais c'est parce que le ministère ce matin est complètement en panique, lance la ministre.

— Non, non, ça va, lui répond Margaret Delisle.

— Non, non, c'est… Ça se comprend. Ça se comprend », ajoute le président Kelley

Les travaux reprennent. Mais, quelques minutes plus tard, Louise Beaudoin demande une courte suspension, compte tenu d'un appel urgent en provenance du bureau du premier ministre. « Monsieur le Président, est-ce que je peux me permettre de vous demander… Je sais que c'est délicat, mais je vous le demanderais… Le cabinet du premier ministre me demanderait d'avoir une pause de cinq minutes pour [que l'on puisse] se concerter, étant donné la situation. On est quand même au ministère des Relations internationales, alors on se sent très interpellé. »

La séance est suspendue à 10 h 18. Une minute plus tard, Geoffrey Kelley la rouvre pour ajourner les travaux *sine die*. « On essayait de reprendre le fil et finalement on a admis, tout le monde ensemble, qu'il y avait des choses plus graves et plus importantes que de participer à cette commission ce matin-là », évoque aujourd'hui Mme Delisle.

En mettant fin aux travaux, le président n'a que de bons mots pour la ministre et son entourage.

« Bon courage pour la journée devant vous », conclut-il.

Verchères, résidence de Bernard Landry

Après avoir téléphoné à ses plus proches collaborateurs pour régler les situations les plus urgentes, le premier ministre,

Bernard Landry, passe une bonne partie de la matinée à donner d'autres coups de téléphone.

Dans un geste de conciliation, d'appui, d'amitié aussi, il s'entretient avec des amis des communautés juive et musulmane. Ayant, comme tout le monde, entendu les premières hypothèses évoquant le terrorisme arabe, le premier ministre appréhende les risques de dérapage.

C'est pour cette raison qu'il converse également avec le ministre de l'Éducation, François Legault. Dans les suites à apporter à cette catastrophe, il faudra faire œuvre d'éducation, d'ouverture d'esprit, d'échanges. Pour y arriver, une des choses à faire selon lui est d'organiser une opération spéciale dans les écoles. Legault, qui est alors en réunion avec ses sous-ministres et principaux adjoints, passe le message.

En parallèle, M. Landry donne des directives pour organiser, dans des délais très courts, des rencontres avec les différentes communautés culturelles afin de sympathiser avec elles, mais aussi d'avertir les représentants qu'aucun débordement ne sera toléré.

« Nous voulions expliquer que tous les Québécois doivent vivre en sécurité et en paix et que nous serions d'un niveau de tolérance zéro pour toute personne voulant faire du "communautarisme" inacceptable, se souvient M. Landry. Même des incidents non violents, seulement en paroles, ne seraient pas tolérés. »

New York, à l'angle de Broadway et de la rue Spring, vers 10 h 20

Lorsque la première tour s'écroule, Claude Deschênes n'est pas en ondes. Comme tout le monde, il regarde avec horreur l'édifice de cent dix étages s'effondrer en quelques secondes, projetant des débris et une pluie de poussière dans toutes les directions. Curieusement, à cette distance, le bruit de l'effondrement n'est pas celui d'un fracas assourdissant auquel il s'attend. C'est plutôt une espèce de doux sifflement, un « pschhhhhhhhhhhhhit » s'étirant sur de longues secondes. « Il y avait quelque chose d'extrêmement délicat dans cette vision apocalyptique », dit le journaliste en ressassant ses souvenirs.

Dans les minutes suivant l'effondrement, Deschênes est de retour en ondes. « Vous le voyez vous-mêmes sur les images. Il ne reste plus debout qu'une seule des deux tours. Une des deux tours s'est littéralement effondrée. On va aller rejoindre Claude Deschênes, annonce l'animateur, Pierre Craig. Claude, vous êtes à New York.

— Oui, exactement, Pierre, répond le journaliste. Je suis au coin de Spring et de Broadway. Jusqu'à maintenant, c'est le plus près où j'ai pu m'approcher. Car vous l'imaginez, New York est sens dessus dessous. Il n'y a pas moyen de circuler. Les métros sont fermés. Les taxis ne bougent plus. C'est un concert de sirènes, tout à l'heure, qu'on a entendues et qui se dirigeaient vers le sud. C'est la catastrophe ici. Les gens sont atterrés. […] La rue sur laquelle je me trouve, Broadway, qui est une artère extrêmement passante d'habitude, est bondée de gens qui ont tous le regard fixé sur la seule des deux tours qui reste et qui projette une colonne de fumée encore très très importante. »

Deschênes, qui a l'habitude de parler en direct, à la sortie d'événements culturels, ne cherche pas ses mots longtemps, même aux prises avec une situation qui ne lui est pas familière.

Lorsque Craig revient sur l'effondrement de la première tour, le journaliste ajoute : « Les gens ont crié d'horreur. […] Quand on voit ça, c'est absolument apocalyptique. »

Deschênes raconte à quel point les rues de la ville sont bloquées. Dans les voitures immobilisées, les appareils de radio évoquent aussi l'attentat contre le Pentagone.

« Si j'ai bien entendu tout à l'heure, dit-il, il y a eu quelque chose qui s'est passé à Washington.

— Oui, oui, lui répond Pierre Craig, il y a un troisième avion, Claude, qui aurait percuté le Pentagone, qui est l'édifice de la Défense, à Washington. On a évacué le Pentagone. »

La conversation se poursuit sur la paralysie du centre-ville new-yorkais. « Toute la vie de la ville, Claude, est complètement stoppée, dit Craig. C'est comme si le cœur de New York venait d'arrêter de battre.

— Exactement, répond Deschênes. Et le cœur de New York, c'est en partie le cœur du monde… »

Montréal / White Point Beach Resort (Nouvelle-Écosse)

Dans son bureau au deuxième étage de l'hôtel de ville, Pierre Bourque et ses collaborateurs suivent les événements tout en évaluant les conséquences pour Montréal. Ils veulent surtout endiguer de quelconques mouvements de panique, plus particulièrement dans les tours du centre-ville.

À cette heure-là, la nouvelle a depuis longtemps fait le tour de la planète. Comme à New York, plusieurs édifices en hauteur sont évacués ou le seront dans les heures suivantes : la tour Sears à Chicago, la tour du CN à Toronto, les tours Petronas, les plus hautes du monde, à Kuala Lumpur. À Montréal, c'est l'inconfort. Par centaines, par milliers, les employés travaillant dans les grands édifices n'ont qu'une envie : partir. Plusieurs le font. Au travail, le cœur n'y est pas. Plusieurs employeurs donnent congé au personnel.

Si les tours se vident, c'est cependant par choix. Aucun

édifice n'est évacué à la demande des gestionnaires. « Chacun était libre de faire ce qu'il voulait. Les locataires choisissaient », dit Céline Gaudette, de Magil-Laurentienne, firme comptant la Tour de la Bourse dans son parc immobilier. À la Société immobilière Trans-Québec (SITQ), la filiale de la Caisse de dépôt et placement du Québec qui est propriétaire de la Place Ville-Marie, du 1000 de la Gauchetière et de l'édifice Sun Life à Québec, on prend des mesures très discrètes pour renforcer la surveillance mais aucun ordre d'évacuation formel n'est donné.

À l'hôtel de ville de Montréal, le président du comité exécutif, Jean Fortier, passe au bureau des communications, au rez-de-chaussée de l'édifice, afin de savoir où en sont les choses. « Nous voulions rassembler toute l'information pour tenter de maîtriser la situation et avoir des solutions de rechange, dit-il. Puis, on s'est dit que, dans de telles circonstances, il faut que le maire communique avec les instances supérieures. »

Pourquoi un tel empressement ? Dans l'esprit de Fortier, la réponse est simple. Afin de rassurer la population de la ville, le maire doit manifester sans délai sa présence et sa préoccupation de veiller à la sécurité civile. Et le fait de pouvoir dire qu'il a communiqué avec les instances supérieures renforce ce message de maîtrise de la situation.

Par conséquent, des collaborateurs de Bourque lancent des appels aux bureaux des premiers ministres Chrétien, à Ottawa, et Landry, à Québec, ainsi qu'à celui de Serge Ménard, ministre québécois de la Sécurité publique.

*   *   *

Ménard n'est pas au Québec. En compagnie du ministre québécois de la Justice, Paul Bégin, il participe à une conférence fédérale-provinciale présidée par Anne McLellan à White Point

Beach Resort, une petite station balnéaire située près de Liverpool (Nouvelle-Écosse).

Ménard, Bégin, leurs homologues des autres provinces et du gouvernement fédéral ont plusieurs sujets à l'ordre du jour : la création d'un registre sur les délinquants sexuels, les lois sur le divorce, le voyeurisme, la garde d'enfants.

Lorsque la rumeur des attentats fait le tour de la table, la rencontre s'interrompt. Serge Ménard en profite pour communiquer avec son cabinet à Québec. On l'assure que des mesures ont été prises pour répondre à toute demande d'assistance. Au siège social du ministère, une cellule de crise dirigée par le sous-ministre de la Sécurité civile, Luc Crépeault, a commencé à déployer ses ressources. Accompagnant le ministre Ménard en Nouvelle-Écosse, le sous-ministre de la Sécurité publique, Jacques Brindamour, suit également de près les opérations.

Tout cela est très bien mais Ménard souhaite aussi rentrer à Québec. Le meilleur moyen, c'est à bord d'un des avions du gouvernement. Deux obstacles s'imposent toutefois. D'abord, White Point Beach est un endroit isolé, doté de peu de ressources. « Il y avait un aéroport mais pas assez grand pour recevoir notre Challenger », se rappelle le ministre. Il faudra donc prendre la voiture et retourner à Halifax, à environ quatre-vingt minutes de route. Et une fois de retour dans la capitale, second problème, l'interdiction de vol s'applique aussi aux appareils gouvernementaux. Il faudra donc une dérogation pour faire venir l'avion du gouvernement depuis Québec. Dans l'entourage du ministre, on se met donc au travail pour obtenir ce feu vert.

*   *   *

Pendant ce temps, à Montréal, le personnel du maire Bourque téléphone aussi aux principaux responsables des services d'urgence de la ville, histoire de faire le point, de resserrer les mesures de surveillance et de rester aux aguets.

« J'ai demandé au directeur général, Yves Provost, et à nos responsables des mesures d'urgence, sous la direction du directeur du Service de prévention des incendies [Alain Michaud], de suivre les événements avec la plus grande attention », indique le maire dans un communiqué diffusé à 10 h 59 par Canada News Wire (CNW).

*   *   *

Des réunions sont aussi en cours ou en voie de commencer à la Communauté urbaine de Montréal (CUM), où la présidente, Vera Danyluk, est en communication constante avec sa garde rapprochée, dont le responsable de la sécurité civile, Jean-Bernard Guindon, et les autorités des villes membres.

À cette époque, les villes de l'île de Montréal ne sont pas encore fusionnées (elles le seront le 1er janvier 2002) et chacune possède son comité et son plan de mesures d'urgence. En vertu de ses fonctions à la CUM, Jean-Bernard Guindon est en quelque sorte un coordonnateur supramunicipal. « C'est alors une passerelle existant entre le monde municipal et le ministère de la Sécurité publique, évoque Alain Michaud, alors directeur du Service de protection contre les incendies de Montréal. Il sert d'arbitre quant aux ressources attribuées pour l'ensemble des municipalités. »

Mais, compte tenu de la structure des différentes instances et du rôle de chacune, il reste encore à déterminer qui gérera la crise. Si l'événement est considéré comme un acte terroriste, c'est à la police, donc au Service de police de la CUM, de prendre le leadership. Si on considère qu'il s'agit d'une catastrophe naturelle, il revient alors aux pompiers de chaque ville de jouer le rôle dirigeant. Or, les services de protection contre les incendies de l'île de Montréal ne sont pas regroupés comme ceux de la police. De plus, un acte terroriste est une chose, mais ses conséquences en sont une autre. Dans un tel cas, qui prend les rênes des décisions ? Il faudra trancher.

* * *

Au-delà de cette question, l'administration Bourque se préoccupe de ses réserves d'eau et de ses usines de filtration de l'eau. « Une des premières choses qu'on a faites a été de sécuriser notre eau », dit l'ancienne attachée de presse de Bourque, Madeleine Champagne.

Visiblement, les membres de l'administration ont encore à l'esprit la situation d'urgence qui a régné un soir à Montréal, au cœur de la crise du verglas, alors que la ville n'avait presque plus de réserves d'eau potable. Des appels sont logés au service des Travaux publics, dans les usines de pompage et de filtration pour inciter les responsables à exercer une surveillance accrue.

Ailleurs, dans l'hôtel de ville, c'est la commotion. Les services fonctionnent à peine, quand ils ne sont pas complètement interrompus. Au deuxième étage, la salle du conseil s'active à nouveau.

La séance interrompue à 10 h 05 doit reprendre bientôt.

New York, Rockefeller Plaza, entre 10 h 05 et 10 h 30

Patrick Muzzi n'en revient toujours pas aujourd'hui. Dans la cohue qui a suivi l'appel des autorités du Rockefeller Center à quitter les bureaux, plusieurs personnes sont descendues par les ascenseurs. Selon lui, il aurait été préférable de prendre les escaliers. Diane Wilhelmy note de son côté que l'usage des ascenseurs, dans les circonstances, n'était pas défendu. « Ce n'était pas un incendie. »

Pendant que les étages se vident, toutes les personnes présentes à la délégation se rassemblent dans le hall du 1, Rockefeller Plaza, avant de sortir par la porte nord, donnant sur la 49ᵉ Rue. Là, on tient une réunion sur le trottoir. « On s'est ramassé en bas avec Mᵐᵉ Wilhelmy et l'administrateur Christian Gilbert et on s'est dit : "On fait quoi ?" », évoque Jean Clavet.

Après une courte réflexion, il est rapidement convenu que l'appartement de fonction de la déléguée générale, situé dans les tours du Museum of Modern Art (MOMA), doit servir de centre de communications et de point de rencontre. « Nous avions là certains équipements qui étaient mieux que partout ailleurs, dont deux lignes téléphoniques, un ordinateur, un lien Internet », poursuit Clavet.

« Quelques mois plus tôt, nous avions évalué la pertinence de changer d'ordinateur, un appareil utile au chef cuisinier pour communiquer avec ses fournisseurs. Je me suis dit : "Pourquoi pas, si cela peut faire gagner de la productivité", se souvient Diane Wilhelmy. De plus, cela lui était utile, la fin de semaine venue, pour lire les nouvelles des médias québécois.

L'appartement compte aussi des appareils mains libres pour tenir des conférences téléphoniques. « Dieu merci ! Nous en avions deux. », relate l'ancienne déléguée générale.

L'appartement servira à accueillir les rescapés de Downtown qui pourraient se présenter au cours des prochaines heures. De plus, comme on s'apprêtait à accueillir le premier ministre et sa suite deux jours plus tard, les réfrigérateurs sont bien garnis. « Nous avions un bon inventaire de nourriture », ajoute Clavet. « Après les activités du 13, nous avions des réceptions, une à la délégation et une autre chez moi. Lorsqu'il y a réception à la délégation, la nourriture est préparée à l'appartement de fonction », fait remarquer Mme Wilhelmy.

Un groupe de responsables chargés des mesures à prendre vont donc là. Dans ce groupe, il y a Diane Wilhelmy, Michel Létourneau et deux autres employées, dont la tâche consistera dans les prochaines heures à tenir à jour la liste des Québécois que l'on sait être sains et saufs et de la communiquer par Internet au ministère des Relations internationales à Québec.

Comme tous les accès à Manhattan sont à ce moment-là fermés, au moins trois des six conseillers de la délégation générale possédant un appartement à Manhattan reçoivent instruction d'emmener des collègues chez eux et de les héberger temporairement.

L'autre enjeu, c'est le secours aux Québécois qui se trouvent dans Downtown. Clavet, Wilhelmy, Létourneau et tous les autres se disent que, d'instinct, ceux-ci remonteront vers le nord et se dirigeront vers la Délégation générale du Québec, un point d'ancrage facile à identifier.

Or, ils se heurteront à des portes closes, la délégation ayant été évacuée.

Que faire ?

Clavet propose de rester sur place et de les attendre. Mieux encore, avant de quitter les bureaux de la délégation, il a pris quelques feuilles de papier, du ruban et des stylos feutres. Sur les feuilles, il écrit un message invitant les Québécois à se rendre chez lui, chez Christian Gilbert, chez Patrick Muzzi ou chez Mme Wilhelmy, où on les y accueillera. Ces feuilles sont placardées à chacun des trois accès de l'édifice de la délégation.

« C'est son sens de l'organisation », indique Patrick Muzzi, une remarque qu'approuve Michel Létourneau. « Jean, c'est un militaire », dit-il au sens littéral du mot.

Clavet, donc, reste en maraude en bas du 1, Rockefeller Plaza, faisant la navette entre les trois portes de l'édifice donnant sur la 48ᵉ Rue au sud, la 49ᵉ Rue au nord et Rockefeller Plaza à l'ouest. Il attend. Il surveille les allées et venues des passants. Ses autres collègues, eux, ont maintenant quitté les lieux.

Battery Park, Manhattan, 10 h 15 – 10 h 28

Dans Battery Park, on tente tant bien que mal de se remettre des dernières minutes teintées d'horreur et d'épouvante.

À travers les conversations captées par leurs appareils radio, des pompiers apprennent que d'autres attaques ont été perpétrées sur le territoire américain. La rumeur se répand à travers la foule.

Inquiète, Martine Primeau se dit que d'autres symboles comme les tours du World Trade Center sont peut-être dans la mire des terroristes et seront frappés dans les prochaines minutes. De visu, elle essaie de les repérer dans le but de s'en éloigner. Mais, acculée à l'eau de la baie, elle ne peut pas aller bien loin.

À peu près au même moment, un chasseur F-15 américain traverse le ciel en trombe. Primeau a un moment de peur. « Je me suis dit : "Ça y est, c'est le gaz sarin. Ils vont nous saupoudrer de gaz sarin." »

Que faire ? Primeau est une bonne nageuse. Elle regarde la baie et se demande si elle ne devrait pas plonger, tenter de rejoindre la côte du New Jersey. Elle évalue le pour et le contre de cette idée, lorsqu'un bateau passe près de la rive ; une femme debout à bord crie quelque chose que Primeau n'arrive pas à comprendre. Le bateau repart au loin. Dans le parc arrivent des pompiers avec de petits masques blancs à se mettre sur le nez.

Au lieu de rassurer les gens, la distribution des masques crée un mouvement d'agitation. Tout le monde en veut un. Et vite ! À côté de Martine Primeau, un homme qu'elle croit être un touriste allemand et qui est beaucoup plus grand qu'elle gémit comme un bébé.

« Je suis asthmatique. Je ne m'en sortirai pas », pleurniche-t-il.

Primeau le prend dans ses bras pour le consoler.

« Tout va bien aller », lui dit-elle.

Soudain, un autre grondement déchire l'atmosphère. Elle lève les yeux. La tour nord du WTC est en train de s'écraser sur elle-même.

Chapitre 8

« Effrayant, Pierre ! » (10 h 28)

Sur les ondes de Radio-Canada, Pierre Craig et Normand Lester dissertent sur les auteurs possibles des attentats. « On sait qu'à l'époque d'Oklahoma City, on avait pensé d'abord au terrorisme arabe. Ça s'est révélé être un terrorisme intérieur américain [Timothy McVeigh], rappelle Lester. Dans le cas du World Trade Center, ce qui amène à, peut-être pour l'instant, privilégier la piste de l'intégrisme musulman et du terrorisme arabe est le fait que les organisations terroristes arabes avaient déjà attaqué le WTC. Et en plus de ça, en général, les organisations extrémistes américaines et les milices sont plutôt favorables au Pentagone et à l'armée. Il serait très surprenant qu'elles aient attaqué le Pentagone, qui est le symbole des Forces armées américaines. »

À ce moment-là, la voix de Lester est hors-champ. Sur l'écran, on voit des images de la tour sud retransmises par la station de télévision américaine WABC, le canal 7 à New York. Pierre Craig annonce qu'il s'apprête à interviewer par téléphone Marcel Belleau, un spécialiste en stratégie militaire rattaché à la chaire Raoul-Dandurand en études stratégiques et diploma-tiques de l'Université du Québec à Montréal, lorsque soudain la tour nord s'écroule à son tour.

Chauffés à bloc par la température ardente, les quatre coins de l'édifice perdent toute résistance. Ils cèdent sous la pression des étages supérieurs. L'effet domino est immédiat. Les étages tombent les uns sur les autres en une parfaite verticale.

« La deuxième tour s'effondre, lance Lester sur un ton à la fois surpris et incrédule.

— Et la deuxième tour du World Trade Center vient de s'effondrer », lance Craig.

Puis, un silence d'une ou deux secondes.

« Claude, est-ce que vous êtes là ? »

Au bout du fil, Claude Deschênes est ébranlé.

« C'est apocalyptique, Pierre. C'est horrible de voir ça tom-ber. C'est le pire spectacle que j'ai vu de ma vie. Les gens sont horrifiés… Les gens pleurent ! C'est à peine possible. On ne pouvait pas s'imaginer que des constructions semblables puis-sent s'effondrer comme des châteaux de cartes. »

En prononçant les mots « châteaux de cartes », la voix de Deschênes est brisée par l'émotion durant un court instant. Derrière lui, au travers des bruits de la rue, on entend les cris des gens. Des cris d'agonie, déchirants. Des cris de douleur. Des « NOOOOOOOOOO !!! » interminables. Deschênes reprend la parole.

« Dans le bas de la ville, ce doit être effrayant parce que c'est une structure immense, qui fait cent dix étages et qui s'écroule comme ça… C'est effrayant, effrayant, Pierre. »

Chapitre 9

Réfugiés sur une île meurtrie (10 h 28 – 12 h)

Jersey City (New Jersey)

« Keep walking ! Keep walking ! »

La file de secouristes et de bénévoles est interminable. Combien sont-ils ? Cent ? Deux cents, peut-être ? Avec chacun une bouteille d'eau et une serviette à la main.

« Keep walking ! Keep walking ! »

Martine Primeau a à peine le temps de s'étonner en débarquant du traversier. Les bénévoles et les policiers qui attendent les évacués de Battery Park ne leur donnent pas le temps de s'arrêter. D'autres embarcations bourrées de monde arrivent.

Depuis l'effondrement de la tour nord du WTC survenu quelques minutes plus tôt, ces traversiers, remorqueurs et autres bateaux de toutes sortes font la navette entre les rives du New Jersey, de Staten Island et de la pointe sud de Manhattan, faisant le plein de sinistrés avant de repartir d'où ils sont venus. Certains voguent vers Liberty State Park, d'autres vers la rive de Jersey City et d'autres encore vers Bayonne, un peu plus au nord. Là-bas, les responsables et les bénévoles de la Croix-Rouge américaine, de l'Armée du salut et des unités publiques de mesures d'urgence sont déjà à pied d'œuvre. Les hôpitaux se préparent à accueillir les blessés. Des victuailles, des couvertures, des médicaments sont rassemblés à la hâte.

Martine Primeau est l'une des premières personnes à se faire pousser dans un bateau. L'embarcation est encore à quai lorsqu'une jeune femme, assise près d'elle, se fait asperger par une vague. C'en est trop pour cette voisine inconnue, qui éclate en sanglots. Pour la consoler, un autre rescapé sort de sa poche un paquet de gomme à mâcher. Il ne lui en reste qu'un seul morceau qu'il partage en deux parts et donne aux deux femmes. Dans cette catastrophe, on se réconforte avec les moyens du bord.

En débarquant du traversier sur un quai de la rive de Jersey City, Primeau s'étonne de voir déjà tous ces bénévoles à l'œuvre. Il y a aussi un prêtre qui tend la main à tous ceux et toutes celles mettant pied à terre.

« *Keep walking! Keep walking!* »

Elle continue de marcher. Au bout de la file, des policiers guident les gens vers les trains de banlieue et les autobus. Mais elle, où va-t-elle aller? D'autres étrangers sont dans la même situation. Ils ne savent pas où se diriger ni où trouver refuge. Questionné, un policier pointe dans une direction.

« Marchez par là. Vous allez trouver un hôtel », leur dit-il.

Martine Primeau marche dans la direction désignée, mais elle ne voit pas ce qu'elle va faire à la porte d'un établissement hôtelier, sans argent ni papiers d'identité. « Je n'ai plus le cellulaire où j'ai tous mes numéros de téléphone. Je n'ai pas de passeport, ni d'argent. Comment je vais faire pour rejoindre ma *gang*? » se demande-t-elle.

De toute façon, elle aurait probablement eu toutes les difficultés du monde à se trouver une chambre. Dès qu'ils ont mis pied à terre au New Jersey, les réfugiés ont pris d'assaut les hôtels. En quelques heures, plusieurs établissements affichent complet. Pour accueillir tout le monde, des abris communautaires sont ouverts à plusieurs endroits.

Révisant mentalement ses connaissances en matière de mesures d'urgence et d'organisation des secours, Martine Primeau sait que des organismes comme la Croix-Rouge doivent être en train de dresser des listes des sinistrés. C'est son but : être inscrite sur une liste. C'est à cela qu'elle songe tout en poursuivant sa marche, lorsqu'une personne lui fait signe à l'entrée d'un complexe résidentiel.

New York, Downtown Manhattan, 10 h 30 – 11 h

Philippe Cannon et ses collègues se regroupent dans le parc Nelson-A.-Rockefeller, près du quai numéro 21. De là, tous repartent en marchant vers le nord, après avoir été témoins de l'écroulement du second immeuble. Direction : la Délégation générale du Québec.

Cannon réussit aussi à rejoindre sa mère au téléphone pour une seconde fois et peut lui dire que, de son côté, tout va bien. Non, il n'est pas mort ou enseveli sous des décombres.

Sur quelques bouts de papier, il a inscrit les noms des rescapés qui l'entourent ainsi que le nom et le numéro de téléphone d'une personne à contacter au Québec. Il dicte les données à sa mère afin que celle-ci puisse, à son tour, appeler les proches.

Plus au nord, rue West, à la hauteur de la rue Morton dans Greenwich Village, Roland Lajeunesse, Line Gros-Louis, Ana-Laura Baz et Clément Laberge assistent au second écroulement. Line Gros-Louis et Mme Baz prennent des photos. De cette distance, Roland Lajeunesse observe que l'effondrement produit un bruit de cristal, presque féerique. « Contrairement à l'autre bruit qui était très sourd, on aurait dit qu'on agitait un lustre en cristal, dit-il. Et il y avait les rayons du soleil qui frappaient dans les débris. Puis, le nuage de poussière s'est accumulé, accumulé, accumulé… »

Lajeunesse et son groupe arrêtent au dépanneur d'une station-service pour acheter une carte de New York, des bouteilles d'eau, des tablettes de chocolat.

Dans leur esprit, il faut quitter New York. Mais par où partir ? Et comment ? Dans ces minutes de folle angoisse, tout semble être devenu une cible potentielle de nouveaux attentats. Ils s'inquiètent à l'idée d'emprunter les ponts, les tunnels. Ils refusent même les verres d'eau que leur tendent des individus le long de la rue West, de crainte qu'elle ne soit empoisonnée. « Toute la situation était surréaliste pour nous, dit Ana-Laura Baz. On s'est dit que, s'il y a une guerre, il n'y a pas que les avions qui sont une menace ; l'eau peut en être une aussi. »

« En continuant à marcher vers le centre de Manhattan, nous avons vu qu'un bateau de croisière offrait d'embarquer les gens souhaitant traverser au New Jersey, se souvient le président de GID. On s'est dit que c'était une bonne chose de sortir de l'île. » Le navire en question fait partie de la flotte Spirit City Cruises offrant, en temps normal, des forfaits déjeuners ou dîners avec spectacle, tour de chant ou danse autour de l'île de Manhattan. Il est amarré au quai 61 *(Pier 61)*, au bout de la 22ᵉ Rue Ouest, dans Chelsea. Selon M. Lajeunesse, l'embarcation pouvait prendre de deux à trois cents personnes. « Ça s'est rempli, se souvient-il. Il y avait un employé qui nous comptait à l'entrée de la passerelle. On embarque donc sur le bateau, mais on n'était pas gros. Nous étions inconfortables dans cette "coquille" au milieu de l'Hudson. »

Mais, finalement, tout se passe sans problème. Arrivée de l'autre côté du fleuve, l'embarcation accoste à un quai du boulevard Harbour, à Weehawken (New Jersey). Le quai n'a pas le bon gabarit pour accueillir le bateau. Mais peu importe. Comme tous les autres passagers à bord et avec l'aide de deux secouristes, les quatre Québécois font un peu de gymnastique et se retrouvent de nouveau sur la terre ferme.

*   *   *

Pendant ce temps, un peu plus à l'est, Nadia Seraiocco et Rémy Charest fuient la zone sinistrée. Le trajet qu'ils empruntent les conduit sur une diagonale à travers Chinatown, Soho et Greenwich Village, vers le quartier d'East Village.

Vers 10 h 45, Seraiocco et Charest s'arrêtent quelques minutes au Telephone Bar and Grill, un bar d'East Village situé dans la 2ᵉ Avenue, près de la 9ᵉ Rue. Coincé entre un café Starbucks et un restaurant thaïlandais, le bar est facilement remarquable avec sa façade faite de trois cabines téléphoniques rouges à l'anglaise. Calquée sur ces trois cabines, la porte d'entrée, rouge écarlate, est sur la droite.

C'est de là, de la cabine du centre, que Seraiocco réussit à rejoindre ses parents à Québec. « Il a fallu que je passe par une téléphoniste et que je lui explique ma situation pour qu'elle appelle à la maison. Elle m'a d'abord dit qu'elle ne s'occupait que des urgences en raison de ce qui se passait. Lorsque je lui ai expliqué mon histoire, elle a conclu que c'était une urgence et a établi le contact pour moi », résume-t-elle.

Gander, hôtel de ville, midi (10 h 30 à New York)

À midi heure locale, les représentants de la ville de Gander reçoivent l'information qu'ils s'attendaient à recevoir. Les autorités aéroportuaires les avisent que de gros porteurs transatlantiques vont atterrir. En fait, dix-huit font déjà leur approche de la piste 22, la plus éloignée de la ville. Plusieurs autres sont attendus au cours des prochaines heures.

Des aéronefs des Forces armées canadiennes doivent aussi atterrir, prévient-on.

Situé dans la capitale St. John's, le centre des mesures d'urgence de la province, lui aussi entré en fonction au cours des dernières minutes, reçoit un premier rapport des autorités de Gander.

Déjà, un mot d'ordre circule : les passagers arrivant à l'aéroport ne devront pas descendre des avions jusqu'à nouvel ordre. Comme on ne sait pas si des terroristes sont à bord, l'identité de tous ces arrivants devra être passée au peigne fin.

Montréal, hôtel de ville, 10 h 35

Comme prévu, la séance du conseil municipal de Montréal ajournée à 10 h 05 reprend à 10 h 35. Mais ce n'est que pour être à nouveau reportée, compte tenu des circonstances.

Dès la reprise des travaux, les conseillers Pierre-Yves Melançon et Jean Fortier demandent leur suspension jusqu'à 13 h. Le président, Luc Larivée, donne son accord. Du coup, il annonce que les portes de l'hôtel de ville demeureront fermées et verrouillées jusqu'à 12 h 45 pour des raisons de sécurité. « Le personnel a été avisé », ajoute-t-il.

Marcel Sévigny, conseiller de Pointe-Saint-Charles, intervient pour exprimer son désaccord. « On a l'impression qu'il y a un complot international pour faire sauter tous les hôtels de ville et les édifices gouvernementaux. Ça m'apparaît être proche de la paranoïa organisée. » Ses propos font maugréer plusieurs conseillers dans l'assemblée. « Entre, Monsieur le président, fermer l'hôtel de ville pour des raisons de sécurité et ce qui s'est passé à New York, je pense qu'il y a un fossé quelque part qui, psychologiquement et symboliquement, m'apparaît être de la paranoïa. »

Le ton trahissant une légère impatience, Larivée lui répond : « Si vous êtes capable de me trouver un employé à l'hôtel de ville actuellement qui s'occupe d'autre chose que du drame, vous allez être bien chanceux. Là, il n'y a personne aux portes, personne ne s'occupe de rien. Les agents de sécurité sont plus proches des télévisions et je comprends ça. Pour nous, c'est une question de se protéger, pas contre les attaquants de New York mais par respect pour ce qui nous appartient. La séance est suspendue jusqu'à 13 h. »

Ottawa, Agence des douanes et du revenu

L'Agence des douanes et du revenu compte neuf directeurs régionaux affectés à la surveillance des douanes : un pour la région atlantique, un pour le Québec, un pour le nord de l'Ontario et la région d'Ottawa, quatre pour le sud ontarien, un pour les provinces des Prairies et un pour la Colombie-Britannique.

C'est avec ces directeurs régionaux que converse Denis Lefebvre, depuis l'édifice Connaught à Ottawa. Il leur demande d'accentuer sans perdre une minute la vigilance aux points de contrôle.

Mais, répliquent ses adjoints, qu'est-ce qu'on cherche au juste ? « On augmente la vigilance, mais pour quoi ? Pour qui ? Qu'est-ce qu'on cherche ? Peux-tu cibler le travail des douaniers ? » C'est le genre de questions que les directeurs régionaux posent à Denis Lefebvre qui, reconnaît-il, n'a pas réponse à tout.

« Tout ce que j'ai pu leur dire à ce moment-là est que les [complice des] auteurs de ces attentats allaient peut-être essayer de quitter les États-Unis et qu'il fallait alors arrêter essentiellement tous les voyageurs, regarder les choses de près, voir si quelque chose pouvait paraître anormal », dit Denis Lefebvre.

« Nous avons été rapidement en contact avec nos collègues américains. Nous avons établi nos processus d'urgence, indique de son côté Alain Jolicœur. Nous avons émis des lignes directrices pour nous tenir constamment au courant de ce qui se passait partout. Nous avions des conférences téléphoniques régulières avec nos gestionnaires sur le terrain. » Y a-t-il eu, à ce moment-là, une quelconque forme de profilage racial aux postes frontaliers ? « Non, pas du tout », répond Alain Jolicœur.

Une fois les directeurs régionaux informés, ceux-ci appellent les bureaux de district qui, à leur tour, passent un coup de fil à chacun des cent dix-neuf postes frontaliers terrestres du pays. « Vers 11 h, croit Denis Lefebvre, tout le monde était averti de la situation. »

Calgary / Ottawa

Lorsque le premier ministre Chrétien a dit à Stephen Kelly que le Canada ferait tout en son pouvoir pour aider les Américains, ce n'est pas tombé dans l'oreille d'un sourd.

Après avoir appris que son patron, l'ambassadeur Paul Cellucci, ne pourrait rentrer à Ottawa par la voie normale, Kelly rappelle au bureau du premier ministre pour solliciter son intervention. Il lui demande en fait si le gouvernement canadien serait en mesure de ramener de toute urgence Paul Cellucci dans la capitale fédérale. « M. Chrétien s'est organisé pour qu'un appareil Challenger des Forces armées nous transporte, Jan et moi, à Ottawa », ajoute l'ancien ambassadeur.

Parti de Winnipeg, l'avion arrivera dans l'après-midi à Calgary. Dans l'intervalle, Cellucci et sa femme n'ont d'autre choix que de retourner à la résidence du consul général, Roy Chavera, dans Mount Royal, un quartier résidentiel cossu au sud-ouest du centre-ville. « De là, poursuit-il, nous sommes restés en contact avec l'ambassade toute la journée. Nous avions tout un travail à faire avec ces avions détournés et nos concitoyens à bord. C'est assez remarquable que tout le monde ait eu une place où dormir, quelque chose à manger et une ligne téléphonique pour appeler ses proches. »

Pour ce retour impromptu de l'aéroport, la sécurité se resserre autour de Cellucci et de sa femme. Répondant aux ordres du quartier général, les policiers de la GRC ajoutent des ressources pour voir à leur protection. Dans le centre-ville de Calgary, la trentaine d'employés du consulat américain, situé au 10e étage de l'édifice Rocky Mountain Plaza, sont renvoyés à la maison. Le bureau ferme ses portes. Dans le hall de l'édifice, des messages rédigés à la hâte signalent sa fermeture temporaire.

Dans le quartier Mount Royal, on élargit également la surveillance autour de la résidence du consul général américain. Joe Paraskevas, un journaliste du quotidien *The Calgary Herald* à l'époque (directeur des communications du Forum des politiques publiques au moment de l'entrevue), en sait quelque chose. Dépêché à la résidence du consul par son journal, il est accueilli par des policiers pointant leur pistolet en sa direction.

« Les mains en l'air », lui disent-ils.

Quelques minutes auparavant, le journaliste avait demandé son chemin à une résidante méfiante, d'autant plus que sa voiture n'est pas immatriculée en Alberta, mais en Ontario. « Sachant qu'un homme avec une barbe de quatre jours demandant la route de la résidence du consul une heure à peine après l'effondrement des tours pouvait paraître suspect, je lui ai donné ma dernière carte professionnelle », écrit Paraskevas dans l'article racontant son aventure.

La dame lui montre le chemin mais appelle la police dès qu'il est hors de vue. À la pointe du pistolet, ses mains en l'air tenant un crayon et un carnet de notes, le gars est fouillé et interrogé durant quelques minutes avant que la situation ne se clarifie. « Grâce à mon passeport et à une vaine recherche pour trouver une arme, tout le monde a pu respirer de soulagement », ajoute-t-il.

S'il est le premier journaliste à arriver, il ne sera pas le seul. Avant longtemps, d'autres médias se pointent à proximité de la résidence du consul et amorcent un siège dans l'espoir que l'ambassadeur Cellucci vienne leur faire une déclaration.

Québec, bureau des ministres fédéraux

Dans onze grandes villes canadiennes, dont Montréal et Québec, on trouve un bureau des ministres fédéraux, local destiné, comme son nom l'indique, à l'usage des ministres du gouvernement fédéral qui sont de passage pour des conférences de presse ou d'autres activités publiques.

Avant ou après leurs obligations, ils y vont, le cas échéant, pour tenir de courtes rencontres, faire un peu de travail ou donner des coups de fil par des lignes sécurisées.

Dans la région de Québec, le bureau des ministres fédéraux est situé au troisième étage de l'édifice situé au 1040, rue Belvédère à Sillery. C'est là où Martin Cauchon et sa suite se précipitent après avoir été informés des attaques terroristes. « Une fois arrivé à la conférence de presse de l'INO, on m'a annoncé les événements qu'on connaît », dit l'ancien ministre libéral.

Le personnel de l'hôtel a eu le temps de dénicher un appareil de télévision et de l'installer dans une salle afin que M. Cauchon et son personnel puissent suivre ce qui se passe.

« J'ai regardé les événements rapidement et j'ai dit à mon équipe : "Pas question qu'on fasse l'annonce dans ces circonstances." » Les membres du cabinet et le ministre reprennent la route. Direction : le bureau des ministres fédéraux. Arrivé sur place, Martin Cauchon entre en communication avec Denis Lefebvre, directeur du Service des douanes de son ministère. Ce dernier lui résume les actions qu'il a entreprises.

Durant leur conversation téléphonique, Cauchon et Lefebvre ont deux grandes préoccupations. D'abord, la sécurité des personnes. « Ce que l'on doit faire pour protéger les Canadiens est la toute première question », assure Lefebvre.

Mais la seconde est un véritable casse-tête : comment faire pour maintenir les frontières ouvertes ? « La sécurité nationale est primordiale, mais la sécurité économique est aussi extrêmement importante, enchaîne M. Lefebvre. Le mouvement des biens et des personnes à la frontière avec les États-Unis est crucial pour nos activités économiques », dit Lefebvre.

Et comment ! Chaque jour, entre le Canada et les États-Unis circulent un flot de marchandises évaluées entre un et deux milliards de dollars. De part et d'autre de la frontière, tout le monde semble s'entendre sur ce beau principe. N'empêche, au moindre doute, les douaniers sont avisés de pousser leur investigation. Ça passe, mais beaucoup plus lentement. Du côté américain, c'est encore pire. Les files d'attente s'allongent.

New York, dans l'appartement de Patrick Muzzi

« Diane m'a dit : "Tu t'occupes de ces gens-là et tu les amènes chez toi" », se souvient Patrick Muzzi.

Ces gens-là, ce sont quelques membres de l'organisation Québec New York 2001 qui travaillaient à la Délégation générale du Québec au moment des événements. Quittant ses collègues à l'extérieur de Rockefeller Center, Muzzi emmène donc le petit groupe à son appartement de Midtown, situé au 350, 50e Rue Ouest, à l'intersection de la 9e Avenue. Les autres personnes présentes à la délégation sont séparées en quelques groupes et reçoivent l'ordre formel de ne pas se disperser.

« Il fallait rester proche, que personne ne se sauve ou ne panique, se souvient Diane Wilhelmy. Rapidement, j'ai dit : "On ne peut pas aller dans plusieurs appartements. Le lieu de travail va être dans ma résidence et les chefs d'équipe s'en viennent avec moi." On avait discuté quelques minutes auparavant, avec mes principaux adjoints demeurant pas trop loin de Rockefeller Center, qu'il y aurait trois autres appartements. Je disais aux gens : "Vous suivez." C'était vraiment martial. Tel groupe, vous partez avec untel. J'ai le numéro de téléphone cellulaire, etc., etc. […] Vous ne pouvez pas sortir de ces appartements-là. Vous devez rester là le temps de retrouver tout notre monde. La dernière chose au monde qui doit nous arriver, c'est de perdre l'un d'entre vous. »

Entre Rockefeller Center et l'appartement de Muzzi, il faut une quinzaine de minutes à pied. Dans les rues, des milliers de personnes marchent, complètement sonnées.

Christian Gilbert fait la même chose. Il réunit autour de lui quelques employés de la délégation et tout le monde se met en route pour son appartement de la 57ᵉ Rue dans East Side. En chemin, le groupe rencontre quelques autres Québécois qui devaient se rendre travailler au WFC et qui ont rebroussé chemin. Ces derniers se greffent au petit contingent. Gilbert guide ses invités jusque chez lui, leur ouvre la porte et, le temps de les installer confortablement et de désigner un responsable avec qui il communiquera le reste de la journée, il quitte les lieux et retourne à l'appartement de Diane Wilhelmy.

Après leur courte marche, Muzzi et ses collègues ne sont pas au bout de leur surprise. L'appartement du conseiller se trouve au 34ᵉ étage de son édifice. De là, une terrasse donne directement sur Downtown. Lorsqu'ils y arrivent, c'est le choc : la tour nord du WTC, celle qui était encore debout lorsqu'ils ont évacué la délégation, est disparue, volatilisée elle aussi. « On ne le savait pas, dit Muzzi. Lorsque nous sommes arrivés en haut, ça a été un choc de voir que maintenant les deux tours avaient disparu. Tout ce que nous voyions, c'était la colonne de fumée. Il n'y avait plus de tours. »

Tout le monde est secoué. Malgré tout, deux personnes du groupe ressortent pour faire des courses et achètent à boire et à manger, dans l'attente que d'autres personnes viennent les rejoindre.

De temps à autre, le téléphone sonne. Une fois, c'est le père de Nataly Rae. Un peu plus tard, c'est une ancienne secrétaire de Muzzi qui, il ne sait par quel miracle dans cet embouteillage de communications téléphoniques, réussit à le rejoindre depuis la Floride. « Les gens voulaient des nouvelles. »

Muzzi essaie aussi de communiquer le plus régulièrement possible avec l'appartement de Diane Wilhelmy et vice versa. « Les nouvelles entraient au compte-gouttes », se rappelle-t-il.

Lui est encore inquiet. Sa conjointe n'a toujours pas donné de ses nouvelles.

St. John's (Terre-Neuve)

Chaque jour de la semaine, le journal *The Telegram* envoie par Internet un bulletin de nouvelles du jour à quelque trois mille quatre cents Terre-Neuviens d'origine qui se trouvent ailleurs dans le monde. La lettre-courriel du 11 septembre 2001 est déjà envoyée aux abonnés lorsque la rédaction prend connaissance des attaques.

Affectateur aux nouvelles générales, Russell Wangersky est mis au courant par une personne dont il emploie les services pour écouter les balayeurs d'ondes (scanners). Lorsque Wangersky se rend dans la section des sports pour allumer le téléviseur, d'autres journalistes y forment déjà un attroupement.

« Nous avons tout de suite publié une deuxième version de notre bulletin du jour, dans laquelle nous demandions aux lecteurs de nous dire s'ils avaient des parents, des amis à New York que nous pourrions contacter », raconte Wangersky. Quelques journalistes ayant des connaissances à New York tentent de les joindre par téléphone.

« Nous avons commencé à entendre parler de la fermeture de l'espace aérien, poursuit M. Wangersky. À un moment donné, je suis sorti avec d'autres journalistes pour prendre l'air dehors. Le ciel était clair, bleu, ensoleillé. Nous apercevions la traînée laissée par les avions. Certains faisaient des cercles dans le ciel, dans l'attente d'atterrir à Gander ou à St. John's. »

De retour à l'intérieur, Russell Wangersky mobilise trois journalistes et un photographe du *Telegram* et leur donne instruction de foncer sans délai vers l'aéroport.

New York, entre Soho et Greenwich Village

Hormis un nuage de poussière, il n'y a plus rien à voir dans le ciel de Downtown Manhattan. Et on ne peut y aller non plus, les rues étant partout barrées par des périmètres de sécurité où policiers et soldats montent la garde.

Claude Deschênes et André Grégoire font alors comme les dizaines de milliers d'autres New-Yorkais coincés dans cet enfer. Ils prennent leurs affaires et commencent à s'éloigner. Leur but : se rendre jusqu'aux studios de Radio-Canada situés à l'angle de la 44ᵉ Rue et de la 3ᵉ Avenue, quelques kilomètres plus au nord.

Après ce qu'ils viennent de vivre depuis quatre-vingt-dix minutes, les deux hommes sont assez abattus, un peu hagards. Autour d'eux, des gens pleurent encore. D'autres s'étreignent. Dans ces colonnes de gens fuyant la zone saccagée, il n'y a ni cri, ni hystérie. Sauf les pleurs et les murmures, c'est le silence… « On aurait dit des colonnes de réfugiés, se rappelle Deschênes. Tu as l'impression d'avoir vu cela en Yougoslavie. »

En chemin, Grégoire capte d'autres images. Deschênes boucle quelques entrevues supplémentaires. Il travaille avec retenue, préférant tendre le micro à des individus qui n'ont pas l'air d'être trop amochés. Il croise aussi des personnes dont les vêtements enduits de poussière trahissent leur présence près des tours, mais il éprouve une certaine pudeur à les approcher pour leur demander leurs commentaires.

Avec le recul, il remet en question sa réaction. « Il me semble que je ne suis pas allé assez au-devant, dit-il aujourd'hui. Je me rappelle deux filles qui sont passées devant nous, couvertes de poussière. On aurait dit des anges sortis de nulle part. Je les ai laissées passer. Elles avaient l'air comme dans leur monde… J'aurais dû aller les voir. »

Par contre, à la hauteur de l'Université de New York, près

de Washington Square dans Greenwich Village, Deschênes et Grégoire croisent un jeune homme qui, à travers le brouhaha, s'improvise donneur de caresses. Portant une chemise à motifs et des bermudas, le jeune homme, arborant une barbe de deux jours et des cheveux roux, est juché sur un seau renversé et tient un bout de carton sur lequel est écrit *Free Hugs* (câlins gratuits).

Et ça marche ! Plusieurs personnes passent près du donneur de caresses et se jettent spontanément dans ses bras pour lui faire l'accolade avant de poursuivre leur chemin.

« Il donnait des câlins à tout le monde qui en voulait. C'était touchant, ça n'avait pas de bon sens », se souvient Deschênes.

Cette fois, le journaliste s'approche, pose sa question, tend le microphone : « Présentement, on a besoin de câlins. J'essaie juste de faire oublier aux gens ce qui se passe », lance l'individu.

Ces images ont été diffusées plusieurs fois au cours de la journée par la société d'État. Après réflexion, Deschênes se dit qu'il aurait voulu lui aussi serrer le bonhomme dans ses bras, mais il s'est retenu, encore une fois, par pudeur.

Gander, Centre de contrôle régional de NAV Canada

Bien qu'on s'y occupe du trafic aérien 24 heures sur 24, tous les jours de l'année, la grande salle des opérations du Centre de contrôle régional de NAV Canada à Gander ne compte aucune fenêtre. Au contraire, la lumière est tamisée, presque glauque, dans cette grande pièce où des opérateurs, le corps penché au-dessus de consoles, parlent d'une voix feutrée dans le casque-microphone que chacun a sur la tête.

Normale, cette absence de fenêtre. Comme les six autres centres régionaux canadiens, celui de Gander s'occupe des vols situés à bonne distance des aéroports et au-dessus d'une certaine altitude. Les opérateurs dans les tours de contrôle dirigent quant à eux les décollages et les approches finales.

Lorsque Chris Mouland arrive au travail, Harold O'Reilly, son homologue, responsable des opérations durant les premières heures de la journée, lui fait un résumé rapide des événements. Bien sûr, la situation est délicate. Par contre, les appareils se trouvant encore au-dessus de l'océan Atlantique jouissent d'un espace réservé beaucoup plus large pour manœuvrer.

« La distance standard entre les avions au-dessus de l'océan est de soixante milles marins, contrairement à cinq milles marins au-dessus du territoire canadien », précise Mouland.

La raison est simple : il n'y a pas de stations radars sur l'eau et on allonge les distances pour éviter les accidents. La distance verticale entre les différentes routes que peuvent emprunter les aéronefs est quant à elle d'environ six cents mètres. Les règles de travail sont strictes et un pilote ne les respectant pas s'expose à de sévères amendes et réprimandes.

« Une des premières choses que mon homologue et moi avons faites fut de rassembler les superviseurs des contrôleurs aériens et de les instruire de la situation, témoigne M. Mouland. Puis nous avons élaboré un plan d'action. Comme les avions devaient respecter la distance des soixante milles marins, cela nous a donné plus de temps pour nous organiser. »

Alors que le centre est plongé dans un tumultueux branle-bas, d'autres employés, qui sont en congé cette journée-là mais qui suivent les événements à la télévision, en concluent que leurs collègues vivront une journée sans pareille. Sans qu'on les appelle, ils rappliquent au centre les uns après les autres. « Ils ont bien sûr compris qu'un événement pareil allait nous rendre très occupés dans un délai très court », ajoute Chris Mouland.

À l'heure qu'il est (entre 10 h 30 et midi à New York ; entre midi et 13 h 30 à Gander), les autorités du centre de contrôle du trafic océanique de Prestwick ont été avisées des décisions canadiennes et américaines. Les contrôleurs du centre écossais ont passé le message aux pilotes des gros porteurs ayant reçu l'ordre de retourner à leur point d'origine. Dans un ballet qu'on a peine à imaginer, des dizaines d'aéronefs virent de bord, décrivant une large courbe à cent quatre-vingts degrés à onze, douze ou treize mille mètres au-dessus de l'océan, et retournent vers l'Europe.

Des quelque deux cents autres appareils trop avancés dans leur trajet vers l'Amérique pour faire demi-tour, plusieurs font déjà leur approche des aéroports de l'Atlantique où ils ont reçu instruction d'atterrir. Quelques autres sont déjà au sol. À Halifax, par exemple, le vol 767 de la United Airlines est le premier à atterrir à 11 h 35 (10 h 35 à New York).

Gander / Ottawa / Cornwall

Si la tâche est lourde à Gander, elle l'est aussi dans les six autres centres régionaux de NAV Canada.

À 10 h 43, un avis aux aviateurs (NOTAM, dans le jargon aérien) est envoyé aux pilotes pour leur signifier l'interdiction de décollage décrétée plus tôt par le ministre Collenette.

« En raison des circonstances exceptionnelles et par mesure de sécurité, tous les services de départ offerts par les aérodromes desservis par NAV Canada sont interrompus surle-champ. En raison de la fermeture des aéroports et de l'espace aérien aux États-Unis, tous les vols nationaux seront redirigés vers le Canada », affirme le document diffusé à ce moment-là.

Au siège social de NAV Canada à Ottawa, trois cellules de crise sont maintenant activées ou prêtes à l'être dans les salles de réunion du 12ᵉ étage. Dans une pièce, Andy Vasarins orchestre le travail de la cellule de crise stratégique. Dans une autre, on termine l'installation de l'équipement qui servira à la cellule tactique de Kathy Fox et de son équipe. Pour l'instant, ceux-ci demeurent à Cornwall avec ses subordonnés, mais il est déjà prévu de les dépêcher à Ottawa plus tard dans la journée. Enfin, dans une pièce avoisinant les deux autres, quelques représentants de la Défense nationale établissent un centre de liaison.

En raison de l'usage partagé qu'ils font du ciel canadien en temps normal, des représentants des Forces aériennes du Canada travaillent en permanence au siège social de NAV Canada. Ce jour-là, ils vont s'installer temporairement au 12ᵉ étage. De cette façon, tout le monde peut communiquer uniquement en passant d'une pièce à l'autre.

Montréal, vers 11 h

Pendant le reste de la matinée, le maire Bourque est à son bureau avec ses plus proches conseillers. Autour de lui, il y a le président du comité exécutif, Jean Fortier, son attachée de presse, Madeleine Champagne, et quelques autres. D'autres collaborateurs, tel Claude Hill, adjoint de Fortier, vont et viennent.

Ce groupe restreint s'attelle à définir la position de l'administration municipale envers la crise américaine, dont Montréal ressent des contrecoups indirects : les questions de sécurité, l'inquiétude manifeste à l'intérieur des édifices, la réaction du public.

Vers 10 h 45, une alerte à la bombe force l'évacuation du 500, Sherbrooke Ouest, édifice de vingt-trois étages où travaillent quelque deux mille personnes dont cinq à six cents au siège social de Loto-Québec. « L'appel d'alerte à la bombe avait été logé chez un autre locataire, raconte Jean-Pierre

Roy, directeur des communications. Nous avions évacué l'édifice au complet. »

Après deux heures de fouille, les secouristes concluent à un canular. Les gens sont invités à rentrer au travail en début d'après-midi, se souvient Roy. Mais plus tard, vers 15 h, les employés de Loto-Québec recevront leur congé pour le reste de la journée.

À l'hôtel de ville, le maire, comme on l'a vu plus tôt, a téléphoné aux cabinets de Jean Chrétien, de Bernard Landry et de Serge Ménard ainsi qu'aux directeurs de services. « On m'a aussi conseillé de téléphoner au maire Giuliani, mais j'ai décliné. Je me suis dit que je n'allais pas le déranger à ce moment-là. »

Durant la journée, son entourage loge un appel au cabinet de Giuliani à New York, afin d'offrir la collaboration de Montréal dans l'éventualité où la métropole américaine requerrait de l'aide, sous quelque forme que ce soit.

Deux ou trois jours plus tard, la Ville de Montréal recevra un retour d'appel de remerciements, se souvient Madeleine Champagne.

Pendant ce temps, dans les bureaux de la Communauté urbaine de Montréal, au 14e étage des Cours Mont-Royal, angle Metcalfe et de Maisonneuve, le Service de police de la CUM, sous la direction de Michel Sarrasin, reçoit officiellement le mandat de gérer la crise. « Nous sommes convenus que nous faisions face à un dossier de nature terroriste et que la police gérait la situation », dit Jean-Bernard Guindon, coordonnateur de la sécurité civile à la CUM.

À 12 h 46, la CUM publie un court communiqué en ce sens. La missive de deux paragraphes se lit comme suit :

En relation avec les événements de nature présumément terroriste survenus aux États-Unis, la présidente de la Communauté urbaine de Montréal informe la population que le Centre de sécurité civile de la CUM a été immédiatement mis en situation de veille et en soutien aux opérations appropriées du SPCUM, maître d'œuvre sur l'île de Montréal en de pareils cas, en conséquence de la nature présumément criminelle des événements.

Toute information de nature technique sur l'évolution de la situation proviendra donc du SPCUM, ce qui concerne le territoire de la CUM, ou des autres instances autorisées, notamment le ministère de la Sécurité publique du Québec, responsable ultime en ces matières.

New York, hôtel Élysée

Après bien des essais ratés, les six membres de la délégation du Nouveau-Brunswick menée par Bernard Lord réussissent à rejoindre leur famille respective, que ce soit directement ou par le biais du bureau du premier ministre à Fredericton. « Avec mon téléphone cellulaire, j'essayais de joindre directement mon épouse, Diane, se rappelle le premier ministre. À l'époque, elle ne travaillait pas et avait entendu parler de ce qui se passait à la radio. Elle se souvenait que je devais avoir des rencontres près du WTC, mais elle ne savait pas quel jour cela devait se passer. »

Finalement, le bureau du premier ministre la rejoint et l'informe que la délégation est en sécurité, à l'hôtel, bien au nord de ce qui allait bientôt devenir Ground Zero.

Lord, Bob Scott et les autres membres de la délégation sont aussi inondés d'appels provenant de proches inquiets de leur sort et de médias de la province. En allant récupérer son téléphone cellulaire dans sa chambre d'hôtel, Bob Scott en a une bonne idée : une vingtaine de messages l'attendent dans sa boîte vocale !

Pendant plus d'une heure, les six membres de la délégation restent collés devant le grand téléviseur de la salle de conférence où ils sont réunis depuis tôt le matin.

Après l'effondrement de la seconde tour, tous en arrivent à une même conclusion : ils ne sont pas sortis de New York ! Comme des millions d'autres personnes, ils sont soudainement naufragés sur une île où ils sont prisonniers jusqu'à avis contraire. « On se demandait s'il y aurait d'autres attentats, si par exemple des terroristes essaieraient d'attaquer l'Empire State Building, dit le premier ministre Lord. Je ne me suis jamais senti menacé. Ma seule crainte en fait était de savoir combien de temps nous pourrions demeurer pris où nous étions. »

« Nous avons calmement commencé à faire des plans, ajoute Bob Scott. Nous nous sommes demandé si les autorités n'allaient pas complètement fermer la ville, les magasins, les banques, etc. » Devant ces interrogations, les membres du groupe se disent qu'il vaut mieux faire des réserves. Les six Néo-Brunswickois traversent donc la rue pour s'approvisionner en nourriture dans un de ces dépanneurs new-yorkais où l'on trouve un bar à salades et à mets chauds.

Ils achètent de l'eau, du jus, des fruits, des croustilles, des boissons gazeuses. Ils vont porter leurs provisions à l'hôtel, les entassent dans les frigos des chambres ou dans une baignoire avec de la glace, avant de repartir pour l'établissement bancaire le plus proche.

« Nous sommes allés retirer de l'argent au cas où l'on décréterait la fermeture des banques et qu'il y ait une ruée vers les guichets », se rappelle Bob Scott.

Ministère des Relations internationales, Québec

« Nous étions inquiets à mort. »

Après avoir quitté l'Assemblée nationale, Louise Beaudoin retourne en coup de vent à son bureau, au 4e et dernier étage de l'édifice du ministère des Relations internationales. Elle fait à pied le trajet de quelques minutes.

À son arrivée, tout son personnel est affairé à mettre sur pied un centre de crise ou à tenter de rejoindre des membres de la délégation ou du Bureau des saisons du Québec à New York. Plusieurs, toujours sous le choc, sont agglutinés devant les téléviseurs.

L'avant-midi est consacré à organiser les secours, l'identification et le rapatriement des rescapés québécois. La sous-ministre, Martine Tremblay, mène les opérations. Il y a un seul mot d'ordre : s'assurer que les Québécois sont sains et saufs et les rapatrier en lieu sûr. Deux priorités sont rapidement dégagées : établir la communication avec New York et ordonner à toutes les personnes rejointes de se rendre aux bureaux de la Délégation générale du Québec. Malgré les perturbations de cette journée, tout le monde a au moins la même idée : converger vers la délégation.

Il n'y a pas que le personnel du ministère qui est inquiet du sort des Québécois prisonniers à New York. Les familles aussi ! Dès les premières minutes de la crise et durant des heures, les téléphones sonnent sans arrêt dans les bureaux du ministère. Où sont les organisateurs de Québec New York 2001 ? Où se trouvent les techniciens embauchés pour l'événement ? Les autres employés ? Les sous-traitants ? Les stagiaires ? Où se trouvent les conjoints, les conjointes des membres du personnel partis travailler pour quelques semaines au pied des tours ? Où sont tous les jeunes partis depuis le 1er août sur la caravane fluviale descendant l'Hudson ? Et où se trouve-t-elle, justement, cette caravane ?

Des questions pour lesquelles le personnel du ministère n'a, dans un premier temps, aucune espèce de réponse. Parce que rien n'a été planifié pour suivre leur parcours de jour en jour. « Les quelques dizaines de personnes de la caravane fluviale s'en allaient tranquillement vers New York. Le problème, c'est qu'on ne les suivait pas à la trace, reconnaît Martine Tremblay. J'ai demandé que l'on fasse le compte du nombre de personnes qui dépendaient de nous, soit dans Québec New York 2001, soit dans la délégation. »

Devant le flot d'appels croissant, le ministère établit une ligne téléphonique spéciale (le 1-800-363-1363). « Les gens qui appelaient au ministère étaient redirigés vers ce numéro, dit Martine Tremblay. On prenait tous les noms [fournis par les parents des personnes censées être à New York] et on essayait de les retrouver. Ça a pris un certain temps avant que l'on puisse donner des réponses à tout le monde. »

Un centre de crise est établi dans la grande salle de conférence du 4e étage, près du bureau de la ministre. Le personnel de Mme Beaudoin, celui de la sous-ministre et quelques hauts fonctionnaires du ministère sont conscrits pour l'opération. Martine Tremblay établit un lien avec le bureau du conseil exécutif que dirige Jean St-Gelais.

Quant à Louise Beaudoin, elle passe une bonne partie de son temps au téléphone, tout en gardant un œil sur la télévision.

Québec, consulat général des États-Unis

Pour Susan Keogh-Fisher, la décision de ne pas fermer le consulat américain est sans contredit la bonne. Plusieurs citoyens américains, encore nombreux à visiter Québec en cette fin d'été, viennent frapper à la porte pour demander services et conseils.

Pour le moment, Mme Keogh prend toutes ses décisions sans filet. Car, à ce moment-là, il n'y a pas moyen d'obtenir des instructions du Département d'État à Washington. Les bureaux ont été fermés et évacués à la suite des attentats.

Uniquement au Centre des congrès de Québec, près d'un millier d'Américains sont réunis pour le congrès annuel de l'Automatic Meter Reading Association (AMRA), un regroupement d'entreprises spécialisées dans la collecte de données de consommation à distance grâce à la téléphonie, aux fréquences radio et à d'autres technologies de communication de pointe.

Tenu dans la Vieille Capitale pour la première fois, le congrès avait lieu du 6 au 12 septembre. Dans les couloirs, le matin du 11 septembre, la rumeur des attentats s'est amplifiée au fur et à mesure que le temps passait. Au point où les dirigeants du centre ont senti le besoin de réagir. « Une de nos forces est la qualité du service personnalisé, dit le président et directeur général du centre, Claude Pinault. Chacun de nos clients est jumelé à un coordonnateur délégué avec qui il fait affaire du début à la fin. Or, le coordonnateur de ce groupe s'est bien rendu compte que l'événement allait lui échapper, raconte-t-il. Les délégués étaient très inquiets. On posait des questions. On se promenait partout dans le centre des congrès. »

Pour faire taire les rumeurs et permettre aux gens réunis de se faire une idée plus juste de ce qui se passe, le coordonnateur rencontre alors les dirigeants de l'AMRA et leur propose de brancher sur CNN les grands écrans utilisés par les conférenciers, ce qui est accepté. Bientôt, dans le centre, tous les écrans, petits et grands, transmettent la même chose. « L'idée derrière ça était de s'assurer que l'information soit accessible à tout le monde, ajoute

Pinault. Cela a mis un terme aux rumeurs, aux inquiétudes, à l'ignorance. Ça n'a pas rassuré personne quant à la gravité des événements, mais au moins les gens étaient informés. »

Autant il y avait une incertitude liée au fait de ne pas savoir, autant la diffusion des premières images dans le centre se traduit par une montée d'émotion chez les congressistes. Conscientes de ce qui se passe, les autorités du centre des congrès communiquent avec le CLSC Haute-Ville pour demander conseil. « On nous a rapidement délégué quatre psychologues pour offrir un soutien », enchaîne Claude Pinault.

Une fois le premier choc passé, les dirigeants du congrès se consultent et décident de poursuivre les activités. « Il n'a pas été facile de poursuivre, raconte le président de l'AMRA de l'époque, Ron Chebra, dans un communiqué faisant un retour sur l'événement. En faisant une rétrospective, il appert que nous avons pris la bonne décision. »

Plus loin dans le même document, la directrice de l'événement, Joyce Paschall, mentionne que la décision a été prise après consultation auprès de spécialistes de crise. « On nous a dit que la poursuite des activités était la meilleure chose que l'AMRA pouvait faire pour aider à maintenir un sens de l'ordre et donner un but aux participants », indique-t-elle.

* * *

Il n'y a pas que des touristes qui se présentent devant le consulat de la terrasse Dufferin. Entre 10 h 30 et 11 h, des auto-patrouilles de la police municipale de Québec se garent à proximité des accès de l'édifice. « Sans que nous ayons eu à le demander, ils sont venus et ont offert leur assistance pour fermer la route devant le consulat », se souvient Mme Keogh-Fisher.

Peu de temps après, c'est un agent de la GRC qui vient sonner à la porte. La diplomate raconte la suite. « Il m'a dit : "Madame la consule générale, je vais être ici avec vous." J'ai donné mon accord, sans savoir combien de temps cela allait durer. Je pensais que ce serait pour quelques jours, mais finalement j'ai été accompagnée jusqu'en avril 2003 ! »

Le fils cadet de la consule, qui avait douze ans à l'époque, sera lui aussi accompagné d'un garde du corps durant six mois.

Alors que la sécurité se resserre autour du consulat, un employé sort et va décrocher la bannière étoilée suspendue sur un des côtés du bâtiment. Il la roule entre ses mains et retourne à l'intérieur.

Il est alors 10 h 55, note un média de la capitale. Mais, contrairement à ce qu'on a pu penser (et écrire) alors, ce ne sont pas les attentats mais le vent qui a suscité ce geste.

« Nos gardiens de sécurité avaient instruction de rentrer les drapeaux lorsqu'il ventait fort et c'est ce qui s'est produit, raconte l'ancienne consule. Je me rappelle qu'il y avait beaucoup de vent ce jour-là, lorsque je suis sortie dehors pour donner des entrevues aux journalistes. Un autre de nos drapeaux, en face du consulat, est resté sur son mât. Nous l'avons mis en berne. »

Entre la visite d'Américains désemparés, de policiers et de journalistes, Susan Keogh-Fisher reçoit aussi des appels de sympathie. Le premier lui vient de Jacques Audibert, consul général de la France. « Il m'a dit : "Nous sommes là pour vous" », se rappelle-t-elle avec émotion. De cet appel est née et demeurée une amitié entre les deux diplomates.

Après Audibert, le maire de Québec, Jean-Paul L'Allier et le premier ministre, Bernard Landry, lui téléphonent pour exprimer condoléances et soutien. Dehors, à la porte de l'édifice, une personne vient déposer un bouquet de fleurs, le premier d'une longue série de gerbes et de présents envoyés spontanément au consulat.

Québec, *bunker* du premier ministre

Ce que l'on appelle depuis toujours « le *bunker* » est officiellement l'édifice J de la colline parlementaire. Énorme bloc de béton à rayures verticales lui donnant l'allure d'un radiateur, d'aucuns le trouvent d'une laideur repoussante. Inauguré par Robert Bourassa en 1972, il fut de tout temps utilisé pour abriter les bureaux du premier ministre et du conseil exécutif. S'y trouve aussi annexée la salle du conseil des ministres. Ronde, sans fenêtre et à plafond bas, beaucoup la surnomment la « soucoupe volante ».

Au moment des attentats du 11 septembre 2001, le gouvernement Landry est engagé dans un projet de réfection des édifices de la colline, au terme duquel ses bureaux et ceux du conseil exécutif ont été déménagés dans l'édifice Honoré-Mercier. Mais, ce jour-là, c'est dans le *bunker* que se trouve le pivot de la coordination de la réponse du Québec aux attaques terroristes et à leurs possibles conséquences sur les activités dans la province. En d'autres mots, la cellule de crise du conseil exécutif est le comité parapluie sous lequel s'activent les autres cellules de crise des différents ministères et auquel celles-ci se rapportent.

D'heure en heure depuis l'appel du premier ministre, le secrétaire général du gouvernement, Jean St-Gelais, enchaîne les conférences téléphoniques de la cellule de crise. S'y retrouvent les représentants de tous les ministères ou organismes névralgiques du gouvernement. Ensemble, ils développent un plan à trois volets :

— revoir les mesures de sécurité et assurer le bien-être de tous, notamment les Québécois à New York ;
— évaluer l'incidence sur l'économie et réagir en conséquence ;

— s'assurer que les attaques n'entraîneront pas de contre-coups négatifs pour les communautés culturelles.

Dans les premières heures, la priorité est accordée à toutes les questions de sécurité, dont tous les aspects sont passés en revue. Les deux autres volets du plan gouvernemental s'étaleront sur plusieurs jours.

Au fil de ses interventions, Jean St-Gelais établit des contacts avec plusieurs personnes : Martine Tremblay, au ministère des Relations internationales, Diane Wilhelmy, à la Délégation générale du Québec à New York, et les deux policiers de la Sûreté du Québec qui avaient été dépêchés en éclaireurs en vue du voyage de Bernard Landry. « Je leur ai expliqué ce que nous avions à faire, se rappelle Martine Tremblay. Ils [le conseil exécutif] ne connaissaient pas les détails de notre opération [Québec New York 2001]. Ils savaient que le premier ministre partait le 13, mais, pour le reste, c'était notre responsabilité. »

De toute façon, la cellule de crise du conseil exécutif a d'autres chats à fouetter. Elle se met en mode d'intervention dans l'éventualité où seraient envoyées des demandes d'assistance pour l'accueil d'avions détournés ou de passagers à héberger. Car, à ce moment-là, on ne sait pas encore combien d'avions détournés les aéroports québécois pourront accueillir.

Ensuite, on s'intéresse à la sécurité des lieux stratégiques de la province : les installations d'Hydro-Québec, les usines de traitement de l'eau, etc.

Au sein de l'équipe de St-Gelais, on est convaincu que le Québec n'est pas une cible. Mais on dresse quand même une liste des endroits stratégiques et on évalue leur vulnérabilité. Cette liste est ensuite transmise à Ottawa.

Enfin, on se met en disponibilité. Les responsables québécois communiquent avec leurs homologues à Ottawa et aux

États-Unis pour offrir leur aide. « Nous, le message qu'on lançait à tout le monde, c'est : "On est disponible" », se souvient St-Gelais.

New York, 1, Rockefeller Plaza, entre 11 h et midi

« Lorsque Jean nous a vus, il nous a serrés dans ses bras comme si nous étions ses propres enfants. Il n'avait pas de nouvelles de nous. Il était convaincu que nous étions morts. »

Il est environ 11 h 15, peut-être 11 h 30, lorsque les deux agents de la SQ, René Lafrenière, Daniel Brouillette et la responsable du protocole, Denise Marcotte, arrivent à la hauteur du 1, Rockefeller Plaza, l'immeuble de la Délégation générale du Québec. Comme tous les Québécois égarés dans l'évacuation en catastrophe de Downtown, le trio a eu le réflexe de se diriger vers ce point d'ancrage. En maraude au pied de l'édifice, comme prévu plus tôt, Jean Clavet est là, impatient de retrouver des rescapés.

Pour Lafrenière et ses collègues, cette marche, amorcée quelques minutes après les deux attaques initiales, a eu des allures d'odyssée, tant ils ont été témoins du pire comme du meilleur. Voir des gens se jeter de désespoir dans le vide est épouvantable, se rappelle l'agent de la SQ. Mais croiser au sol d'autres personnes accablées de douleur et de doute parce qu'elles ont des proches dans les immeubles ravagés l'est pratiquement tout autant.

À l'autre bout du spectre, il y a cette entraide, ces gestes de réconfort spontanés qui apportent un peu de baume. « Dans notre marche, nous avons croisé des gens offrant de l'eau. Ce n'étaient plus des vendeurs d'eau mais des donneurs d'eau et aussi de glace, se rappelle René Lafrenière. Les gens se consolaient entre eux. C'était impressionnant. »

Et, quelque part entre la douleur et la solidarité, trônent l'incertitude et l'inconnu. Ce qui se passe au juste, Lafrenière ne le sait pas. Dans la foule, les rumeurs courent. Dans le ciel, un avion de chasse passe en trombe. Les communications sont déficientes. C'est à peine si Daniel Brouillette a pu, dans un instant de chance, communiquer avec sa conjointe pour lui dire qu'il était en vie et lui demander de joindre les proches de ses deux compagnons d'infortune. « Une des pires choses, c'était l'inconnu, dit René Lafrenière. On ne savait pas vraiment ce qui se passait. En marchant, nous avons vu des voitures-taxis stationnées le long de la rue West, les quatre portières ouvertes, la radio à fond et des gens attroupés qui écoutaient. Il y avait toutes sortes de rumeurs comme quoi le pays était en guerre, que la Maison-Blanche était frappée, le Pentagone, etc. »

Entre les deux effondrements, Lafrenière aperçoit également des véhicules d'urgence non seulement se diriger vers Ground Zero mais aussi en revenir ; ces derniers étaient passablement amochés par l'impact des débris.

Une fois arrivé à Rockefeller Center et après les effusions des retrouvailles, Jean Clavet invite Lafrenière, Brouillette et Marcotte à faire un saut dans les bureaux de la délégation afin de donner des coups de fil au Québec.

*   *   *

Après leur pause, Nadia Seraiocco et Rémy Charest repartent vers la Délégation générale du Québec. Tout au long de leur marche, ils croisent des gens en pleurs, d'autres en pleine panique, d'autres encore complètement abasourdis.

Ce n'est qu'en toute fin d'avant-midi ou au début de l'après-midi qu'ils atteignent Rockefeller Plaza, où Clavet les attend. En dépit de l'ordre d'évacuation de l'immeuble qui est en vigueur depuis 10 h, Clavet les fait monter à leur tour dans les bureaux de la délégation afin qu'ils logent quelques appels au Québec, notamment au ministère des Relations internationales, où on est plus qu'heureux de leur parler. Leurs noms s'ajoutent à une liste qui — enfin ! — s'allonge au fur et à mesure que passent les heures.

Un peu plus tard, c'est au tour du groupe de Philippe Cannon d'arriver en vue du 1, Rockefeller Plaza. Le scénario se répète une fois de plus.

Sur la côte du New Jersey, en fin d'avant-midi

La première chose que Roland Lajeunesse et les trois autres membres de son groupe font en mettant le pied sur la côte de Weehawken (New Jersey) est de se précipiter vers un guichet automatique pour retirer le montant maximal d'argent liquide. « Comme ça, si le système informatique "plante", au moins cet argent nous aidera à acheter un passage vers le Québec », se dit-il.

Les quatre Québécois s'arrêtent dans un hôtel Sheraton pour s'informer de l'endroit le plus près où on peut louer une voiture. Les employés de l'hôtel les dirigent vers un centre Hertz situé à quelques coins de rue plus loin, rue Willow.

« Nous étions dans les premiers et nous nous sommes mis en ligne, se rappelle Roland Lajeunesse. La dame au comptoir n'avait pas de voitures disponibles, mais elle a ajouté qu'il pourrait bientôt y avoir des retours. Plus le temps passait et plus la ligne s'allongeait. Ça commençait à jouer du coude. La dame a dit qu'elle servirait les clients par ordre d'arrivée. Et là, ça se disputait davantage sur qui était arrivé en premier. »

Allons ailleurs, se disent les Québécois, qui ne veulent pas se retrouver dans une bousculade. Sur le comptoir du centre de location, il y a une tablette de feuilles détachables montrant une carte de la région où sont situés les autres centres Hertz. Ils en prennent une au passage et sortent.

En marchant dans les rues, ils demandent au hasard à des gens s'ils veulent bien les emmener à un centre de location de voitures. Ils essuient refus après refus. Ils rencontrent un policier qui ne fait rien pour les encourager. « Il nous dit qu'il n'y a plus de trains, d'autobus ni d'autres moyens de transport. Que tout est arrêté et que les frontières sont fermées, raconte Lajeunesse. Nous nous sommes mutuellement souhaité bonne chance et nous avons continué. »

À cette époque, Ana-Laura Baz est enceinte (huit semaines) de son troisième enfant ; les deux autres enfants du couple sont restés chez leur grand-mère maternelle à Québec. Après toutes ces péripéties et les longues heures de marche, elle a faim et doit manger.

« Sur le coup, je n'étais pas inquiète pour ma grossesse, dit Mme Baz. Quand il a fallu fuir, on a juste le temps de penser à ne pas tomber par terre. Après, en revenant, je l'ai été. » Mais tout s'est finalement bien passé.

Cela dit, le groupe s'arrête dans un dépanneur pour acheter des victuailles. Puis il reprend sa quête dans le but de trouver un moyen de se rendre jusqu'à un centre de location de voitures qui soit éloigné de la côte. Mais encore une fois leurs recherches font chou blanc.

« Nous étions au point de nous dire que s'il y avait une voiture abandonnée avec les clés à l'intérieur, on la prendrait et on s'arrangerait pour la remettre en bon ordre, avec les clés, au propriétaire en temps voulu », ajoute Roland Lajeunesse.

Ils n'auront pas à aller jusque-là ! Car peu de temps après, le quatuor de Québécois finit par rencontrer un jeune couple du

New Jersey qui accepte de les emmener. « Nous les avons convaincus en faisant un peu pitié sur le fait que j'étais enceinte, dit Mme Baz. On a fait un peu de romantisme en disant : "Il faut la sortir d'ici." »

Le jeune couple d'Américains roule dans une Subaru de modèle familial ; un chien de type labrador est assis sur la banquette arrière. Trois des quatre Québécois se tassent sur le siège du centre, un dernier s'assoit avec le toutou. Avec son téléphone cellulaire, le chauffeur de la voiture rejoint la société Hertz pour connaître l'endroit le plus près où une voiture serait disponible. On lui répond qu'il en reste à Paramus, ville située au nord-ouest de Weehawken.

La ville est repérée sur la carte de papier qu'a apportée Lajeunesse. À son avis, il faudra mettre de vingt à trente minutes pour s'y rendre en voiture. Ce dernier donne son numéro de carte de crédit à la téléphoniste du centre de location pour assurer sa réservation.

« Surtout, ne la louez pas à personne d'autre, ajoute-t-il. Nous arrivons très bientôt. »

Bureau de Tourisme Montréal

Dans les bureaux de Tourisme Montréal, les événements de la matinée sont accueillis avec consternation et une forte dose d'inquiétude, puisque l'organisme est partie prenante aux activités de Québec New York 2001.

L'esprit chamboulé, les employés reprennent toutefois le collier. Car l'onde de choc créée par les attaques a atteint presque instantanément l'industrie touristique. Dans les grands hôtels de la métropole, les téléphones se mettent à sonner. Et pas pour les bonnes raisons ! Les annulations des réservations pour les prochains jours et les prochaines semaines s'additionnent. « Dans les deux heures suivant les attaques, nous recevons les premières annulations. La plupart des communications se font directement avec les hôtels, mais, pour certains types de groupes, c'est Tourisme Montréal qui est le coordonnateur », explique Pierre Bellerose, vice-président aux communications.

À très court terme, on sait qu'il n'y aura pas de répercussions. La raison en est simple : les touristes ne peuvent pas partir. Ils prolongent donc leur séjour de quelques jours. Et la possibilité de voir plusieurs avions chargés de centaines de passagers atterrir à Montréal ou Mirabel est encore dans l'air. Il faut donc penser à les héberger. On comptabilise le nombre des chambres disponibles.

D'ailleurs, Tourisme Montréal a déjà reçu un appel des responsables de la Sécurité civile, qui s'enquièrent des places disponibles. « Ils ont appelé l'Association des grands hôtels de Montréal et sont vite tombés sur nous. Nous avions la capacité de rejoindre tous nos membres assez rapidement et savions qui fait quoi dans la hiérarchie », ajoute Pierre Bellerose.

Non, à très court terme, les répercussions des attentats sur le taux d'occupation des chambres sera nul. Mais, à plus long terme, le casse-tête qui se dessine n'a rien de réjouissant.

Québec, bureau des ministres fédéraux

Jean Chrétien n'était pas homme à mettre son nez dans les dossiers de ses ministres. Lorsqu'il nommait quelqu'un à une fonction, c'est parce qu'il croyait que ce dernier serait en mesure de faire le travail. Évidemment, les responsabilités et l'imputabilité venaient de pair. Mais le ministre désigné avait le champ libre dans le cadre de ses responsabilités.

C'est ainsi que le ministre Martin Cauchon percevait son patron. Rarement, très rarement, ce dernier l'appelait lui-même afin de savoir où en était tel ou tel dossier.

Mais, ce matin-là, c'est le bureau du premier ministre qui le rejoint. Au bout de quelques secondes, les deux hommes sont en communication. « Étant responsable des douanes, j'étais une des personnes à qui M. Chrétien voulait parler, se remémore Cauchon. Il voulait savoir ce qui se passait, si les douanes étaient opérationnelles pour ce genre de circonstances, si on mettait les choses en place. M'étant au préalable entretenu avec Denis Lefebvre, je lui ai fait un premier rapport de ce qui était ma perception de la situation. »

Les deux hommes continuent à se parler durant quelques minutes avant de mettre fin à la conversation. Martin Cauchon fait encore quelques appels avant de quitter le bureau.

Puis, peu après, il saute dans une voiture et rentre à Ottawa.

Winnipeg / Gander

À 11 h 30, les Forces armées canadiennes décrètent l'imposition d'un plan de contrôle d'urgence de la circulation aérienne aux fins de la sécurité nationale (le terme exact est *Emergency Security Control of Air Traffic* ou ESCAT) de niveau 2.

Cette mesure, normalement utilisée en temps de guerre, octroie aux militaires le contrôle de l'espace aérien. Concrètement, cette décision interdit le décollage de tout aéronef, à l'exception de certains appareils désignés, sous réserve d'un plan de vol aux instruments approuvé ou d'un plan de vol à vue autorisé par la Défense nationale.

La mesure n'empêche pas les contrôleurs aériens de NAV Canada de poursuivre leur travail. Au contraire ! Ils sont débordés de boulot avec tous ces aéronefs à faire atterrir. À mesure que les minutes passent, il y en a de moins en moins dans le ciel. Sur les écrans radars des centres de contrôle, les boîtes lumineuses indiquant chacun des vols s'éteignent les unes après les autres.

À 13 heures (11 h 30 à New York), les responsables de l'aéroport de Gander avisent les autorités municipales que treize aéronefs détournés ont déjà atterri sur la piste 04-22 ; de vingt-cinq à vingt-sept autres sont attendus dans les prochaines heures. Durant la même période, d'autres avions ont atterri ou sont en route pour les aérodromes de Goose Bay, de St. John's, d'Halifax, de Stephenville, de Moncton, etc.

Comme beaucoup de très gros appareils sont attendus à ces aéroports, où le nombre d'atterrissages quotidiens n'atteint pas normalement une telle fréquence, on s'inquiète de l'impact sur les pistes. Les avions jugés trop lourds reçoivent donc instruction de larguer du carburant au-dessus de l'océan.

Plusieurs pilotes, sans doute familiarisés avec les installations de Gander, demandent d'y atterrir, indique Chris Mouland. Les contrôleurs font ce qu'ils peuvent pour répondre aux requêtes, mais, lorsque la décision finale est prise, il n'y a pas matière à discussion.

Tout le monde est averti : le ciel est maintenant rempli des chasseurs armés des forces aériennes américaines et canadiennes et tout appareil ne suivant pas les instructions reçues sera pris en chasse. Dans la très grande majorité des cas, les pilotes obéissent sans discussion. « Ils recevaient autant d'informations de chez nous que de leur compagnie aérienne. Ils ont été très professionnels », indique Chris Mouland.

On l'a dit précédemment, la distance maintenue entre les aéronefs au large des côtes est à l'avantage des contrôleurs. Mais le temps aussi ! À Terre-Neuve et dans le reste des Maritimes, le ciel est tout aussi bleu et exempt de nuages qu'il l'est au-dessus de New York, de Montréal, de Washington et du reste de la côte est. De plus, les vents sont faibles.

Une fois entrés en territoire canadien, d'autres appareils se dirigent vers le centre du pays, à Mirabel, à Dorval, à Toronto, à Winnipeg. Le trafic du Pacifique s'arrête quant à lui dans les aéroports de l'ouest du pays, celui de Vancouver étant le plus achalandé avec trente-quatre avions transportant quelque huit mille cinq cents passagers. Là comme ailleurs, les employés des divers ministères du gouvernement s'attellent à la longue identification des arrivants alors qu'en deuxième ligne toute une équipe de bénévoles se met à pied d'œuvre pour accueillir, loger et nourrir ces réfugiés impromptus.

À Gander, les avions atterrissent à un rythme si inusité que plusieurs habitants de la ville sautent dans leur voiture et tentent de s'approcher le plus possible des pistes pour prendre des photos et en parler entre eux.

Ce soir, il va y avoir beaucoup de monde en ville !

Toronto, aéroport Pearson

Quelques minutes après 11 h 30, un représentant de l'aéroport international Pearson de Toronto donne un point de presse diffusé en direct sur les ondes de Radio-Canada.

L'homme explique que l'aéroport pourrait recevoir un certain nombre de vols internationaux détournés vers le Canada et que les autorités aéroportuaires se préparent en conséquence. Par exemple, on libère de l'espace sur le tarmac, on tente de faire de la place pour l'arrivée des autocars destinés au transport de ces nouveaux arrivants. « Les opérations normales sont interrompues. On invite les gens à ne pas se rendre à l'aéroport », explique le porte-parole.

Un journaliste lui demande des détails sur les mesures prises depuis le matin pour resserrer la sécurité. « Je ne peux pas vous parler des questions de sécurité, répond-il. Pour cela, il vous faut parler à Transports Canada. »

Et il donne, en direct, un numéro de téléphone de Transports Canada à Ottawa.

Oups ! C'est celui que doivent composer les exploitants aériens pour en savoir davantage sur les mesures de sécurité. Il donne accès à diverses lignes téléphoniques du centre des mesures d'urgence du ministère.

« Nous avons eu des appels venant de partout dans le monde, raconte Peter Coyles, selon qui la conférence de presse a aussi été diffusée en direct sur CNN. Tout le monde voulait savoir si sa grand-maman ou sa tante se trouvait à bord de tel ou tel vol. »

Au plus fort de la crise, le CITC a reçu jusqu'à cinq mille appels par jour, dont plusieurs venaient de parents inquiets ou de journalistes qui essayaient de se renseigner sur les nouvelles normes en matière de sécurité. « Ces appels entraient à un tel rythme que les employés ne savaient où donner de la tête. Chacun semblait avoir un téléphone collé à l'oreille[1] ».

Dans le lot, les employés du CITC ont reçu leur part d'appels étranges. Comme ceux d'une vingtaine de propriétaires de chiens, furieux de ne pouvoir envoyer par avion leur chien à une exposition canine à London (Ontario). Une dame a aussi téléphoné pour suggérer de faire dorénavant embarquer les passagers nus dans les avions, afin de s'assurer qu'ils ne cachent pas une arme.

---

1. *Quatre jours en septembre,* page 25.

New York, 1, Rockefeller Plaza

Si Jean Clavet a, au moins deux fois, réussi à faire monter des rescapés québécois de Downtown jusque dans les bureaux de la Délégation générale du Québec, et ce en dépit de l'ordre d'évacuation, c'est parce qu'il a profité de l'inattention du gardien de sécurité.

C'est ce qui s'est passé peu après l'arrivée de Philippe Cannon et de son groupe. Demandant aux sinistrés de les attendre à la porte du 1, Rockefeller Plaza, Cannon, Clavet et une autre personne montent au 26e étage afin d'effectuer quelques coups de téléphone. Avec les heures qui passent, les communications téléphoniques s'améliorent.

Les vêtements encore couverts de la poussière des restes du WTC, Cannon appelle au bureau de Québec New York 2001 dans la Vieille Capitale, où, après des heures d'angoisse pour les employés restés là-bas, on est plus qu'heureux d'entendre sa voix. Cannon demande à un de ses employés d'essayer de lui dénicher un autobus le plus vite possible. Dans son esprit, pas de doute, il faut rapatrier du monde.

Dans un autre bureau, une de ses adjointes communique avec le cabinet d'avocats Fasken Martineau DuMoulin de Montréal. Comme Québec New York 2001 devait se dérouler sur plusieurs semaines, les dizaines de Québécois embauchés avaient besoin d'un permis de travail. La firme, retenue pour la préparation de ces permis temporaires, a en sa possession les photocopies des documents nécessaires à leur confection. Dont les photocopies de passeports !

Pour tous ceux qui, au cours des prochaines heures, s'affaireront à organiser le retour au Québec, c'est une bénédiction ! Car, tout de suite après les attaques, la police a érigé un vaste périmètre de sécurité, fermant d'est en ouest, à partir de la 14e Rue, tout le sud de l'île. Plusieurs participants de Québec New York 2001 avaient laissé leurs documents dans leur appartement, où ils ne pourraient retourner avant des jours, voire des semaines ! Dans les circonstances, les photocopies devenaient fort précieuses pour traverser la frontière !

Mais le séjour de Cannon et de ses collègues dans les bureaux de la délégation est de courte durée. « Nous ne sommes pas restés là dix minutes », croit-il. Les personnes encore dans le bureau de la Délégation sont fermement invitées, par un des gardiens en patrouille, à redescendre.

René Lafrenière se souvient quant à lui d'être descendu au rez-de-chaussée, en quête de quelque chose à manger. « J'ai croisé un policier de New York qui m'a dit que nous ne pouvions pas rester dans les bureaux, que Rockefeller Center était une cible des terroristes, dit-il. J'avais remarqué aussi qu'il n'y avait pas grand-monde lorsque nous sommes montés, raconte-t-il avec un brin d'humour. Je suis retourné à la délégation pour dire aux gens que nous devions partir. Nous avons fait quelques appels. Dans mon cas, j'ai joint mon patron, Denis Rivest, et mon frère Robert, inspecteur-chef du SPP et patron de Rivest, pour leur expliquer la situation. Ensuite, nous sommes tous partis. »

Une fois de retour à l'extérieur, tous les Québécois se répartissent vers les appartements devenus refuges qui avaient été ainsi désignés au préalable. Certains s'en vont chez Diane Wilhelmy, d'autres chez Jean Clavet, où les attend la femme de ce dernier, Luce. Lafrenière et ses deux collègues se dirigent chez Clavet, où ils iront passer les prochaines heures, pour se remettre de leurs émotions, manger une bouchée et suivre les événements à la télévision.

À 11 h 45, le ministre David Collenette et ses adjoints arrivent à leurs bureaux de la Place de ville. À cette heure, on l'a vu, le ministre a déjà pris plusieurs décisions cruciales. D'autres suivront au cours de la journée.

Si Collenette et ses adjoints ont beaucoup parlé au cours de la première partie du trajet, le silence s'installe davantage à mesure qu'ils approchent de la capitale. Et pour cause ! « Quand nous sommes arrivés à Casselman, à environ trente minutes à l'est d'Ottawa, les piles de nos téléphones cellulaires étaient presque mortes, se souvient Louis Ranger. C'était peut-être une bonne chose. Cela a permis au ministre de réfléchir à la situation. Au moment où nous arrivions à Ottawa, il savait ce qu'il avait à faire, et moi aussi. »

Le bureau de Collenette se trouve au 29e et dernier étage de l'édifice C de la Place de ville. Il fait le coin nord-est, donnant sur la colline parlementaire. Il est séparé du bureau de la sous-ministre en titre, Margaret Bloodworth, situé au coin nord-ouest, par les pièces de quelques adjoints et des cuisines. Dès son arrivée, le ministre se fait résumer la situation par Mme Bloodworth. Il prend aussi le temps de visionner à quelques reprises ce qu'il n'a pas encore vu : les images des attaques et de l'effondrement des deux tours. Durant un court instant, il constate avec frayeur à quel point son édifice pourrait être une cible de choix pour un avion détourné.

Bloodworth l'emmène visiter le centre d'intervention de Transports Canada où une foule de personnes s'activent. « Toute la réalité, la réelle dimension de ce qui se passait m'a heurté lorsque je suis descendu au centre », se rappelle-t-il. Là, des écrans reproduisent tout le trafic aérien dans le monde. Des opérateurs rediffusent à son intention les enregistrements de la matinée dans l'espace aérien nord-américain, où les milliers d'icones lumineux représentant chacun un avion s'éteignent les uns après les autres, au fur et à mesure que ces avions atterrissent.

« Dans le centre, les gens étaient calmes, mais devant ce drame en développement et les énormes enjeux résultant d'avoir à faire atterrir deux cent vingt-neuf avions, on pouvait sentir l'émotion, le stress des personnes présentes », ajoute en entrevue l'ancien ministre. Car à midi, on n'a pas encore fait atterrir tous les aéronefs.

Comme dans plusieurs autres centres de mesures d'urgence, le personnel présent est composé d'employés de Transports Canada et d'autres organismes fédéraux servant d'agents de liaison. Des représentants de l'ambassade américaine sont aussi invités à titre d'observateurs. « Nous avons travaillé si étroitement avec la FAA que nous fonctionnions alors pratiquement comme une seule organisation, sans que l'un des organismes ne soit subordonné à l'autre », estime l'ancien ministre.

Pourquoi inviter des représentants de l'ambassade américaine ? « Le gouvernement américain est complexe. Nous voulions avoir une ligne directe avec Washington, la Maison-Blanche, le Congrès, etc. », répond-il.

De mémoire, il croit que la requête est venue de l'ambassade et a été traitée par le Bureau du Conseil privé ou le ministère des Affaires étrangères.

« C'est la bonne façon d'agir… », affirme l'ancien ministre.

Jersey City (New Jersey)

Une bonne fée.

À travers le brouillard cauchemardesque qu'elle traverse

depuis des heures, Martine Primeau trouve enfin un peu de réconfort et de calme.

La personne qui lui a fait signe quelques minutes plus tôt, à l'entrée d'une tour résidentielle, lui demande si elle cherche un abri. Primeau opine. La dame la fait entrer dans la cour et lui indique la porte d'un gymnase un peu plus loin, où une autre personne accueille des gens. À leur regard et à leurs vêtements couverts de poussière, la Québécoise comprend tout de suite que tous sont des rescapés de Downtown.

Primeau s'approche. On prend en note son nom et le numéro de téléphone de son conjoint. « C'est la gérante de l'immeuble, une femme originaire de la Nouvelle-Écosse, qui avait mis sur pied cet abri », raconte Primeau.

Situé en bordure de l'Hudson, l'immeuble où elle se retrouve donne directement sur la pointe sud de Manhattan. Cette femme qui accueille les rescapés et dont le nom s'est complètement effacé de la mémoire de Martine Primeau a, comme tout le monde, été le témoin impuissant du désastre. Mise au courant de l'évacuation vers Jersey City, qu'elle avait anticipée, elle s'est empressée de transformer le gymnase de l'immeuble en centre d'hébergement temporaire.

« Dans le gymnase, elle avait disposé toutes les chaises longues de la piscine. Elle avait fait acheter de la nourriture, des couvertures, des oreillers... Tout était organisé », raconte Primeau. Les rescapés arrivent un à un ou par petits groupes, masse hétéroclite de survivants dont plusieurs sont en piteux état.

Secouée, Martine Primeau sent le besoin d'agir, de bouger, de secouer le stress des dernières heures en faisant quelque chose. Elle passe en revue ses connaissances en mesures d'urgence et demande à ses hôtes s'ils ont songé à faire tel ou tel geste.

Oui, on a pensé visiblement à tout. « J'avais besoin de me

sentir utile, dit la Montréalaise rescapée. Lorsque j'ai constaté que ces gens-là maîtrisaient la situation, j'ai lâché prise. »

Primeau va s'étendre sur une chaise longue. Complètement épuisée, elle s'endort.

Chapitre 10

Un avion suspect (12 h – 15 h)

Montréal, hôtel de ville, 12 h 30

« Je demande à la population de rester calme, de prier, de méditer et de réfléchir sur pareilles circonstances qui ne sont jamais arrivées dans nos vies auparavant. Je crois qu'il faut nous montrer solidaires et faire en sorte de passer à travers cette épreuve qui nous affecte tous. »

Il est 12 h 30. Le maire de Montréal, Pierre Bourque, fait une déclaration aux médias.

Après avoir passé une bonne partie de l'avant-midi dans son bureau, entouré de ses proches collaborateurs, Bourque s'adresse sans délai à la population de Montréal, comme le lui a suggéré son entourage. Son but : rassurer les gens. Faire en sorte que les lieux publics ne deviennent pas la proie d'une soudaine panique. Dire à qui veut l'entendre que leur maire est présent, en communication avec les autorités tant fédérales que provinciales, et qu'il a pris, pour le territoire de la ville, les mesures qui s'imposent.

« Un maire, c'est comme un père, dit-il. La présence du maire est essentielle dans une ville, comme un père de famille. Ça représente une stabilité, une sécurité, un leadership. Je devais faire ça et je l'ai fait tout de suite. Je suis un homme qui réagit spontanément. »

Bourque ne l'évoque pas de vive voix, mais sa réflexion nous ramène à l'épisode du 14 juillet 1987 lorsque des pluies diluviennes tombent sur Montréal, causant d'importants dégâts. Le maire, Jean Doré, alors à l'extérieur de la ville, ne rentre pas d'urgence, décision qui sera fortement contestée par les citoyens et qui le hantera tout au long de ses deux mandats à l'hôtel de ville.

Bourque — et ses collaborateurs l'ont tous fait remarquer — croit être le premier politicien au pays à s'être ainsi adressé à ses concitoyens.

Afin de faire passer le message selon lequel le maire maîtrise pleinement la situation, ses stratèges convoquent les médias dans son bureau. Le maire les y accueille et fait son allocution assis, derrière son bureau. La façon de faire est totalement planifiée.

« Nous avons décidé d'agir de la façon la plus humaine, dans son bureau, ce qu'on ne faisait jamais », raconte Madeleine Champagne, son attachée de presse à l'époque. D'ordinaire, les rencontres entre le maire et les journalistes étaient tenues dans le hall de l'hôtel de ville ou dans des pièces voisines de la salle du conseil municipal. « Là, nous voulions montrer l'idée que nous étions en contrôle, en charge », ajoute Mme Champagne.

La mesure est si incongrue, ajoute l'ancienne attachée de presse, que la conférence de presse commence en retard, le temps que les techniciens de la télévision trouvent les moyens de faire passer assez de câbles pour se rendre jusqu'au bureau du maire.

En fait, chaque fois que les camions de diffusion vont à l'hôtel de ville, il faut installer des câbles, nuance Philippe Schnobb, journaliste de Radio-Canada. Le fait que le bureau du maire Bourque était au deuxième étage a peut-être rendu la tâche un peu plus compliquée », ajoute-t-il.

Au-delà des ennuis techniques, l'instant reste particulier. « De tenir une conférence de presse dans le bureau du maire était très inusité, dit le journaliste qui, à l'époque, couvrait les activités municipales. Comme on était en campagne électorale, je me souviens de m'être posé la question à savoir s'il y avait un calcul électoral là-dedans. »

Schnobb est néanmoins touché par l'état d'esprit de Bourque : « Le maire avait l'air très atterré, très perturbé par ce qui se passait. Et je pense que c'était sincère. Il y avait quelque chose d'important, de tendu, dans son discours. Il y avait une certaine émotion dans sa voix. »

Sur la côte du New Jersey, en début d'après-midi

Martine Primeau n'a pas dormi longtemps. Lorsqu'elle se réveille, plusieurs personnes vont et viennent dans le hall et le gymnase de l'édifice de Jersey City où elle a trouvé refuge. Autour d'elle circule une rumeur selon laquelle des bénévoles de la Croix-Rouge vont passer et prendre en charge tous les évacués.

La rumeur est solide. Dans les premières minutes suivant les attaques, la côte du New Jersey faisant face à Manhattan, de l'autre côté du fleuve Hudson, s'est mise en ébullition. Devinant que des centaines de personnes pourraient être évacuées chez eux, les services d'urgence et de secours du petit État se sont préparés. À Bayonne, à Jersey City, à Hudson, à Hoboken, à Weehawken et dans d'autres villes faisant face à Manhattan, des secouristes se ruent sur la rive en vue de l'arrivée des évacués. Des abris temporaires sont aménagés dans des écoles, des églises, des bases militaires. À Staten Island, un des cinq arrondissements de la ville de New York, on se prépare aussi à recueillir des rescapés.

Dans l'après-midi, à Bayonne, où plus de cinq cents personnes sont évacuées, le maire, Joseph V. Doria, des membres du conseil municipal et les directeurs de plusieurs services font le tour des abris pour offrir soutien et réconfort aux gens, raconte le quotidien *The Jersey Journal*.

Pendant ce temps, dans l'immeuble où Martine Primeau a trouvé refuge, la plupart des réfugiés, les vêtements encore enduits de poussière, sont regroupés devant le téléviseur, suivant ce qui se passe de l'autre côté de l'Hudson. D'autres vont faire un tour dehors. Il y a un va-et-vient de nervosité. Les heures passent.

La gérante de l'édifice, qui a pris en notes les coordonnées de chacun à son arrivée, les envoie par courriel à une amie en Virginie. Cette dernière communique avec les conjoints ou les proches de chacun des rescapés pour les rassurer. C'est ainsi que vers 15 h, Jean-Claude Dufresne, le conjoint de Martine Primeau, reçoit enfin des nouvelles d'elle. S'il ne lui parle pas à ce moment-là, il sait au moins qu'elle est en vie et en sécurité.

Une bonne fée que cette gérante…

Anchorage (Alaska), 9 h 24 (13 h 24, heure de New York)

Depuis plus d'une vingtaine de minutes, les opérateurs du centre de contrôle aérien d'Anchorage (Alaska) tentent de savoir si le vol 85 de Korean Air Lines est, oui ou non, aux mains de pirates de l'air.

Deux heures plus tôt, une entreprise du Maryland, ARINC, travaillant à l'envoi et à la réception de messages en mode texte pour plusieurs compagnies aériennes, a intercepté les lettres « HJK » dans un échange entre la cabine de cet aéronef et le centre de contrôle de la compagnie aérienne, à Séoul, en Corée du Sud.

Or, « HJK » est le diminutif du terme anglais *hijacked*, signifiant un détournement d'avion. Au moment de l'interception du message, l'appareil, un Boeing 747 ayant deux cent quinze personnes à son bord et faisant route vers Anchorage, se trouve toujours au-dessus du Pacifique, à plusieurs centaines de kilomètres des côtes.

Les autorités de la compagnie ne courent toutefois aucun risque. Elles relaient le message à la FAA, qui à son tour avise le centre de contrôle d'Anchorage et le NORAD.

Des avions de chasse F-15 américains sont mis en état d'alerte et, un peu plus tard, décollent de la base aérienne d'Elmendorf. Leur mission : aller à la rencontre de l'appareil.

C'est vers 9 h (13 h à New York) que l'avion entre dans la zone de contrôle aérien de l'Alaska. Outre la transmission suspecte survenue deux heures plus tôt, aucune anomalie n'est signalée dans le plan de vol de l'appareil qui assure la liaison Séoul-New York, avec un arrêt à Anchorage pour faire le plein de carburant. Les contrôleurs établissent le contact avec les pilotes afin d'en savoir davantage sur ce qui se passe à bord.

À 9 h 24 (13 h 24), la radiobalise, appareil servant à relayer au sol les coordonnées essentielles de chaque avion, émet le signal 7500, que reçoivent quelques instants plus tard les radars du centre de contrôle. C'est la panique. Dans le jargon international de l'aviation, ce signal correspond à un détournement par des pirates de l'air.

L'information est immédiatement transmise à la base des

Forces aériennes des États-Unis d'Elmendorf et aux autorités de l'État de l'Alaska. Le bureau du gouverneur décrète l'évacuation immédiate du centre-ville. Les grands hôtels et les bureaux du gouvernement fédéral sont évacués, la circulation sur les grandes artères de la ville est déviée. Dans le port de Valdez, les superpétroliers en train d'être chargés depuis le pipeline Trans-Alaska reçoivent l'ordre de s'éloigner en haute mer.

Partis à la rencontre de l'aéronef, les deux avions chasseurs F-15 le suivent maintenant à deux kilomètres de distance. Ils ont reçu instruction de se tenir prêts. Si l'appareil manifeste une quelconque intention hostile, ils recevront l'ordre de l'abattre.

En un sens, la situation est surréaliste, tellement elle rappelle celle du tragique vol KAL007, abattu par des avions chasseurs soviétiques le 1er septembre 1983. Détruit par un missile au-dessus de la mer du Japon, près de l'île Sakhaline, avec deux cent soixante-neuf passagers et membres d'équipage à bord (aucun survivant), l'appareil était aussi un Boeing 747, faisait la liaison New York-Séoul (le chemin contraire du vol 85) et s'arrêtait lui aussi à Anchorage.

Cela dit, le 11 septembre 2001, au-dessus de l'Alaska, les pilotes de l'appareil KAL85 semblent réagir promptement aux ordres qu'ils reçoivent. Ils amorcent les virages et les changements d'altitude que les autorités aériennes leur demandent.

À bord de l'avion, le pilote s'inquiète. Ses réserves de carburant diminuent. Bientôt il devra se poser.

Pour les militaires, il n'est pas question que l'appareil atterrisse à Anchorage. À la recherche d'une solution, ils songent à le diriger vers l'aéroport de Yakutat, piste située en retrait de toute grande ville ou infrastructure stratégique, au bout du golfe de l'Alaska. Impossible. Le système de vol aux instruments est hors d'usage et le temps est très mauvais dans la région.

À la base d'Elmendorf, le lieutenant-général Norty

Schwartz téléphone à son homologue Angus Watt, à Winnipeg. Son but : faire atterrir l'avion au Canada.

Bureau du ministère des Relations internationales, Québec

Martine Tremblay passe d'un appel téléphonique à un autre. Lorsqu'elle n'est pas en ligne avec Diane Wilhelmy, Michel Létourneau ou d'autres membres de son cabinet ou hauts fonctionnaires, elle participe, avec d'autres sous-ministres responsables des cellules de crise mises sur pied dans chacune des entités névralgiques du gouvernement, à des réunions téléphoniques que préside le secrétaire général du gouvernement, Jean St-Gelais, depuis son bureau du *bunker*.

En même temps, on prépare la première déclaration du premier ministre, Bernard Landry, qui doit se rendre à son bureau montréalais, au siège social d'Hydro-Québec, boulevard René-Lévesque. Des informations sont glanées auprès des différents services du gouvernement engagés dans l'opération et sont envoyées au service des communications du cabinet.

Au cours de la journée, la déléguée générale appelle régulièrement à Québec pour faire son rapport. « Martine gère avec Diane les détails de l'opération. Moi, de temps à autre, je lui parle directement. Diane est restée très calme, elle a été très professionnelle », se souvient l'ancienne ministre Louise Beaudoin, un commentaire que plusieurs personnes nous ont d'ailleurs donné spontanément.

La ministre Beaudoin tente aussi de communiquer avec son mari, qui devait la rejoindre le 13 septembre à New York. Parti en voiture, ce dernier avait décidé de rouler tranquillement le long de la côte. Le mardi 11, il est à Cape Cod ; il marche et flâne durant des heures dans la région de Provincetown avant d'apprendre la nouvelle. « C'est lui que j'ai eu le plus de difficultés à rejoindre, dit maintenant Louise Beaudoin avec humour. Je ne savais pas où il était. Je me suis dit qu'il resterait coincé à New York et ne pourrait revenir tout de suite. »

Quant à l'ancienne déléguée générale du Québec, elle est, à un certain moment, très touchée par une toute petite attention de la ministre Beaudoin. « Au cours d'une des premières conférences téléphoniques de la journée, après l'échange des informations d'usage, Louise Beaudoin m'a dit : "Ah, oui ! C'est vrai, Diane. Ta sœur Thérèse a appelé au bureau de Bernard Landry et elle s'inquiétait, rappelle Wilhelmy. Les gens de ta famille se demandaient si tu avais une minute pour leur parler." Ce quart de seconde m'a émue parce que c'est comme si j'avais complètement oublié que j'avais une famille et qu'elle pouvait s'inquiéter de moi. »

*　*　*

Après les premiers échanges de renseignements entre les dirigeants du ministère des Relations internationales à Québec, Mme Wilhelmy et les autres responsables à New York, il est clair aux yeux de tous qu'il faut rapatrier le plus rapidement possible une partie des Québécois. Certains, on en est sûr, auront besoin d'un soutien psychologique pour évacuer le stress causé par les événements des dernières heures. Pour Diane Wilhelmy, il s'agit là d'une priorité. Non seulement elle a la certitude qu'il y aura un important choc psychologique chez certains des rescapés, mais l'émergence de tels troubles deviendra de plus en plus palpable au fil des heures. Déjà, dit-elle, les Québécois présents dans la métropole seront, comme tous les New-Yorkais, frappés par le « choc sismique » des attaques. Mais, en plus, ils devront vivre

« cet immense deuil » qu'est la perte de l'événement pour lequel ils travaillent depuis des mois.

Car, pour elle, pas de doute, il n'y a plus d'événement. « On était dans le sprint comme aux Olympiques [...]. La catastrophe est totale, et là tu perds tout. D'ailleurs, pour un grand nombre d'artistes, même de techniciens, le choc émotif a été tellement fort que je savais au cours de la journée que ça pressait de les ramener au Québec », dit-elle.

À Québec, les hauts fonctionnaires du ministère, et plus particulièrement ceux des ressources humaines, s'attellent à la tâche de réunir une équipe de soutien. Comme le ministère n'a pas de telles ressources qui lui sont propres, on fait appel à l'aide extérieure. Lorsque les premiers rescapés se mettront en route, plus tard en soirée, on est prêt à les recevoir tant à Montréal qu'à Québec.

Montréal, hôtel de ville, 13 h 15

Lorsque la séance du conseil municipal de Montréal reprend à 13 h 15, il y a un certain malaise dans l'enceinte. Le chef de l'opposition, Michel Prescott, qui s'apprête encore une fois à poser une question sur le dossier des squatteurs, donne le ton : « Ça me paraît un peu difficile de vaquer à nos occupations aujourd'hui, qui sont très légitimes et très importantes, compte tenu de ce qui se passe. Mais, puisqu'on doit le faire, on va le faire. »

Juste avant que Prescott ne prenne la parole, un citoyen a questionné le maire Bourque sur le projet d'aménagement d'un café au parc Lafontaine. Après lui avoir donné la réplique, Bourque ne revient ni sur la conférence de presse donnée un peu plus tôt, ni sur la situation à Montréal ou les mesures prises par son administration.

En fait, le maire ne reprendra plus la parole au conseil ce jour-là. La séance prend fin à 15 h 22 sur ce mot du président Larivée : « Nos pensées vont aux États-Unis. »

*   *   *

Avec ses conseillers et les hauts fonctionnaires municipaux, le maire Bourque consacre une partie du reste de la journée à plancher sur la préparation d'une cérémonie œcuménique destinée à rassembler des célébrants et des participants de toutes les communautés religieuses.

Dans les médias américains, le nom d'Oussama ben Laden a déjà commencé à circuler comme suspect numéro un des attaques. Les islamistes radicaux sont pointés du doigt et on craint une généralisation à l'ensemble de la communauté musulmane.

Bourque estime que, dans une métropole multi-ethnique telle Montréal, de tels dérapages peuvent survenir. « Il y avait un risque de *backlash* ethnique, ajoute de son côté Jean Fortier. Nous recevions déjà des échos de la rue à propos d'incidents malheureux, chez les chauffeurs de taxi, par exemple. »

Le personnel du comité exécutif de la ville s'emploie à rejoindre les leaders des communautés ethniques et religieuses pour les inviter à participer à la cérémonie.

L'événement aura finalement lieu le vendredi 14 septembre en après-midi, alors que le même jour, à Ottawa, cent mille personnes se rassemblent sur la colline du Parlement pour manifester leur appui aux Américains.

Le premier ministre, Bernard Landry, le ministre fédéral des Finances, Paul Martin, et la consule générale des États-Unis à Montréal, Deborah McCarthy, sont présents à la cérémonie préparée par la ville qui a lieu à l'église St. James. « Normalement, cela aurait pris des mois à organiser un événement comme celui-là », soutient Pierre Bourque.

« Nous voulions apaiser les gens. Nous avons obtenu les témoignages de tous les prêtres, ajoute aujourd'hui l'ancien maire. C'était en quelque sorte le message de paix de Montréal face à la montée de certaines tensions. »

New York, dans l'appartement de Patrick Muzzi, 13 h – 14 h

Après avoir passé les dernières heures sans obtenir de nouvelles de sa conjointe, Nataly Rae, Patrick Muzzi apprend finalement qu'elle est en vie.

Partis de l'Embassy Suites, elle et la douzaine d'autres d'employés de Québec New York 2001 arrivent enfin dans le secteur de la rue Christopher, dans Greenwich Village, et reprennent brièvement leur souffle dans l'appartement de l'un des chauffeurs. « Le téléphone fonctionnait, alors je disais aux gens : "Appelez ! Appelez vos familles ! Dites-leur que vous êtes vivants et que tout va bien." »

Ça ne dure pas longtemps. Bientôt, les communications téléphoniques s'enrayent de nouveau. Les lignes téléphoniques ne fonctionnent plus. Les cellulaires non plus. Rae invite les gens de son groupe à quitter l'endroit et à remonter vers son lieu de résidence. La marche reprend. Durant toute cette période, elle ne se rapporte pas elle-même. Ce qui provoque beaucoup d'angoisse tant chez Patrick Muzzi que chez Diane Wilhelmy.

« Il était tard lorsque Nataly a téléphoné, évoque l'ancienne déléguée générale. C'est moi qui ai répondu dans la cuisine. Je m'en rappelle comme si c'était hier parce que j'étais convaincue qu'elle était morte. Je me disais : "Ça ne se peut pas" [qu'elle n'appelle pas], parce qu'elle habitait New York […]. Les heures passaient et je me disais qu'elle aurait trouvé un moyen, il me semble, à moins que tous les téléphones n'aient flanché […]. Ça me faisait terriblement mal… »

Pour Nataly Rae, il importe d'abord de s'occuper des gens autour d'elle et l'idée que son silence est inquiétant ne lui traverse pas l'esprit. « D'une part, je ne pensais pas qu'ils penseraient que j'étais en danger, dit-elle. Et d'autre part, je me disais qu'il était bien plus important d'aider les autres, surtout les jeunes stagiaires. Je me suis dit : "Ils savent que, dans mon cas, ça va." »

« Elle s'est occupée de son monde », dit Patrick Muzzi, reconnaissant un trait de caractère de Mme Rae.

Entre 13 h et 13 h 30, Rae et ses collègues arrivent chez elle. Muzzi est toujours là avec les personnes qu'il a emmenées de la délégation. Chez ces nouveaux arrivants, on essaie tant bien que mal de se remettre du choc des dernières heures. « Tu voyais qu'ils avaient eu chaud, dit Muzzi. Ils avaient marché longtemps. »

Les gens essaient de décompresser un peu. Le temps passe…

Qu'ont-ils fait de toutes ces heures ?

« On a fait du spaghetti ! lance Nataly Rae. Patrick est un Italien. Il a sorti les bouteilles de vin, la bière, il a installé tout le monde. Il a été un bon leader dans l'appartement, où nous étions une vingtaine de personnes. Il a fait des quantités incroyables de pâtes. Il dit toujours que c'est rassurant, des pâtes. »

« Je crois bien que c'était ma sauce. En bon descendant d'Italiens, je garde toujours un stock au congélateur, indique Patrick Muzzi lorsqu'on lui rappelle ce détail. Toutefois, les gens n'étaient pas en appétit », se remémore-t-il.

Plus tard dans la journée, Muzzi va faire un saut à la résidence de Diane Wilhelmy, histoire d'aller aux nouvelles. Il sait qu'un projet d'évacuation des rescapés est dans l'air et il veut s'enquérir de l'évolution de la situation.

*　*　*

Contrairement à Nataly Rae et aux autres Québécois, Patrick Giguère n'a pas quitté la rue Christopher. Son but : s'occuper des chauffeurs dont il est responsable.

Maxime Fiset, le chauffeur qui avait déposé Giguère devant le Winter Garden en matinée avant de filer vers l'aéroport LaGuardia, a pu revenir à Manhattan. La trentaine de Québécois devant arriver à 10 h 20 à bord d'un vol partant de Montréal ne sont jamais arrivés. Leur vol, comme tous les autres, a dû rebrousser chemin. Il communique avec Giguère par appareil Nextel et lui dit qu'il se trouve en face d'une caserne de pompiers, pas très loin de la rue Christopher. Voyant que son véhicule était vide, les sapeurs l'ont arrêté pour lui demander de faire du transport de passagers.

« Ils ont besoin de nous. Viens me rejoindre », dit Fiset à Giguère.

Ce dernier saute dans une des autres fourgonnettes de quinze places louées par Québec New York 2001 et s'en va le rejoindre. Les deux chauffeurs remplissent leurs véhicules de pompiers et descendent la rue West vers Ground Zero. « Nous nous sommes approchés le plus possible, avons fait descendre les pompiers et sommes repartis vers le nord, se souvient Patrick Giguère. En remontant, j'ai embarqué des gens qui marchaient. »

Giguère fait débarquer ces nouveaux passagers à la hauteur de Greenwich Village, refait le plein de passagers et retourne vers les lieux du désastre. Lui et Maxime Fiset font ainsi quelques allers-retours à transporter des secouristes et des évacués.

New York, hôtel Élysée

Dans leur petit hôtel de Midtown, Bernard Lord et les membres de sa délégation ont eu l'occasion de parler avec les membres de leur famille respective. Lord a aussi discuté avec le personnel de son cabinet à Fredericton, à qui il donne instruction de déployer toutes les ressources nécessaires à la crise, et a donné des entrevues par téléphone.

« Les journalistes du Nouveau-Brunswick nous couraient tous après », se rappelle Bob Scott en riant. Quelques jours avant les attentats, les médias de la province avaient abondamment fait état du voyage du premier ministre dans la métropole américaine.

Lord et son équipe n'ont encore aucune espèce d'idée de la façon dont ils vont rentrer au Nouveau-Brunswick. L'interdiction de vol cloue aussi au sol leur avion garé à Teterboro, un aéroport spécialisé dans les vols gouvernementaux et corporatifs.

Les membres de la délégation tuent le temps et font des appels, en suivant les événements à la télévision, en essayant d'organiser leur retour et en marchant dans les rues de la métropole. Partout, le scénario se répète. Dans les rues, les New-Yorkais rentrent chez eux ou errent dans l'attente de la réouverture des ponts, des tunnels, des lignes de métro, de tout ce qui leur permettrait de quitter l'île meurtrie.

De leur hôtel, Lord et ses collègues ne voient rien. Par curiosité, ils descendent vers Time Square, d'où ils peuvent apercevoir le nuage de poussière, bien loin au sud. Lord et Scott poussent plus loin encore leur exploration. Ils empruntent une des longues avenues nord-sud de l'île et descendent une dizaine de rues jusqu'aux environs de l'Empire State Building. Les gens qu'ils croisent ont la mort dans l'âme. « On voyait ces gens avec une crainte incroyable dans les yeux. Des gens étaient accroupis le long du trottoir, d'autres pleuraient, se rappelle le premier ministre. On a senti de la tension lorsqu'un avion militaire est passé dans le ciel. Après, on voyait qu'ils étaient rassurés par cette présence. »

Au bout d'un moment, Lord et Scott stoppent leur marche. « Plus nous marchions et plus nous nous disions que nous n'étions pas à notre place », se rappelle l'adjoint du premier ministre.

D'un commun accord, les deux hommes tournent les talons et rentrent à leur hôtel.

Base des Forces armées canadiennes de Shearwater (Nouvelle-Écosse)

Dans cette installation militaire où les trois corps de l'armée (terre, mer, air) se côtoient, une rumeur circule. D'ici quelques heures, des centaines de passagers débarqués des avions redirigés à Halifax y seront envoyés pour un séjour dont on ne connaît pas la durée.

La base a la capacité d'accueillir des sinistrés dans un court délai. L'endroit est le lieu de travail et de résidence de quelques centaines de militaires et de leurs familles. C'est là que sont installés les ateliers d'entretien et de réparation des hélicoptères Sea King et les quartiers des plongeurs de la Marine. Les installations comptent aussi une piste d'atterrissage, qui, un moment, a fait partie des endroits étudiés pour faire atterrir quelques-uns des aéronefs détournés.

De murmure au départ, la rumeur s'amplifie, puis s'estompe à nouveau. Tantôt Shearwater est dans le coup, tantôt elle ne l'est plus. « Cela a pris un certain temps avant que les choses ne surviennent. Nous ne savions pas si nous allions recevoir des gens ou non », se souvient Kevin Delong, ancien militaire et directeur du centre de conditionnement physique et sportif de la base.

Parce qu'il connaît les infrastructures de l'endroit sur le bout des doigts, Delong sait que les installations sont adéquates pour accueillir temporairement des réfugiés.

D'abord, le Warrior Block est pratiquement vide. Construit dans les années 50, l'édifice compte quelques centaines de chambres disposées de part et d'autre de longs corridors bleus. L'endroit est davantage occupé durant l'été, avec le passage de cadets ou de recrues. Immense, tentaculaire, l'immeuble compte une cuisine et une grande salle à manger, un mess, une salle pour les sous-officiers et plusieurs autres pièces connexes.

Plusieurs bâtiments secondaires voisinent Warrior Block. Le centre sportif que dirige Kevin Delong est immense et doté d'un équipement moderne pour la pratique de sports d'équipe ou individuels. À lui seul, le gymnase a des dimensions à couper le souffle. Il y a aussi des terrains de squash, une salle d'appareils pour l'entraînement cardiovasculaire, une autre pour la musculation, etc.

Pour les familles vivant sur la base, on retrouve aussi un centre de ressources communautaires et familiales avec une garderie, des travailleuses sociales, un café Internet, etc.

Lorsqu'une urgence survient, le centre peut aussi accueillir les enfants des militaires qui n'ont pas de gardienne à portée de la main. C'est ce qui est arrivé le 11 septembre 2001…

La directrice du centre, Myriam McKinnon, participait à une retraite avec une douzaine d'autres employés à Peggy's Cove lorsqu'ils ont entendu parler des attentats en fin d'avant-midi. « Comme nous faisons partie des premiers répondants en cas d'incident et que nous ne savions pas quel impact les événements auraient chez nous ou si nos installations seraient utilisées, nous avons préféré rentrer », dit-elle. Cette décision allait être la bonne.

En dépit de l'incertitude des premières heures, le personnel de la base orchestre ses préparatifs dès le début de l'après-midi. Un autre appel en provenance du quartier général d'Halifax lui laisse entendre qu'en fin de compte la base recevra des autobus de passagers.

Dans la cuisine, on procède au rappel des cuistots qui ne sont pas en service. Ailleurs, les membres du personnel commencent à dresser la liste de tout ce dont ils auront besoin : nourriture, produits de toilette, couches et autres produits pour bébé, lits de camp, couvertures, médicaments, etc.

Pendant ce temps, à la base d'Halifax, l'adjudant-chef, Yves Lemieux, reçoit instruction de coordonner le travail à Shearwater. Une bonne partie des produits nécessaires pour l'accueil des voyageurs est disponible à l'arsenal de la marine à Halifax. Des camions s'y ruent, sont chargés et prennent la route de Shearwater. Des contacts sont aussi établis avec la Croix-Rouge régionale.

Ce qui se passe à Shearwater se reproduit à plusieurs autres endroits dans la région d'Halifax et ailleurs sur la côte atlantique. À l'aéroport de la capitale néo-écossaise, les avions détournés arrivent les uns après les autres. Au total, quarante-sept aéronefs non attendus s'y seront posés à la fin de l'après-midi. Les milliers de voyageurs logeront au Sportplex, un centre multisport de Dartmouth, à Shearwater, au bloc A de la base d'Halifax et dans plusieurs autres abris (vingt et un en tout) de la région.

Mais il y a un problème : il n'y aura pas assez de lits pour tous ces gens. « Des lits pour neuf mille personnes ? Non, nous n'avons pas cela », dit le maire d'Halifax, Peter Kelly, qui enchaîne les réunions d'urgence à l'hôtel de ville.

Un appel est donc lancé au Centre de coordination intégré des mesures d'urgence, où le responsable pour la municipalité d'Halifax, Barry Manuel, est de retour. La première chose qu'il fait en arrivant au centre est d'établir une liste de priorités sur un tableau. « Nous avons établi nos priorités puis nous avons réparti les tâches à raison d'une par responsable, que ce soit pour le transport, l'hébergement, la nourriture, etc., raconte-t-il. Chacun se met au travail avec pour mandat de me faire rapport dans une heure. »

Un exemple parmi d'autres : le directeur des équipements de la ville fait la recension des endroits où pourront être hébergés les passagers. Autre exemple : l'enregistrement des arrivants. Des pompiers sont recrutés pour monter à bord, à raison d'un par véhicule, des autobus transportant les personnes en transit entre l'aéroport et leur lieu d'hébergement temporaire. « Pendant le trajet, ils notent les noms de tout le monde », dit Manuel.

« Un des problèmes soulevés dans une de nos rencontres fut la question des lits, raconte-t-il. Nous avions sept mille personnes à héberger et même pas trois mille lits pliants. Qu'allons-nous faire ? J'ai traversé au centre des mesures d'urgence de la province et leur ai exposé le problème. On m'a dit : "OK, Barry. Formons un petit groupe avec des représentants de ton bureau et du nôtre et discutons de la question." Ce que nous avons fait. Un représentant de la réserve nationale en cas de catastrophe a dit : "J'ai trois mille lits, mais ils sont à Ottawa. Je ne sais pas comment te les faire parvenir." Un autre gars de l'armée a dit : "Ce n'est pas un problème. Nous, on peut voler. On peut les mettre dans un avion Hercules ou deux, s'il le faut. Mais on n'a pas les ressources pour les distribuer." Une troisième personne du ministère provincial des Transports a pris la parole pour dire : "Pas de problème. Nous, on a les véhicules et le personnel pour le faire. Il s'agira d'en faire la gestion dans les différents centres d'hébergement." "Ça, c'est mon *job*, a dit une quatrième personne. Apportez-nous les lits et on s'occupe du reste." C'est ainsi que nous avons résolu ce problème. »

Servant au transport d'équipement, de marchandises et d'approvisionnements en tous genres, les avions Hercules ou CC-130 de la Défense ont été largement utilisés dans les heures suivant les attaques. Selon les archives de presse de la Défense nationale, neuf avions militaires ont été utilisés pour le transport de quelque 8 600 lits de camp, 8 300 couvertures et 55 militaires chargés d'apporter leur soutien en différents endroits de la côte est du pays.

Québec, Centre des congrès / Consulat des États-Unis

Susan Keogh-Fisher a passé tout l'avant-midi et l'heure du lunch au consulat. Mais elle souhaite maintenant aller s'adresser au millier de citoyens américains membres de l'Automatic Meter Reading Association qui sont réunis au Centre des congrès de Québec.

Son bureau et celui de Claude Pinault sont en contact. Le président et directeur général du centre lui apporte toute l'aide espérée. « Il a été extraordinaire. J'ai pu parler à toute l'assemblée. J'ai conseillé aux gens de rester tranquille. Je leur ai dit qu'ils avaient de la chance d'être à Québec, une des plus belles villes du monde. Qu'ils étaient bien protégés, sains et saufs[1]. »

---

1. En fait, Mme Keogh s'est adressée aux congressistes de l'AMRA le 12 septembre. Ce qui ne remet pas en question le fait que le bureau de la consule et celui du Centre des congrès de Québec ont multiplié les contacts toute la journée du mardi 11.

De son côté, l'administration du Centre des congrès s'enquiert auprès de la consule de ce qui se passe aux frontières et des moyens de transport disponibles pour aider les participants à retourner chez eux. « Une des questions des organisateurs était : "Comment allons-nous sortir d'ici" », évoque le pdg du centre.

Ce dernier et ses collaborateurs communiquent aussi avec les hôtels pour s'assurer que les congressistes, qui devaient partir le 12 septembre, ne perdent pas leurs chambres. Or, avec les annulations de réservations qui s'accumulent, plusieurs hôtels voient leurs chambres être soudainement libérées. Le problème se règle de lui-même.

Susan Keogh avait aussi un autre problème sur les bras. Un touriste américain venait de mourir dans un des hôpitaux de la Vieille Capitale et il fallait rapatrier son corps aux États-Unis. « Il fallait évidemment passer par la frontière. Nos amis de chaque côté de la frontière nous ont beaucoup aidés. On a pu rendre le corps à la famille », se rappelle la consule.

Ottawa, ministère des Transports

Après avoir brièvement visité le Centre d'intervention de Transports Canada, David Collenette retourne à son bureau pour suivre le déroulement de la journée. Pour lui, pas question de rester sur ces lieux où des hauts fonctionnaires coordonnent l'action sur le terrain. Sa présence, il le sait, ne ferait que rendre plus nerveuses les personnes présentes.

De toute façon, le ministre sait qu'il aura d'autres importantes décisions à prendre au cours de la journée et qu'il devra répondre à différentes requêtes. Un peu plus tôt, à 12 h 28, son cabinet a émis une nouvelle ordonnance décrétant la fermeture de l'espace aérien du Canada. À la différence de celle de 10 h, cette ordonnance non seulement interdit tous les décollages, mais elle force aussi tous les vols nationaux en cours à se poser à l'endroit le plus près.

Au tout début de l'après-midi, le premier ministre, Jean Chrétien, donne un coup de fil à son ministre des Transports. « Allons-nous avoir une réunion du cabinet ? » lui demande Collenette.

Chrétien lui répond qu'il n'y a pas assez de ministres à Ottawa pour tenir une réunion. Au moment des attaques, le premier ministre est presque le seul membre de premier plan du cabinet à se trouver à Ottawa. Collenette est à Montréal, Martin Cauchon à Québec, Ann McLellan en Nouvelle-Écosse. Le ministre de la Défense, Art Eggleton, est en Albanie où il participe à une annonce sur le retrait de 1,6 million de mines antipersonnel. Le ministre des Affaires étrangères, John Manley, est quant à lui à bord d'un vol Francfort-Toronto.

De plus, Chrétien ne juge pas nécessaire de tenir une réunion du cabinet puisque la réponse canadienne est, à son avis, adéquate. Pour lui, il est important que le Canada agisse promptement et correctement mais en restant calme, en se faisant discret et en laissant aux experts en poste dans les ministères le soin de diriger l'action sur le terrain.

Puis, Chrétien demande à Collenette s'il croit qu'il pourra rapidement autoriser la reprise du trafic aérien. « Comme beaucoup de gens, je crois qu'il avait de la difficulté à saisir l'énormité de la chose, dit l'ancien ministre des Transports à propos de son patron. Il était soucieux de faire redécoller les avions, mais je lui ai dit : "Je ne pense pas que cela va arriver." On ne pouvait pas vraiment faire quelque chose sans suivre la décision des Américains. Ils auraient été très nerveux de nous voir autoriser des vols Montréal-Toronto, par exemple. Moi, j'ai dit aux gens de la FAA que nous reprendrions les vols en harmonie avec eux. »

Selon Collenette, le premier ministre s'inquiétait des répercussions économiques de la mesure, mais en fin de compte, il comprenait que toute cette question serait désormais associée à des raisons de sécurité et qu'il fallait en payer le prix et en subir les inconvénients.

Outre l'appel du patron, Collenette reçoit d'autres requêtes, provenant de collègues ministres ou d'influents présidents d'entreprise qui désirent obtenir une dérogation de sa part pour pouvoir voler d'un endroit à l'autre. Le ministre résiste aux pressions, invoquant la situation actuelle. Il permet toutefois quelques exceptions lorsqu'il le juge à propos.

Ainsi, le vol d'Air Canada à bord duquel se trouve John Manley se rend à destination et se pose à l'aéroport Pearson de Toronto.

Le fondateur et président du conseil d'administration de la compagnie américaine Aon, Patrick G. Ryan, fut aussi ramené d'urgence à Sarnia (Ontario). En plus d'offrir une multitude de services dans le domaine de l'aviation, sa compagnie occupait deux étages au sommet de l'une des deux tours et devait perdre cent soixante-seize employés dans les attaques.

Ryan était à bord de l'avion privé de l'entreprise, entre l'Europe et New York, au moment des attaques. L'appareil a atterri à Deer Lake (Terre-Neuve). Après une intervention en haut lieu, il a pu continuer sa route.

Mais en dépit des circonstances, l'homme d'affaires ayant bénéficié d'une dérogation du ministre canadien n'a pas eu droit aux mêmes égards de la part de ses compatriotes américains car, de Sarnia, il a dû prendre une voiture, envoyée par son entreprise, pour traverser aux États-Unis et retourner à la maison mère de Chicago.

Collenette autorise également le retour de Robert Milton, président d'Air Canada, qui se trouvait dans sa chambre d'hôtel de l'aéroport d'Heathrow à Londres. « Il n'y a eu aucune hésitation de ma part. Nous avions là le président de la plus importante compagnie aérienne du Canada qui faisait déjà face à des difficultés avant le 11 septembre et qui se trouvait à l'extérieur du pays », raconte Collenette.

Robert Milton est revenu le lendemain à bord d'un avion privé. « Alors que je savais que ce retour pourrait soulever des critiques, je me suis dit qu'il serait crucial pour lui de revenir au pays pour y diriger les opérations de l'entreprise », ajoute l'ancien ministre.

Ottawa, édifice central du Parlement

Autour de 14 h, Jean Chrétien informe son entourage qu'il entend s'adresser à la nation. Plus tôt dans la journée, il a annulé toutes ses activités initialement prévues, dont sa rencontre avec le président de la Slovaquie et son voyage de l'après-midi à Halifax.

Il a donné plusieurs coups de fil, à l'ambassade américaine à Ottawa, à l'ambassade canadienne à Washington, à Martin Cauchon et à de hauts responsables de différents services gouvernementaux engagés dans la gestion de la crise.

La GRC, qui a déjà fortement augmenté le degré de surveillance autour du premier ministre et de la résidence du 24, Sussex Drive, est avisée.

Peu après, le cortège des voitures officielles s'engage sur Sussex et prend la route de la colline parlementaire. Les journalistes en ont été informés et attendent le premier ministre, qui a décidé de s'adresser à eux de façon informelle, comme à la sortie de la chambre des communes. C'est tout le contraire de la stratégie adoptée par Pierre Bourque !

« Mes premiers mots seront pour offrir mes condoléances au peuple américain et, particulièrement, aux familles qui ont perdu des êtres chers ce matin, dit-il. […] Si les États-Unis ont besoin de médecins, le Canada sera disponible. Nous sommes tout près, ces victimes sont à quelques centaines de milles de nous, alors nous serons prêts à intervenir lorsqu'on nous le demandera, mais il n'y a pas encore eu de demande. »

*   *   *

La Défense nationale avait d'ailleurs commencé à élaborer des plans en prévision d'une demande d'assistance des Américains. À la base d'Halifax, les marins reçoivent la directive de se tenir en état d'alerte. Le navire *HCMS Preserver,* par exemple, pourrait être envoyé à New York chargé de marchandises. À bord du gros navire de ravitaillement, le capitaine, Brian McCarthy, et ses officiers se creusent la tête pour déterminer s'ils pourraient transporter aux États-Unis quelque chose que les Américains n'ont pas ou dont ils auraient besoin. Des véhicules pour déblayer les ruines ? Des médicaments ? Ou encore, utiliser le navire comme dispensaire ?

Le vice-amiral Bruce Maclean confirme. « Dans les premières vingt-quatre heures, on a jonglé avec cette idée qui venait d'Ottawa. On n'y croyait pas vraiment au MARLANT (le quartier général de la Marine pour l'Atlantique), mais on doit être sûr que, si le gouvernement nous demande quelque chose, on est prêt à réagir. »

*   *   *

Au cours de sa rencontre avec les journalistes sur la colline parlementaire, le premier ministre Chrétien leur mentionne qu'il n'a pas encore réussi à parler au président Bush et ajoute qu'il souhaite pouvoir le faire plus tard dans la journée. Les médias sont aussi avisés que le premier ministre s'est entretenu, par courtoisie, avec les leaders du Bloc québécois, Gilles Duceppe, et de l'Alliance canadienne, Stockwell Day.

Précisant que l'événement lui inspire de l'« horreur », il ajoute qu'il faut prier pour les familles et les citoyens américains.

Un an plus tard, dans l'émission spéciale de CBC au sujet du premier anniversaire des attaques, Chrétien explique pourquoi il n'a pas prononcé une adresse officielle à la nation. « Chaque politicien agit à sa façon. Dans mon cas, je voulais m'adresser à la nation d'une façon informelle. C'est comme ça qu'on me connaît. Je dis ce que je pense [...]. Je ne parle pas pour la postérité. »

Après son point de presse, Chrétien remonte dans la voiture officielle et retourne chez lui.

Anchorage / Whitehorse / Ottawa / Cornwall, 14 h 15 (heure de New York)

Depuis l'appel du lieutenant-général américain Norty Schwartz, reçu moins d'une heure plus tôt à la base du NORAD de Winnipeg, toute la force militaire aérienne du Canada est en état d'alerte. Toujours considéré comme suspect et peut-être sous l'emprise de pirates de l'air, le Boeing 747 de la Korean Air Lines portant le numéro de vol 85 est en route pour Whitehorse.

C'est là, a-t-on décidé après discussions entre les autorités canadiennes et américaines, que l'imposant aéronef avec deux cent quinze personnes à son bord ira se poser. En raison des circonstances, les choix sont très limités. Whitehorse, dont l'aéroport n'a accueilli qu'un autre 747 au cours de son histoire, va être servie. Car, avant le vol 85, un autre appareil 747 de la KAL, un avion cargo, devra aussi atterrir. Au moins, on sait que la piste 13 est suffisamment longue (trois mille mètres) pour ce genre de manœuvre.

Le quartier général de la Défense, le premier ministre Jean Chrétien, les hautes autorités de Transport Canada et celles de NAV Canada ont tous été mis au courant de la situation.

Dans la tour de contrôle, le responsable du personnel, David White, se prépare, tout en secouant la tête. En vingt-neuf ans de service, il n'a jamais rien vu de tel. Informé un peu plus tôt de la situation à la suite d'un appel du NORAD, Bob Miller est tout aussi éberlué. De sombres pensées lui traversent l'esprit à la lumière de cette information et, bien sûr, de ce qu'il a vu en matinée à la télévision. Il prend tout de même soin de transmettre l'information au directeur de l'aéroport.

Les deux avions F-15 partis à la rencontre de l'avion coréen lui font toujours une escorte armée. Normalement, à la frontière entre l'Alaska et le Yukon, ce sont des chasseurs CF-18 canadiens qui devraient prendre le relais. Mais dans cette journée où tout est anormal, ce ne sera pas le cas. Les avions de la base de Cold Lake (Alberta) sont beaucoup trop éloignés pour arriver à temps. Par chance, comme on l'a vu plus tôt, six appareils sont aussi postés à Inuvik. Deux d'entre eux reçoivent ordre de décoller. Mais il n'est pas certain qu'ils arriveront à temps pour relever les F-15. On s'entend alors pour autoriser les pilotes des deux chasseurs américains à poursuivre leur escorte en territoire canadien.

« En traversant la frontière, les deux F-15 sont tombés sous le contrôle canadien. Pendant ce temps, deux de nos avions CF-18 ont décollé depuis Inuvik », se rappelle le lieutenant-colonel Rick Pitre.

« C'était surréel. Nous étions plongés dans un état d'incrédulité », se remémore pour sa part le lieutenant-colonel Wayne Smith qui, comme Pitre, se trouvait dans le bunker de North Bay.

Comme ils le font depuis le début de l'opération, les deux appareils américains suivent l'énorme Boeing à quelques kilomètres de distance afin de ne pas se faire repérer.

La surveillance de cette opération s'effectue aussi loin qu'à la base de Tacuma, dans l'État de Washington. « Si l'appareil tourne vers le sud et n'atterrit pas au Canada, il va se ramasser aux États-Unis, disons au Montana, soit dans notre secteur. Tu ne sais jamais à quel moment ça va devenir ton problème », dit le major Michel Otis.

Lorsqu'elle reçoit un appel relativement au possible détournement de l'avion de KAL, Kathy Fox demande au directeur du centre de contrôle régional d'Edmonton d'appeler à ses bureaux et de faire les vérifications nécessaires. Et, effectivement, on aperçoit sur les écrans radars le signal 7500 émis depuis la radiobalise de l'avion. « Mais rien dans les communications avec les contrôleurs ne signalait un problème quelconque », dit-elle.

Informé du déroulement des opérations à son retour à sa résidence officielle, le premier ministre Chrétien a une grave décision à prendre : maintenant que le Boeing suspect est en territoire canadien, la décision de le faire abattre lui reviendrait dans l'éventualité où l'appareil deviendrait une menace pour la population, des édifices ou des infrastructures névralgiques.

« Nous avons communiqué avec les autorités nationales à Ottawa en leur disant : "Écoutez, nous avons cet avion, il montre certains signes qu'il serait entre les mains de pirates de l'air. S'il tourne vers le sud et se dirige vers Vancouver, nous aurons besoin que le gouvernement canadien prenne une décision sur les gestes à faire." Et, à la vitesse de croisière d'un tel avion de ligne, cette décision doit être prise rapidement », raconte Angus Watt[2].

Depuis le siège social de NAV Canada, Andy Vasarins fait de son côté ouvrir une ligne de communication directe avec la tour de contrôle de Whitehorse. Grâce à sa formation de contrôleur aérien, Vasarins sait comment garder son calme. Mais tout de même… « Je me disais : "il n'y a pas à s'inquiéter avec Whitehorse. Si un pirate de l'air veut tenter quelque chose, il ne va pas le faire à Whitehorse !" »

Kathy Fox est aussi sur les dents. « Nous étions mieux d'être certains de notre coup. À ce moment-là, nous n'étions pas sûrs que cet avion-là était vraiment aux mains de terroristes. » Après une nouvelle vérification, elle voit bien que l'avion obéit aux directives reçues. « On se sentait extrêmement très mal à l'aise de dire : "Oui, cet avion-là est effectivement sous le contrôle des terroristes." Nous n'avions rien, sinon des ouï-dire, pour appuyer cette hypothèse. »

Au 24, Sussex Drive, Jean Chrétien, conscient de l'importance de cette décision et sachant qu'il devra en assumer tout le poids, donne son accord tacite. « Ils [les militaires] m'ont expliqué la situation, qu'ils ne pouvaient communiquer avec l'appareil et qu'on ne savait pas ce qu'ils faisaient. On m'a dit : "Il va peut-être falloir les abattre", et j'ai répondu : "Oui, si vous croyez que ce sont des terroristes." J'ai dit : "Vous me rappellerez encore [avant de tirer], mais soyez prêts à le faire." Donc, en principe, oui, j'ai donné l'autorisation. Il y a quelque chose d'effrayant de

---

2. Le récit de l'atterrissage du vol KAL 85 a été en partie reconstitué grâce aux documents *Empty Sky* et *Quatre jours en septembre*. Angus Watt a refusé nos demandes d'entrevues pour ce livre.

savoir qu'il y a des centaines de personnes à bord et que vous devez prendre une telle décision[3]. »

À Whitehorse, pendant ce temps, on évacue une partie de la ville.

Paramus (New Jersey), 14 h 15 – 14 h 30

Parti de Weehawken, le groupe de Roland Lajeunesse réussit à se rendre au centre de location de voitures Hertz de Paramus, grâce aux bons soins du couple du New Jersey ayant rescapé ces Québécois bien loin de leur chez-soi. « Vous avez le choix entre deux véhicules, leur dit le préposé du centre, une Ford Windstar ou une Lincoln Continental.

— Un gros bateau, dit Lajeunesse à propos de la Lincoln. On a pris le gros bateau. J'ai averti le préposé que je faisais un aller simple pour Québec et que je laisserais le véhicule à l'aéroport. Il m'a dit que ce n'était pas un problème. » Les quatre Québécois s'engouffrent dans la voiture, Lajeunesse s'installe derrière le volant et démarre. Il est 14 h 25.

Le groupe s'arrête bientôt dans un hôtel pour louer une chambre et prendre quelques heures de repos. Avec la matinée qu'ils viennent de vivre, il est grand temps pour eux de s'arrêter et d'appeler leurs proches. « De l'hôtel, nous avons su que les autres membres de notre équipe s'étaient rendus à la Délégation générale du Québec [où ils ont été redirigés chez Mme Wilhelmy ou un des appartements servant de refuge], dit M. Lajeunesse. Pour nous tous, cela a été un grand soulagement de savoir

---

3. CBC, *Untold Stories,* 11 septembre 2002.

qu'ils avaient été pris en charge. On pouvait maintenant filer vers Québec. »

Ce que le groupe entreprend de faire plus tard dans l'après-midi.

Hôtel de ville de Gander, 16 h (14 h 30 heure de New York)

Depuis une heure, les membres du conseil municipal de Gander sont réunis. Le maire, Claude Elliott, les a convoqués à 15 h pour faire le point sur la situation. Plusieurs questions restent à régler, dont la plus urgente est l'adoption d'une déclaration décrétant l'état d'urgence. « C'était la décision la plus difficile à prendre de la journée », dit le maire.

Difficile, certes, mais le maire Elliott n'a pas hésité longtemps. À 13 h (11 h 30 à New York), les dirigeants de l'aéroport ont appelé ceux de l'hôtel de ville pour les aviser que treize avions déviés vers Gander ont déjà atterri et qu'on en attend encore de vingt-cinq à vingt-sept autres d'ici la fin de la journée. À 13 h 35 (12 h 05), on estime qu'entre cinq et six mille passagers et membres d'équipage vont débarquer. À 14 h 25 (12 h 55), ce nombre est révisé à dix mille personnes. Presque autant de monde que toute la population locale !

Les compagnies aériennes, se doutant bien de la suite des choses, ont commencé à réserver les chambres d'hôtel de Gander. Or, la municipalité ne compte qu'une poignée d'établissements hôteliers. Au total, environ cinq cent cinquante chambres sont disponibles. « Nous savions que nous n'avions pas assez de chambres pour loger tout le monde et que l'aéroport exigerait de toute façon que les équipages demeurent frais et dispos pour repartir, une fois l'état d'urgence levé, raconte Jake Turner, directeur général de la ville. J'ai donc recommandé au maire de déclarer l'état d'urgence, ce qui nous permettrait d'ordonner aux hôtels de garder leurs chambres pour les équipages des avions. »

Elliott est d'accord. À 14 h 25, on appelle aux hôtels pour demander d'annuler les réservations et de retenir les chambres. Dans un ou deux cas, des requêtes écrites sont envoyées par télécopieur. À 16 h (14 h 30 à New York), les conseillers municipaux endossent la proposition du maire Elliott. L'état d'urgence est officiellement entré en vigueur.

Pendant que le conseil siège, des barricades sont érigées sur le boulevard James, principale route menant à l'aéroport de Gander. Les agents locaux de la GRC rappellent aux autorités que le débarquement des passagers n'est pas encore autorisé.

En fait, à Gander, on a tout un problème sur les bras : il n'y a pas assez d'employés de la fonction publique fédérale pour vérifier l'identité de tous les arrivants. Une poignée d'agents de la GRC, quelques douaniers et un seul représentant de Citoyenneté et Immigration. Son nom : Murray Osmond.

« Lorsque des voyageurs arrivent au Canada, la première ligne qu'ils passent, ce sont les douanes, raconte Osmond, un grand gaillard filiforme avec une épaisse moustache sous le nez et une coiffure afro. Ensuite, s'il y a des problèmes particuliers, par exemple si une personne a besoin d'un visa pour entrer au pays et qu'elle ne l'a pas, on l'envoie à l'Immigration. »

Or, ce jour-là, justement, parmi les milliers de voyageurs détournés à Gander, plusieurs n'ont pas le visa nécessaire pour entrer. La raison est simple : il n'était pas prévu qu'ils s'arrêtent au Canada ! « Tous ces gens-là n'avaient pas, à l'origine, besoin d'un visa canadien, raconte Osmond. Et là, il nous fallait être particulièrement vigilants, s'assurer que tout était conforme. »

Plus tôt dans la matinée, après une réunion tenue dans le centre des mesures d'urgence de l'aéroport, Osmond a appelé son patron à St. John's pour lui faire part de son besoin urgent en ressources humaines supplémentaires. Mais, dans la capitale terre-neuvienne aussi, on est débordé.

Autre problème : Terre-Neuve est une île. Et les avions sont interdits de vol. Impossible d'y envoyer du monde rapidement. Des appels à l'aide sont lancés à Ottawa par les différents organismes requérant des renforts. « Nous nous sommes servis des avions de la Défense nationale », se souvient Alain Jolicœur, de l'ADRC.

Toute cette procédure mettra des heures à se mettre en place. On sait bien qu'on ne peut garder les passagers à bord des appareils durant des jours. Certains ont besoin de médicaments restés dans la soute à bagages, à laquelle ils n'ont pas accès. Les diabétiques ont un besoin vital d'insuline. Des bébés doivent être changés de couche. Même les fumeurs commencent à avoir hâte d'en griller une. L'impatience risque de prendre de l'ampleur.

Dans les écoles des environs, des bénévoles ont commencé à installer des lits pliants.

Dans l'appartement de Diane Wilhelmy

Trop occupés à gérer la crise, Diane Wilhelmy et ses plus proches collaborateurs n'ont rien mangé depuis le matin.

Michel Létourneau, lui, a faim. Comme la tension des premières heures s'estompe un peu et que la liste des personnes en sécurité s'allonge, il va voir Diane Wilhelmy et lui propose de préparer un lunch pour tout le monde. « Diane, est-ce que tu me permets de prendre le contrôle de ta cuisine », lui lance-t-il.

« J'aime ça faire à manger », raconte aujourd'hui Létourneau en riant. L'ancienne déléguée générale se souvient aussi de cet épisode avec humour, moment plus détendu dans une journée inclassable. « Moi, je n'avais jamais pensé à manger [rires], je ne savais même pas si j'avais faim », raconte-t-elle.

La déléguée générale lui donne le feu vert. Létourneau enfile le tablier et s'emploie à farfouiller dans les deux grands réfrigérateurs de l'appartement. « Il y avait un peu de tout, se souvient-il, du saumon fumé, des crevettes, du pain. Je me souviens aussi d'avoir préparé des salades avec des vinaigrettes. »

Ça tombe plutôt bien car, peu de temps après, un nouveau groupe de rescapés, remonté de Downtown à la délégation et redirigé par Jean Clavet, se présente à l'appartement.

Clavet, d'ailleurs, ne tarde pas non plus à se pointer, après avoir passé les dernières heures à attendre des rescapés au pied du 1, Rockefeller Plaza. Au cours de cette veille, il croit avoir guidé une cinquantaine de personnes vers les appartements-refuges.

Il a aussi reçu la visite d'André Leblanc, un représentant du consulat canadien à New York. Ce dernier voulait s'assurer que tout allait bien. « Je lui ai dit de ne pas s'inquiéter pour nous, qu'on avait la situation bien en main, dans la mesure du raisonnable », dit Clavet. On s'échange des numéros de téléphone. Plus tard en soirée, Diane Wilhelmy fera d'ailleurs appel au consul, Michael Phillips, pour faciliter le passage des Québécois aux frontières.

En fin d'après-midi, de soixante-dix à quatre-vingt personnes se retrouvent dans l'appartement de la déléguée générale. Il y a du monde partout. Chacun essaie de communiquer avec les siens. Plusieurs regardent la télé. Les médias appellent sans arrêt.

À mesure que les rescapés se présentent, les réserves de nourriture baissent. Jacques Baillargeon, qui n'en peut plus de regarder les images du drame défiler en boucle à la télévision, se propose d'aller faire des courses. « Ça me faisait plaisir de le faire pour rendre service, mais j'étais aussi heureux de pouvoir arrêter de regarder les nouvelles », raconte le chauffeur.

Il quitte donc l'appartement de la 53e Rue et se met à la recherche de rares magasins ouverts. Sur son parcours, les rues de New York sont anormalement silencieuses.

En arrivant à la hauteur de Times Square, Baillargeon est estomaqué. Il n'y a pratiquement personne !

L'atmosphère n'est pas sans rappeler une scène du film *Vanilla Sky* (sorti en salles en décembre 2001) où Tom Cruise court dans un Times Square complètement désert. Mais, dans ce cas, ce n'est pas du cinéma. C'est vrai ! « C'était la première fois que je me promenais dans les rues de New York aussi tranquilles », se rappelle Baillargeon.

Si la liste des rescapés retrouvés s'allonge, on reste cependant sans nouvelles directes de quelques personnes, notamment celles qui, comme Martine Primeau, ont été refoulées hors de l'île de Manhattan. Chez Diane Wilhelmy, on a cependant le sentiment que tout le monde est sain et sauf.

Après avoir accueilli les rescapés, après leur avoir donné à boire et à manger, il faut maintenant penser à deux autres choses : l'hébergement pour la soirée et le rapatriement vers le Québec. On cherche par tous les moyens à commencer l'évacuation la journée même. Pour certains, cela va de soi, l'événement Québec New York 2001 est terminé, fini, rayé de la carte. Mais pour d'autres, qui s'accrochent, c'est beaucoup moins évident.

Il y a de l'orage dans l'air…

Whitehorse (Yukon), 11 h 50 (14 h 50, heure de New York)

Toujours escorté par deux chasseurs F-15 américains, le vol KAL85 fait son approche finale de la piste longue de trois mille mètres de l'aéroport de Whitehorse (Yukon).

Tout est en place pour l'arrivée de cet appareil dont la

radiobalise signale encore le code 7500 qui indique la présence de pirates de l'air à bord. Dans la tour de contrôle, sur le tarmac et le long de la piste, on est sur les dents. Des policiers de la GRC sont déployés partout aux alentours. Un d'eux se trouve dans la tour de contrôle pour donner des instructions aux contrôleurs chargés de les transmettre ensuite au pilote de l'appareil. Des tireurs d'élite se placent sur le toit de l'aérogare. Des véhicules d'urgence se mettent en position d'intervenir aux alentours. Les cars de reportage sont aussi sur place. Les images sont retransmises à CNN, qui les diffuse en direct.

Bien qu'éloignée des grands centres urbains nord-américains, la petite communauté de la capitale du territoire est plongée au cœur des événements de la journée. Dans les rues, c'est l'émoi. Comme à Anchorage un peu plus tôt, la police fédérale ordonne l'évacuation des écoles, des hôtels, des grands édifices. L'autoroute de l'Alaska, principale voie traversant la ville, est fermée. Phénomène rare, il y a même un embouteillage aux carrefours. Certains fuient jusque dans les montagnes.

Dans la tour de contrôle de l'aéroport, les contrôleurs en ont plein les bras. Quelques minutes plus tôt, ils ont dirigé l'atterrissage d'un autre vol de KAL, un avion-cargo cette fois, lui aussi forcé de se poser en raison des attentats. Une fois l'appareil au sol, il a été rapidement dirigé vers l'aérogare pour dégager la piste 13, où doivent atterrir le vol 85 et ses deux cent quinze passagers. Car les deux aéronefs ne se trouvaient qu'à cinq minutes d'intervalle.

Arrivé dans la tour de contrôle, Bob Miller se tient tout près de David White et en retrait des deux autres contrôleurs, afin de ne pas les déranger dans leur travail. Il est inquiet. Que vont faire les pilotes des chasseurs américains si l'appareil fait une mauvaise manœuvre ? Vont-ils l'abattre s'il fait un brusque virage en direction de la ville ? A-t-il assez d'essence pour se rendre jusqu'au bout ? « Je ne faisais qu'espérer que tout irait bien », dit Miller.

La journée est belle au-dessus de la région. L'énorme Boeing au fuselage bleu poudre arrive du nord-ouest. À vingt-cinq kilomètres de distance, Miller aperçoit sa silhouette se découpant au-dessus des montagnes.

Bonne vitesse. Bonne hauteur. Bonne descente.

Miller tient son téléphone cellulaire collé sur son oreille. Il décrit en détail ce qui se passe à Andy Vasarins, qui est au siège social de NAV Canada à Ottawa. « Il voulait savoir ce qui se passait de seconde en seconde », se souvient Miller.

« L'appareil est à environ cinq miles [environ une minute] en approche finale, Andy. »

Vasarins a depuis longtemps dénoué sa cravate. À ses côtés se trouve le président et directeur général de la compagnie, John Crichton. Tous deux ont exhorté les militaires à la plus grande prudence. À Cornwall, Kathy Fox se rappelle que la piste de trois mille mètres de Whitehorse est suffisamment longue pour accueillir un 747, mais moins large (quarante-cinq mètres au lieu de soixante) que d'ordinaire.

« L'appareil est à deux miles, Andy. »

Dans toutes les bases du NORAD, à Colorado Spring, à Winnipeg, à North Bay et ailleurs, des dizaines de personnes suivent la trajectoire de l'appareil sur leur écran radar.

Au 24 Sussex, on attend.

« L'appareil est à un mile, Andy. »

Enfin, les pneus de l'avion se posent sur la piste 13. Son nez s'abaisse et les pneus avant touchent terre à leur tour. L'atterrissage se fait tout doucement, sans autre problème.

« L'appareil a touché le sol, Andy. Maintenant, il freine. »

Les avions de chasse américains passent au-dessus de l'aéroport, prennent de l'altitude et amorcent une série de cercles au-dessus des installations. Sur ordre de la tour, l'avion s'en va au bout de la piste, au point le plus éloigné de l'aérogare.

Il est alors 11 h 54 à Whitehorse, soit 14 h 54 à New York.

Chapitre 11

L'orage (15 h – 18 h)

Montréal, siège social d'Hydro-Québec,
boulevard René-Lévesque, 15 h 30

À 15 h 30, les médias, convoqués un peu plus tôt dans la journée, se rassemblent dans la mezzanine du siège social d'Hydro-Québec, boulevard René-Lévesque. Le premier ministre, Bernard Landry, et ses adjoints les y attendent. Après avoir passé une bonne partie de la journée au téléphone, après avoir été rassuré sur le sort des Québécois coincés à New York, M. Landry estime que le temps est venu de s'adresser à la population. « C'était à la fois sérieux, triste et un peu tendu, se remémore l'ancien premier ministre. L'atmosphère était au recueillement. »

Ses premiers mots témoignent d'un mélange de compassion, de tristesse et de dénonciation : « Nous avons été témoins en direct d'une tragédie qui a plongé aujourd'hui l'Amérique dans le deuil et l'ensemble de ses amis dans une immense tristesse et une profonde consternation. Les mots peuvent difficilement traduire l'émotion ressentie devant une telle tragédie, une telle barbarie », dit-il en guise d'introduction, avant d'offrir ses condoléances au peuple américain et aux familles des victimes.

Puis, quittant le texte de son discours, il ajoute que ces actes sont « au fond pires que la guerre parce que les hommes et les femmes visés sont d'innocentes victimes qui allaient faire leur travail quotidien. »

Sur la base des informations glanées depuis New York, auprès du ministère des Relations internationales et à d'autres canaux, Landry se fait rassurant sur le sort des Québécois : « Je suis en mesure de confirmer que les quarante et un employés de la Délégation générale sont en sécurité, de même que les quarante employés représentant la mission Québec New York 2001 et les deux gardes du corps qui étaient sur place. Les représentants du milieu des affaires qui devaient participer à l'inauguration de la mission Québec New York 2001 sont tous aussi en sécurité. » Même constat pour le personnel des entreprises devant participer à l'événement, dit-il.

Diane Wilhelmy, qui a donné cette assurance au premier ministre Landry avant sa conférence de presse, affirme que ses indications étaient assez solides pour faire ce constat. Si on n'avait pas encore rapatrié « physiquement » tout le monde, on tenait pour acquis, en questionnant tous et chacun, en notant qu'une personne en avait vu une autre fuir les lieux, que tout le monde était sain et sauf. « Lorsque j'ai parlé à M. Landry, si j'avais pensé qu'il y avait une personne que je croyais pouvoir être disparue, je le lui aurais dit, affirme Diane Wilhelmy. Les informations que j'avais, même si je n'avais pas tout le monde physiquement, c'était ça. »

Jean Clavet dit la même chose. « Même si, dans un délai

relativement court, nous avons pu trouver la trace de tous les Québécois et de tous les employés de la délégation que nous savions être sur le site des tours, en après-midi, nous étions incapables de tous les localiser avec précision », dit-il.

C'est le cas par exemple de Martine Primeau, qui s'est retrouvée malgré elle au New Jersey.

Selon M. Clavet, des Américains lui ayant porté secours ont appelé la délégation pour dire que Mme Primeau était saine et sauve, dans un abri sur la rive opposée de l'île de Manhattan.

Dans sa déclaration aux médias, Bernard Landry annonce aussi l'annulation de Québec New York 2001. « Cet événement était centré sur la joie de vivre. Et les New-Yorkais ne sont pas dans cette atmosphère », dit-il.

Finalement, le premier ministre évoque la conversation qu'il a eue quelques jours plus tôt avec l'ancien sénateur démocrate du Colorado, Gary Hart, lorsque ce dernier était de passage à Montréal pour y donner une conférence.« Il a dit devant moi, en public, que la principale menace qui planait sur les États-Unis et qui coûterait la vie peut-être à des milliers de citoyens, c'était le terrorisme international. On aurait pu prendre cela avec un certain scepticisme, mais je crois que Gary Hart était informé, ou inspiré, lorsqu'il a prédit, il y a exactement une semaine, ce qui arrive. »

Hart était en fait dans la métropole le 4 septembre pour participer à un déjeuner-causerie organisé par la section locale de Coudert Brothers, un cabinet d'avocats américain ayant des antennes partout dans le monde et où l'ancien sénateur agissait comme conseiller principal.

Dans son allocution prononcée devant des spécialistes de l'aviation, Hart avait déclaré que les probabilités étaient fortes que les États-Unis soient, dans les vingt-cinq prochaines années (!), la cible d'une attaque terroriste majeure pouvant faire des milliers de morts[1].

Cette affirmation s'appuyait sur ce que l'ancien sénateur démocrate avait entendu de la bouche de plusieurs experts lorsqu'il avait présidé une commission américaine sur la sécurité nationale. Dans son allocution, il avait ajouté que, en réponse à de telles attaques, les gouvernements resserreraient toutes les règles de sécurité, avec les conséquences que l'on imagine sur la société.

En novembre 2005, au cours d'une entrevue avec l'auteur, Bernard Landry s'est rappelé avoir téléphoné à Gary Hart dans les jours ayant suivi les attaques. « Je lui ai dit : "Monsieur, vous êtes un prophète" », raconte-t-il, visiblement encore étonné par la justesse de la prédiction de l'ancien sénateur.

New York, hôtel Élysée

En fin d'après-midi, Bernard Lord et les membres de la délégation du Nouveau-Brunswick décident d'aller donner du sang. « À ce moment-là, il y avait des appels aux dons à la radio, dit Lord. Il y avait encore de l'espoir de retrouver des survivants. Nous avons repéré un centre de donneurs. »

« Ce n'était pas loin de l'hôtel, à trois ou quatre rues. Nous y sommes allés à pied », se remémore pour sa part Bob Scott. Une fois sur place, toutefois, c'est la cohue. Tout le monde s'est rué dans les centres de dons. Les bénévoles et le personnel médi-

---

1. Allocution rapportée par le journaliste Hubert Bauch dans *The Gazette* du 5 septembre 2001.

cal ne suffisent pas à la tâche. Il y a tellement de gens que la petite délégation néo-brunswickoise décide de rebrousser chemin.

D'ailleurs, selon le souvenir de Bernard Lord, les donateurs sont si nombreux que les autorités annoncent bientôt qu'elles n'accepteront que les gens possédant une carte de donneur de l'État de New York.

Bernard Lord regrette de ne pas avoir pu donner du sang, mais il garde un souvenir ému de cet épisode. « C'était quand même un moment heureux, dans cette journée extrêmement tragique et horrible, de voir l'esprit humain et le désir d'entraide faire surface. »

Ottawa / Montréal / Toronto

Selon les souvenirs de Giuliano Zaccardelli, commissaire de la GRC, la journée du 11 septembre 2001 s'est passée à sauter d'une réunion à une autre, à faire la navette entre son bureau du quartier général et des ministères-clés, notamment le Bureau du Conseil privé à Ottawa.

Au cours de l'après-midi, toutefois, M. Zaccardelli garde un peu de temps pour organiser et présider, depuis son bureau, une conférence téléphonique avec tous ses homologues des plus importants corps policiers du pays, tant ceux qui agissent dans les provinces, comme la Sûreté du Québec (SQ) et l'Ontario Provincial Police, que dans les grandes villes, comme Montréal, Ottawa, Toronto, Vancouver, etc. « Mon but était d'expliquer à tous la situation, se souvient-il. L'élément-clé de cette conférence était de repenser les façons de faire pour protéger le pays, en raison de ce qui venait de se passer, et d'assurer les citoyens que nous étions en mesure de répondre à la situation. »

Au Québec, le directeur général de la SQ, Florent Gagné,

se souvient aussi d'avoir convoqué une conférence téléphonique avec ses homologues municipaux du Québec au cours de l'après-midi. Le but : s'assurer que la réponse policière à très court terme soit adéquate — même si on ne ressent aucune hausse du degré de menace — et aussi commencer à songer aux conséquences à plus long terme des événements. Très vite, on évoque le besoin de former un groupe d'intervention unifié, à l'image des escouades formées pour la lutte contre les motards criminalisés.

« Il fallait alors se dire qu'il n'y avait plus aucune sorte de résistance entre les corps de police. Qu'il n'y ait pas de guerre de juridiction, évoque l'ancien patron de la SQ, maintenant à la retraite. Pour faire face à une pareille chose, il fallait absolument collaborer. Dieu merci, nous n'avons pas eu à réagir le jour même ou les jours suivants, parce que nous avons été épargnés, mais cela a été l'amorce d'un plan d'intervention en cas d'attaque terroriste qui a pris trois composantes : la prévention (fondée sur l'échange de renseignements), la préparation de plans de réaction en cas de crise et la formation en fonction de nouvelles formes de menace. »

New York, studio de Radio-Canada, 3ᵉ Avenue

Après une longue marche dans les rues de New York, André Grégoire et Claude Deschênes sont arrivés dans les studios de Radio-Canada, situés 3ᵉ Avenue, entre les 47ᵉ et 48ᵉ Rues.

En remontant vers l'édifice abritant les studios, Deschênes a encore capté des commentaires et Grégoire a enregistré des images. Le journaliste a aussi fait quelques interventions téléphoniques à la télé. « Mais ça s'est espacé », dit-il.

Leur journée est cependant loin d'être terminée. Ils doivent maintenant se préparer à faire d'autres interventions, en fin d'après-midi et jusque tard en soirée.

Pendant ce temps, plusieurs de leurs collègues, qui se trouvent en reportage dans la région de New York ou qui ont déjà leur bureau dans la métropole, rappliquent vers le studio, quand ce n'est pas déjà fait.

Whitehorse (Yukon), vers 13 h (16 h à New York)

Il s'est écoulé une heure depuis l'atterrissage du vol KAL 85 de Korean Air Lines. L'avion est toujours au bout de la piste 13. Les policiers de la GRC et les autres secouristes de la ville sont toujours sur place. Personne n'est descendu de l'aéronef. Et, mis à part l'avion-cargo de KAL, aucun autre avion inattendu ne s'est posé à Whitehorse.

La porte avant de l'appareil est maintenant ouverte et la police donne l'ordre aux membres de l'équipage de descendre avant les passagers. « On demanda aux hommes d'ouvrir leur chemise et de garder leurs mains en l'air pour qu'on puisse les fouiller à la recherche d'armes[2] ».

Selon le document *Empty Sky*, le copilote est le premier à sortir. Sans cravate, ni veston, ni chapeau, il descend les escaliers et lève sa chemise pour bien montrer qu'il ne porte pas d'armes ni une bombe ceinturée autour de l'abdomen.

Après interrogatoire, la police conclut à une erreur d'interprétation des pilotes à la suite d'une demande de la tour de contrôle d'Anchorage. Leur compréhension approximative de l'anglais leur aurait fait croire que les contrôleurs leur avaient

---

2. *Quatre jours en septembre*, page 34.

demandé de taper le code 7500 pour une simple vérification. Quant aux lettres « HJK » apparues plus tôt dans un message texte transmis au centre des communications de KAL, elles signifiaient bien *hijacked* mais dans le contexte d'un simple échange de propos avec la base au sujet des événements se déroulant à New York.

Le vol de KAL ne fut pas le seul à être escorté par des avions de chasse au-dessus du territoire canadien cette journée-là. Un appareil de la compagnie China Air Lines fut accompagné par des avions armés jusqu'à l'aéroport de Vancouver. Selon un haut gradé du NORAD, l'appareil aurait été suivi en raison des informations glanées par les différents services de renseignement selon lesquelles des terroristes se trouvaient à bord. Des informations qui se révèlent finalement fausses.

New York, appartement de Diane Wilhelmy, 53e Rue

En ouvrant la porte de l'appartement de fonction de la déléguée générale du Québec à New York, le visiteur arrive devant un petit vestibule. Sur la droite, un corridor conduit vers les pièces privées de la demeure. Droit devant, au bout d'un corridor, se trouve un grand espace à aires ouvertes englobant un salon et la salle à manger. Les cuisines sont à gauche, derrière une porte battante.

Ouvertes sur l'est et le sud, de grandes fenêtres de plain-pied donnent une vue à couper le souffle sur New York. Par toutes les fenêtres donnant sur l'est, on reconnaît le jardin de sculptures du MOMA, tout en bas de l'édifice, et, un peu plus loin, la célèbre 5e Avenue.

Les murs et le mobilier du salon sont de couleurs sobres. De larges moulures courent à l'angle des murs et du plafond. Une télé est encastrée dans un meuble de coin.

Lors des réceptions officielles, et il y en a régulièrement, la grande pièce réunissant salon et salle à manger peut accueillir une vingtaine de personnes, peut-être un peu plus, qui y conversent agréablement. Au-delà, il faut pousser ou enlever le mobilier pour obtenir plus de confort.

Le 11 septembre 2001, en fin d'après-midi, il y a de soixante-dix à quatre-vingts personnes dans l'appartement. « Il y avait du monde partout, jusque dans ma chambre », s'esclaffe Diane Wilhelmy.

Au bout de cette journée où la nervosité, la fatigue, l'horreur, la colère et la frustration se mélangent, s'additionnent et se brouillent, où les sentiments sont à fleur de peau, une telle promiscuité devient lourde. Les caractères s'échauffent. Et les risques de conflit se multiplient.

C'est exactement ce qui survient !

Pour deux raisons, à la fois distinctes et intimement liées l'une à l'autre.

D'abord, on se retrouve en présence de plusieurs personnes exerçant des fonctions d'autorité, à différents échelons de la Délégation générale et du Bureau des saisons du Québec. Dans ce contexte totalement imprévu, qui exerce le leadership ? Pour qui et pour quoi ? « C'est sûr que, dans ce genre de situation, il y a le risque d'avoir beaucoup de patrons. […] Il n'était pas simple d'établir une ligne d'autorité », dit l'ancienne sous-ministre Martine Tremblay. « La ligne hiérarchique n'était pas évidente. C'était davantage une ligne de leadership naturelle plutôt qu'une ligne hiérarchique formelle », dit Jean Clavet.

Ensuite, après des heures d'efforts, on a réussi à trouver un autobus dont le chauffeur est en mesure de ramener un premier contingent de Québécois chez eux dès le milieu de la soirée. En soi, la nouvelle est bonne. Encore faut-il faire traverser les personnes désignées sur la rive du New Jersey où les attendra l'autobus. Ensuite, il faut choisir les quelque quarante ou cinquante personnes qui partiront à bord de ce premier autobus. En fait, choisir n'est pas exactement le bon mot. Si certains souhaitent quitter la ville le plus vite possible, d'autres manifestent des signes de résistance. Il faudra se montrer insistant.

*   *   *

Diane Wilhelmy et Jean Clavet souhaitent confier aux deux policiers de la SQ, René Lafrenière et Daniel Brouillette, arrivés en fin d'après-midi, l'organisation du retour. Ils ont de l'expertise, des contacts avec leurs homologues américains et un carnet de numéros de téléphone bien garni. De par leur formation, ils connaissent les mesures à prendre en situation d'urgence. C'est leur boulot!

Michel Létourneau s'oppose à l'intervention des deux policiers à ce stade précis des démarches. Il est d'accord pour les laisser agir à leur guise afin d'organiser les retours du lendemain, 12 septembre. Mais pas celui du 11 en soirée.

Pourquoi? Parce que Létourneau, Philippe Cannon et d'autres membres de Québec New York 2001 ont déjà amorcé ce travail. Des contacts, on l'a vu, ont été établis au cours de l'après-midi, avec le cabinet d'avocats Fasken Martineau DuMoulin, pour la préparation des photocopies de documents destinées à faciliter le passage aux frontières de ceux et celles ayant laissé passeport et portefeuille dans les appartements maintenant inaccessibles.

Entre les deux parties, le ton commence à monter. « Diane et ceux qui ont l'habitude de la chose de l'État avaient une tendance naturelle à dire : "Ce n'est pas mon secteur, c'est du domaine de la SQ." Et c'est correct, raconte Létourneau. Elle a eu le réflexe standard de s'en remettre aux autorités compétentes, qui sont, pour elle, à ce moment-là, la SQ. Nous, ce qu'on a dit aux policiers est : "Pour le premier autobus, on n'a pas besoin de vous autres. Ne prenez pas le contrôle des opérations maintenant pour rapatrier les quelque cinquante premières personnes. On est très bien capables de le faire. Nous avons les numéros de passeport de tous les gens qu'on a choisi de mettre dans les autobus. On va s'arranger pour que cette information soit transmise correctement aux autorités canadiennes." »

Pour Létourneau, faire intervenir les deux policiers à ce moment précis ne pourrait que « complexifier l'affaire ». « Ils ne demandaient pas mieux que de servir, sauf qu'ils étaient, dans ma lecture, démunis. Tu ne peux pas rapatrier des gens dans un contexte si dramatique si tu n'as pas en main tous les documents qui ont été préparés par ceux [Fasken Martineau] qui les avaient fait entrer aux États-Unis. »

Pour Wilhelmy, Lafrenière et Brouillette représentent au contraire une aide de première main. « C'étaient des personnes qui avaient des instruments de travail et une formation adéquate pour m'aider dans des circonstances semblables », dit-elle.

Et elle perçoit aussi, chez les membres de Québec New York 2001, une certaine résistance à abandonner le projet, si près du but, et à rentrer à Montréal. « Les policiers étaient dans le mode "On rapatrie, ça presse", mais Michel était au cœur de ces gens venus à New York présenter leur cadeau[3]. Alors, il était pris par toutes sortes de sentiments contradictoires. »

---

3. Au cours de la longue entrevue qu'elle nous a accordée pour cet ouvrage, Diane Wilhelmy a utilisé à deux ou trois reprises le terme de « cadeau » pour évoquer le travail réalisé par tous les artisans de Québec New York 2001. « Les artistes, les techniciens étaient venus pour participer à cet immense cadeau que nous faisions aux New-Yorkais », a-t-elle dit.

L'opinion de Jean Clavet recoupe celle de Wilhelmy. « C'était évident, dans mon esprit comme dans celui de Mme Wilhelmy, qu'il n'y avait plus d'événement. C'était une évidence lorsqu'on voyait l'ensemble des dégâts, les préoccupations des Américains, le choc. […] Mais Michel et son équipe, qui avaient travaillé pour ce projet depuis je ne sais trop combien de mois, avaient encore à l'idée que cela pouvait être récupéré. »

De plus, ajoute-t-il, Létourneau passait trop de temps au téléphone à donner des entrevues aux médias du Québec et pas assez à tenter de convaincre son entourage que le temps était venu de remballer les affaires et de retourner au Québec. « Michel s'est mis au téléphone avec les médias québécois, et sa préoccupation à lui, c'était de donner des entrevues *live from New York,* poursuit Clavet. Notre problème était beaucoup plus terre à terre. On courait après les gens et on essayait de les nourrir, de les loger et de les évacuer. Ce qui fait qu'à un moment donné, René [Lafrenière] a perdu patience et lui a dit : "Écoute, c'est bien beau les communications, mais ce n'est pas ça notre problème." »

Michel Létourneau réfute ces interprétations. « J'avais une commande de la sous-ministre, Martine Tremblay. Il fallait calmer le jeu, que quelqu'un donne des entrevues. Et à mon avis, c'est ce qui avait été décidé par mon patron direct, qui était Martine[4]. Médiatiquement parlant, c'était n'importe quoi, le festival de la rumeur. À Québec, il y avait des parents éplorés, beaucoup de gens inquiets. La pression montait, il fallait donner des informations justes, ne pas mentir aux gens non plus. »

Quant à l'espoir de récupérer l'événement, Létourneau dit

---

4. Interrogée à ce sujet, Martine Tremblay dit ne pas en avoir de souvenir. Par contre, elle reconnaît que cela relève d'une « certaine logique », d'autant plus que tout le monde connaissait Michel Létourneau.

plutôt qu'on voulait récupérer… le matériel et les documents laissés dans les appartements. « Nous souhaitions laisser à New York quelques personnes qui pourraient, éventuellement, se faufiler dans les filets du périmètre de sécurité, retourner dans les appartements et ramener dans des camions le matériel laissé en vrac par les gens qui auraient été évacués. » Au contraire, dit-il, Cannon et lui ont dû à quelques occasions se faire convaincants envers certains membres de leur organisation qui ne voulaient pas quitter New York.

*   *   *

René Lafrenière n'a pas la même interprétation de cet épisode. D'après ses souvenirs, il n'a jamais été question que Daniel Brouillette et lui organisent le rapatriement du premier autobus. Au contraire, dit-il, à leur arrivée à l'appartement de Diane Wilhelmy, en fin d'après-midi ou en début de soirée, les rescapés choisis pour ce dernier rapatriement sont déjà en route, mais l'organisation souffre de beaucoup de confusion. « Létourneau et Cannon avaient essayé d'envoyer un autobus, mais ça avait mal fonctionné, dit-il. Si ma mémoire est bonne, ils n'avaient pas gardé le contact téléphonique. L'autobus était parti avec des Québécois, mais sans qu'ils sachent exactement qui était à bord. »

Au fond, Lafrenière a bien davantage envie de retourner au Québec le plus vite possible. D'ailleurs, il s'est organisé pour que la Sûreté du Québec envoie une voiture les prendre, Brouillette et lui, le lendemain. Mais la confusion ambiante dans l'appartement le dirige sur une autre voie. Peut-il prendre en charge l'organisation du retour si on lui en fait officiellement la demande ? Après la vérification, la réponse est oui. Plus tard, au cours d'une conversation avec Diane Wilhelmy, Lafrenière offre ses services et la déléguée générale accepte.

* * *

Comment l'affaire s'est-elle réglée?

Létourneau affirme avoir communiqué par téléphone avec Florent Gagné, le directeur général de la SQ, rue Parthenais, à Montréal, pour lui demander d'intervenir et de lui laisser diriger le rapatriement du premier autobus. Ensuite, il se disait prêt à laisser les deux policiers de la SQ agir à leur guise.

« J'étais dans la cuisine chez Diane Wilhelmy et j'ai appelé M. Gagné. Je lui ai demandé si on pouvait s'entendre sur cette procédure. Il m'a dit que c'était OK », raconte-t-il.

Paradoxalement, ni Diane Wilhelmy, ni Florent Gagné ne se souviennent de cet épisode (mais ils ne le nient pas non plus), alors que René Lafrenière affirme s'en souvenir!

Chose certaine, et là-dessus tout le monde semble être d'accord, Lafrenière et Brouillette ont organisé le rapatriement du mercredi 12 septembre. Et pour ce faire, ils ont commencé le travail durant la soirée du 11.

À nouveau, on passe en revue la liste de toutes les personnes à rapatrier et on leur demande de se rapporter par téléphone à la résidence de Mme Wilhelmy. Des contacts directs sont établis entre la résidence et les cellules d'urgence mises sur pied tant au quartier général de la SQ, rue Parthenais à Montréal, qu'au siège social du ministère des Relations internationales, à Québec.

À la demande de Lafrenière, trois policiers de la SQ quittent Montréal tard dans la soirée du 11 et roulent jusqu'à la gare d'une entreprise d'autobus du New Jersey. De là, les chauffeurs de trois autobus (avec chacun un policier de la SQ à bord pour faciliter le passage à d'éventuels barrages et aux douanes) se rendent le matin du 12 près d'un des quais de Weehawken donnant sur l'Hudson, pour attendre les Québécois ayant traversé de Manhattan au New Jersey par une navette fluviale.

En route vers le Québec, ces autobus ont pu prendre à leur bord les Québécois ayant participé à la caravane fluviale partie de Québec le 1er août et encore sur les voiliers. « Ces gens-là étaient beaucoup plus au nord de Manhattan, et c'est nous qui les avons rapatriés, assure Lafrenière. Ils nous ont téléphoné et on s'est donné un point de rencontre (à Haverstraw : NDLA). » Les Québécois qui s'étaient rendus à New York le 10 ont quant à eux trouvé refuge chez des membres de la Délégation générale au cours de la journée du 11.

*   *   *

Au terme de cette affaire, personne ne garde de rancune.

« Je ne me souviens pas qu'on se soit crié par la tête, personne, dit Létourneau. Il y a eu des moments tendus, mais jamais de coups sous la ceinture. »

« Ça s'est bien terminé. Ça a bien fonctionné », dit Jean Clavet.

« Je serais intervenue si j'avais senti que ça dérapait totalement », dit Martine Tremblay.

Quant aux policiers René Lafrenière et Daniel Brouillette, ils furent honorés au cours d'une cérémonie commémorative tenue à New York un an après les événements.

Quartier général canadien du NORAD, Winnipeg, 16 h (17 h, heure de New York)

Le capitaine Bruce Barnes peut enfin prendre une petite pause.

Dans les premières heures de la crise, Barnes a repris son

poste de travail régulier, soit la mise à jour constante des renseignements sur le grand écran du centre des opérations de la base des Forces aériennes de Winnipeg. Lui et ses collègues, qu'ils soient dans la capitale manitobaine, à North Bay ou dans l'une ou l'autre des bases du NORAD aux États-Unis, ont gardé les yeux fixés sur les écrans radars à « regarder » les avions se poser les uns après les autres. À mesure que les heures passent, les écrans se vident. Bientôt, il ne restera plus que les signaux des avions militaires et des quelques aéronefs bénéficiant d'une dérogation.

De l'autre côté du pôle, les militaires russes ont mis fin prématurément à leur exercice et ont rappelé leurs bombardiers et autres aéronefs en vol. « Ils ont fait part de leur décision au National Military Command de Washington, qui nous a avisés », indique le major-général Rick Findley. Chez les opérateurs du NORAD, on apprécie le geste.

Lorsque la tension baisse, Barnes reçoit instruction de communiquer avec chacune des escadres des forces canadiennes afin d'expliquer la situation à ses collègues et de s'informer s'ils ont des besoins particuliers. « Il était important pour nous de nous parler de vive voix. Nous, du quartier général, voulions rappeler à nos collègues qu'ils n'étaient pas seuls », dit-il.

Vers 16 h, Barnes a quelques minutes à sa disposition. Il en profite pour donner un coup de fil à la maison, où se trouvent sa femme et sa fille d'un an. La famille vient à peine d'emménager dans cette résidence et la câblodistribution n'est pas encore installée.

« Ma femme [enceinte de leur deuxième enfant] n'avait pas accès à la télévision, raconte le militaire. Elle n'avait qu'une petite radio à sa disposition. J'étais complètement concentré sur mon travail depuis plusieurs heures, et là je me suis rappelé qu'elle n'avait pas la télé. Je me suis dit que je ferais mieux de l'appeler. Lorsque je l'ai jointe, ses premiers mots furent : "Qu'est-ce qui se passe ?". Je lui ai répondu : "Si tu avais eu la télé, tu n'aurais pas aimé voir ce que j'ai vu toute la journée." »

Gander, rue Rickenbacker, 19 h (17 h 30 heure de New York)

Piquée par la curiosité, Beulah Cooper est allée faire un tour en voiture, plus tôt dans la journée, à l'aéroport. Tous ces avions, qui arrivaient les uns après les autres ! Tous ces avions immobilisés les uns derrière les autres sur la piste 13/31, les voies d'accès aux pistes, le tablier… Incroyable.

Originaire de Corner Brook (Terre-Neuve), la dame de soixante et un ans n'a jamais rien vu de tel au cours de ses trente années passées à Gander, où son époux, un militaire de carrière, a été affecté.

Comme bien d'autres résidants de la ville, Mme Cooper a pris quelques clichés des avions avant de s'en retourner prestement chez elle pour regarder la télé le reste de la journée.

Il est autour de 19 h lorsque le téléphone sonne à sa résidence. Au bout du fil, elle reconnaît la voix d'une des administratrices du regroupement Royal Canadian Ladies Auxiliary, dont elle fait partie. En général, le groupe, formé d'une vingtaine de femmes, apporte son soutien aux membres de la section locale de la légion. Mais aujourd'hui, c'est différent.

« Beulah, on va avoir du monde. Les passagers des avions vont débarquer. Peux-tu préparer des sandwichs ? » demande l'interlocutrice à l'autre bout du fil.

Beulah Cooper ne fait ni une ni deux, passe à la cuisine, sort deux pains de l'armoire et se met à la tâche. Une heure plus tard, elle est au local de la légion, dans Elizabeth Drive, avec une assiette remplie de sandwichs aux œufs et à la chair de crabe.

D'autres personnes arrivent avec de la nourriture, des couvertures, des oreillers. La plupart restent là à attendre leurs visiteurs impromptus.

*   *   *

Pendant ce temps, à l'aéroport de Gander, près de sept mille personnes et membres d'équipage se trouvent à bord des trente-huit avions arrivés dans les dernières heures. Tous attendent avec impatience le signal du débarquement. On a hâte de se dégourdir les jambes.

Amorcé un peu plus tôt dans l'après-midi, le débarquement des passagers se fait un avion à la fois, toujours par souci d'éviter de faire entrer des terroristes au pays. Murray Osmond, l'agent de Citoyenneté et Immigration en poste à cet endroit, attend toujours les trois employés que le bureau provincial de St. John's est censé lui envoyer. Il faut dire que les deux villes se trouvent à environ trois heures et demie de route l'une de l'autre.

Avec la tension qui règne, les agents des douanes dirigent beaucoup de cas litigieux vers Osmond. La salle d'attente attenante au minuscule bureau où il examine les papiers d'identité des voyageurs se remplit en peu de temps. « En général, se souvient-il, les gens étaient très coopérants. Et soulagés à mesure qu'ils apprennent ce qui se passe aux États-Unis. Ils se disent qu'ils vont être en sécurité ici. »

Osmond doit être très minutieux pendant l'examen des papiers d'identité. Et, en même temps, il doit faire preuve d'humanité envers les voyageurs n'ayant pas le visa requis. « Nous avons la discrétion de faire entrer au pays une personne sans visa, selon les circonstances. Il a fallu faire preuve d'un certain bon sens », dit-il.

Lorsqu'il y a un problème de communication en raison de la langue, il fait appel à un autre passager ou à un membre du personnel de l'aéroport.

*   *   *

Alors que le filtrage des voyageurs se poursuit, les responsables municipaux des mesures d'urgence logent des appels dans les villes environnantes telles Appleton, Glenwood, Glovertown et même jusqu'à Lewisporte, à une bonne quarantaine de minutes par la route transcanadienne, pour trouver des places à coucher pour tout le monde.

Partout, on travaille pour accueillir, loger, nourrir et réconforter un tant soit peu tous ces étrangers que les Terre-Neuviens appellent déjà affectueusement les *plane people*. Si certains n'apprécient guère l'usage de ce terme, qui rappelle trop les *boat people* de la guerre du Vietnam, ce n'est pas suffisant pour freiner leur ardeur. Au contraire, des centaines de bénévoles ne se font pas prier pour mettre la main à la pâte.

Mike Moss est du nombre.

Du haut de ses six pieds, ce grand bonhomme un peu effacé est un des nombreux rouages importants de l'organisation de l'accueil. Directeur de la section de Gander du Campus College of North Atlantic, une école de métiers où l'on forme autant des cuisiniers que des infirmières auxiliaires et des mécaniciens spécialisés en aéronautique, Moss a reçu chez lui, à l'heure du lunch, un appel lui demandant de se tenir prêt.

« La présidente de notre collège, dont le siège social se trouve à Stephenville, m'avait annoncé que des avions seraient détournés sur Gander, se rappelle-t-il. Elle m'a demandé si nous faisions partie d'une équipe d'intervention en cas de catastrophe. Ces avions, nous les avons entendus une partie de l'après-midi parce que notre établissement est situé directement dans l'angle de l'approche finale menant à une des pistes d'atterrissage. »

Plus tôt dans la journée, vers 14 h 30, soit avant la fin des cours, Moss a réuni les membres de son personnel. « Je leur ai dit que nous aurions peut-être à intervenir et que, compte tenu de la capacité de notre école (trois cents élèves), nous hébergerions peut-être des gens. J'ai alors demandé s'il y avait des volontaires pour aider, le cas échéant, et tout le monde a levé la main. »

Mike Moss n'est donc pas surpris outre mesure lorsqu'il reçoit un appel à sa résidence, vers 19 h (17 h 30 à New York), pendant qu'il est en train de manger avec sa femme. Au bout du fil, un représentant du centre des mesures d'urgence de Gander. Il demande à Moss si son école peut accueillir un vol de deux cents à deux cent cinquante passagers.

« Bien sûr, répond le directeur.

— Très bien, on vous envoie ceux d'un vol d'Air France. Il y a deux cent trente-quatre passagers. »

À peine a-t-il raccroché que Moss reprend le combiné pour appeler les membres de son personnel. Chez lui, ça ne peut pas mieux tomber. Pour donner les cours de cuisine, il compte sur deux chefs professionnels. Pour les cours en soins de santé, quatre infirmières diplômées. « Nos chefs sont allés à la coopérative locale pour acheter des tonnes de nourriture, autant pour l'accueil que pour le déjeuner du lendemain matin. Ils ont aussi appelé leurs fournisseurs. De mon côté, j'ai téléphoné au sous-traitant à qui est confiée la gestion de la cafétéria. Son personnel est immédiatement rentré au travail. »

*　*　*

Ailleurs dans la ville, des professionnels de la santé attendent les demandes particulières. Les pharmaciens laissent leurs portes ouvertes. D'autres entreprises offrent leur collaboration pour installer des lignes téléphoniques, le service Internet ou la câblodistribution dans les abris. On sait une chose : les passagers des avions n'ont pas encore vu ce qui se passait. Ils sont inquiets. Ils veulent comprendre. Ils veulent savoir.

La municipalité reçoit tellement de nourriture qu'elle doit résoudre rapidement un problème de taille : où entreposer toutes les victuailles périssables ?

Réponse : à l'aréna du centre communautaire ! Ouvert en 2000, l'édifice est neuf et fonctionnel. Outre le patinage, la patinoire et ses estrades servent à tout : congrès, foires commerciales, compétitions de curling et même galas de lutte.

« La glace était faite parce que, à ce moment-là de l'année, il y avait une école de hockey pour les jeunes. Nous avons abaissé encore un peu la température et nous nous sommes servis de la glace comme réfrigérateur et centre de distribution », se rappelle le maire Elliott.

À la fin de la première journée, la moitié de la glace est couverte de palettes de bois où s'empilent toutes sortes d'aliments. Des individus envoyés par chacun des centres d'hébergement temporaires viennent y chercher ce dont ils ont besoin pour nourrir leurs réfugiés.

Ottawa, ministère des Transports, 17 h 30

Il est 17 h 30 à Ottawa lorsque le ministre américain des Transports, Norman Mineta, joint par téléphone David Collenette à son bureau de la Place de ville.

Encore secoué par ce qu'il vient de vivre au cours des dernières heures, Mineta remercie chaudement son homologue canadien pour l'aide apportée. « Il était très reconnaissant et en même temps très ému par la journée qu'il venait de passer, se souvient l'ancien ministre. Il nous a remerciés d'avoir reçu tous ces avions, ajoutant qu'il trouvait remarquable d'avoir accueilli tous ces gens. »

Collenette, en retour, l'assure de l'entière collaboration canadienne.

Dans l'émission *Untold Stories* diffusée à CBC un an après les événements, l'ancien ministre affirme aussi que Mineta était encore en état de choc. « Je pouvais sentir, par le ton de sa voix et parce que je le connaissais, qu'il était crispé, tendu, préoccupé par quelque chose n'ayant pas de précédent. »

Durant la conversation entre les deux ministres, Collenette ne revient pas sur la décision unilatérale de fermer leur espace aérien qu'ont prise les Américains. Pour lui, le moment n'est pas propice à cela. D'ailleurs, son esprit est déjà absorbé par d'autres préoccupations : le redémarrage des activités aériennes, qui ne s'annonce pas comme une sinécure.

Aéroport de Calgary, 15 h 50 (17 h 50 heure de New York)

À 15 h 50 heure locale, sur le tarmac de l'aéroport international de Calgary, l'appareil CC-144 Challenger rattaché au 412e escadron de transport de la Défense nationale attend deux invités de marque.

Pour ce voyage tout à fait exceptionnel entre la métropole albertaine et Ottawa, l'ambassadeur américain, Paul Cellucci, et sa femme, Jan, seront les seuls passagers à bord. Cellucci est heureux et soulagé de se mettre en route vers Ottawa. Plus tôt dans la journée, l'intervention du bureau du premier ministre, Jean Chrétien, a facilité le retour de l'ambassadeur dans la capitale.

Avant de quitter la résidence du consul général, Roy Cha-vera, où il a passé les dernières heures, l'ambassadeur s'entretient brièvement avec des représentants des médias qui font le pied de grue dans les environs. « C'est au-delà de toute compréhension, dit-il. Nous avons des liens extraordinaires avec le Canada en ce qui a trait tant aux services de renseignement qu'à l'application de la loi ou à la sécurité. Je sais que le renseignement canadien travaille aussi fort que celui des États-Unis pour s'assurer qu'il n'y aura pas d'autres attaques et pour nous aider à retrouver les coupables de ces actes. […] Nous demandons vos prières. Il y a de nombreuses familles américaines qui ont besoin de prières à ce moment-ci et c'est ce que nous demandons aux Canadiens[5]. »

Tout juste après 16 h (18 h à New York), le Challenger du gouvernement canadien, avec ses deux passagers, roule sur une des pistes de l'aéroport, décolle et grimpe dans un ciel pratiquement vide de tout autre aéronef. Bientôt, il n'est plus qu'un point s'éloignant de la capitale albertaine, en route vers l'est du pays.

---

5. Joe Paraskevas, Grady Semmens et Kerry Williamson, « U.S. consolate ups security », *The Calgary Herald,* 12 septembre 2001, page A5.

Chapitre 12

La tempête est passée

Vers 18 h, sauf quelques très rares exceptions, tous les aéronefs, qu'ils aient été en provenance de l'Europe, de l'Asie ou du territoire canadien, sont au sol. Au total, les aéroports canadiens ont accueilli deux cent trente neuf aéronefs[1] dont la destination finale se trouvait ailleurs en Amérique. Quelque trente trois mille personnes étaient à bord de ces appareils.

Les écrans radars des salles de contrôle aérien de NAV Canada, du NORAD, de la Force aérienne et de Transports Canada sont vides. Plus aucune petite boîte lumineuse, plus aucune courbe illustrant le déplacement des avions n'y apparaissent.

Le ciel de l'Amérique du Nord est devenu un désert. Seuls circulent des avions de chasse à la recherche d'un ennemi qui a déjà frappé.

Dans les bureaux de la 22e escadre de North Bay, le major Wayne Smith en fait la remarque aux membres de l'équipe de

---

1. Voir annexe 2.

relève, au cours d'une réunion en soirée. « Je leur ai dit : "Regardez bien vos écrans radars car vous ne reverrez sans doute jamais cela de votre vie" », raconte-t-il.

Si intense durant les premières heures, la tension est retombée. Les attaques sont terminées. À New York, les secouristes fouillent les décombres à la recherche de survivants. Pour ceux qui ont des proches au WTC ou au Pentagone, une veille douloureuse commence. Au Canada, on organise l'accueil et l'hébergement des arrivants. La plupart sont encore à bord des avions, et le débarquement, sous haute surveillance, se fait au compte-gouttes.

Dans les médias, on évoque déjà la riposte, plus que probable, des Américains. On conjecture, on disserte, on discute sur le nombre de morts, les dommages, les réactions, les questions de sécurité dans le futur, l'avenir des relations avec les communautés musulmanes, d'où, dit-on, proviennent les terroristes. On attend aussi le discours à la nation que le président Bush doit prononcer.

Ailleurs, on fait le bilan d'une journée dont chacun sait qu'il conservera le souvenir. Une de ces journées que l'on rappelle avec la formule consacrée : « Où étiez-vous le jour où… ? », comme au moment de l'assassinat du président Kennedy ou de l'explosion de la navette Challenger.

New York, studio de Radio-Canada, 3ᵉ Avenue

Claude Deschênes s'entretient, depuis le studio de la SRC à New York, avec Bernard Derome et Raymond Saint-Pierre qui sont à Montréal.

Deschênes raconte que les transports en commun ont repris, mais pas les services du métro dans le sud de Manhattan, de crainte que l'effondrement des tours n'ait endommagé la structure des tunnels. « Avez-vous pu percevoir le sentiment des gens ? demande Derome à Deschênes. Est-ce que c'est de l'inquiétude ? De la colère ?

— Autour, les gens étaient résignés, constate le journaliste. Je sentais qu'il y avait comme un poids sur leurs épaules. Des gens ont pleuré, se sont réconfortés. Ceux que j'ai rencontrés m'ont laissé entendre que, pour le moment, leur pitié allait à ceux qui étaient blessés ou qui étaient morts dans cet événement. Pour moi, il n'y avait pas de sentiment de rage, je n'en ai pas perçu. Une fois que les deux tours se sont écroulées, on a vu les gens se tourner, remonter vers le nord de la ville, comme si c'était terminé. On voulait oublier ça. »

Dans une station Shell de Winnipeg, vers 18 h (19 h à New York)

Le capitaine Bruce « Pux » Barnes a terminé son quart de travail.

Comme plusieurs autres membres de l'armée canadienne rattachés aux opérations quotidiennes du NORAD, il a reçu l'ordre de retourner à la maison. Et d'aller dormir.

Aux militaires souhaitant rester en poste pour donner un coup de main, les officiers supérieurs répondent par la négative. Les prochains jours seront surchargés de travail, jour et nuit. Par conséquent, leur répondent-ils, il est impératif de bien répartir les tâches. Ce n'est pas le moment de faire du zèle.

Avant de se rendre à la maison, Barnes arrête à une station-service Shell située dans l'ouest de la ville. À la caisse, il achète des exemplaires de l'édition spéciale du *Winnipeg Free Press* relatant les événements de la journée.

Il porte encore son uniforme de l'armée de l'air, ce qui attire l'attention dans le commerce. « Plusieurs personnes que je ne connaissais pas sont venues spontanément me parler, se souvient-il. Elles me posaient des questions, me demandaient ce qui s'était réellement passé, comment s'était déroulée notre journée, si le pays était en sécurité, etc. » Quelques-unes lui serrent même la main. « Elles me disaient qu'elles étaient heureuses d'avoir des gens de l'armée de l'air dans leur communauté. »

Une fois sorti de la station-service, Barnes saute dans sa voiture et s'en va rejoindre sa petite famille.

Cornwall, institut de NAV Canada, 18 h 30 – 19 h 30

Kathy Fox et les directeurs des centres régionaux de NAV Canada peuvent souffler.

En dépit des fortes pressions subies au cours des dernières heures, aucun incident grave n'est survenu pendant l'opération visant à détourner vers le Canada tous les vols internationaux interdits au-dessus du territoire américain. Maintenant, c'est à d'autres ministères et organismes du gouvernement fédéral de prendre la relève.

Il est 18 h 30, peut-être 19 h, lorsque Fox met fin aux opérations du centre tactique ayant été improvisé dans les locaux de l'institut de NAV Canada à Cornwall. Mais le travail n'est pas terminé pour autant. La tâche qui l'attend au cours des prochains jours est énorme.

Fox donne aux directeurs des centres régionaux instruction de faire leurs valises. Ils ne retournent pas chez eux mais s'en vont au siège social de l'entreprise, à Ottawa. À partir de maintenant, ils doivent se pencher sur la reprise des activités aériennes.

Fox quitte Cornwall pour Ottawa en voiture. Elle boucle le

trajet d'environ une heure par l'autoroute 417. En chemin, un gros avion, qu'elle croit être un Antonov russe, lui passe au-dessus de la tête. Celui-là, elle l'a raté, observe-t-elle. En arrivant au bureau, rue Metcalfe, elle apprend qu'il s'agit d'un retardataire dont elle n'avait pas entendu parler. L'appareil s'est posé à l'aéroport d'Ottawa.

Fox constate aussi que le personnel a aménagé un centre tactique dans la grande salle du 12e étage. Appelée le Dôme en raison de sa toiture convexe et vitrée, la pièce donne une vue splendide sur la colline parlementaire et la rue Albert, vers l'ouest. Elle est flanquée de deux autres salles, plus petites mais tout aussi spacieuses, occupées par la cellule stratégique que coordonnent Andy Vasarins et le centre de liaison de la Défense nationale.

C'est dans ces espaces communicants que les dirigeants de NAV Canada vont orchestrer le travail des prochains jours, y vivant pratiquement 24 h sur 24. Certains, comme Andy Vasarins, vont même coucher sur place. « On a installé un lit dans mon bureau. J'ai fait venir ma brosse à dents et mon rasoir de la maison », dit-il.

« Coucher » est un bien grand mot. Vasarins dormira peu au cours des journées survoltées qui s'annoncent.

Base de Shearwater (Nouvelle-Écosse), vers 19 h (18 h à New York)

Lorsqu'il reçoit un appel de son supérieur en fin d'après-midi, l'adjudant-chef Yves Lemieux, de la base d'Halifax, se fait dire qu'il doit être prêt à recevoir plusieurs autobus remplis de passagers ayant débarqué des avions à l'aéroport d'Halifax. Mais il n'avait pas prévu que ces réfugiés arriveraient aussi vite !

En se présentant à Shearwater au début de la soirée, Lemieux remarque les six autobus bourrés de voyageurs qui sont garés à deux pas du Warrior Block. Et les chambres censées être utilisées pour leur séjour ne sont pas encore aménagées correctement. Et d'autres autobus sont en route !

« On était loin d'être prêt ! lance-t-il. Pour accueillir le plus de gens possible dans chaque chambre, nous devions installer plus de lits que d'ordinaire, poursuit-il. Une chambre à deux ou à quatre lits pouvait être convertie en une de six et même de huit lits. Or, pour y arriver, nous devions démonter des lits dans des chambres pour les installer dans d'autres. Ailleurs, il fallait installer des lits de camp. »

Pour « stimuler » le travail, l'adjudant-chef hausse le ton. Le rythme doit s'accélérer.

Dans l'opération, Lemieux sert également d'agent de liaison avec des organismes extérieurs ou avec ses collègues à la base d'Halifax. Si de quelconques ressources humaines ou matérielles sont manquantes, c'est lui qui transmet les commandes.

À leur arrivée, les voyageurs entrent par la porte principale du Warrior Block, où ils sont inscrits. Puis, ils passent devant des tables où l'on a installé pour eux des produits de première nécessité : brosse et dentifrice, débarbouillette, savon, couches que la Croix-Rouge a apportés par camion.

Dans la cuisine, le personnel est aux fourneaux. Les cuisiniers se constituent un horaire de travail où chacun devra faire des quarts de 14 heures. Le caporal Mike Smith, qui avait terminé sa journée au début de l'après-midi, se fait dire de revenir en fin de soirée. « J'ai fait cuire du bacon toute la nuit ! »

Les travailleurs du centre communautaire s'activent pour rassembler des berceaux, des poussettes, des jeux pour les enfants. Dans les grandes salles, on installe des postes de télévision, dont certains diffusent des émissions pour les enfants. Mais tout le monde, évidemment, voulait regarder les nouvelles. Rassemblés devant les postes diffusant CNN, les voyageurs, qui regardent les reportages pour la première fois, sont sonnés.

Les responsables de la base ouvrent aussi tous les bureaux, de façon à rendre accessibles le plus grand nombre possible de téléphones et d'ordinateurs. Dehors, on allume les barbecues. Le restaurant Subway situé près de la base appelle pour offrir des sandwichs. Après de longues heures de stress et d'inconfort, les voyageurs peuvent enfin se détendre un peu.

Halifax / Gander / Appleton

Au-delà de l'aide apportée par les militaires, les organismes de secours d'urgence et les collectivités, les passagers des avions détournés sont aussi pris en charge par les citoyens qui les emmènent manger, se doucher et dormir chez eux.

C'est par exemple le cas d'Anne Derrick. Avocate de renom à Halifax, Mme Derrick a, au cours de sa carrière, défendu des causes ou des clients célèbres tels Henry Morgentaler et Donald Marshall, un Amérindien injustement condamné pour meurtre[2].

Mme Derrick vient de passer une journée qu'elle qualifie d'irréelle, lorsqu'elle arrive le soir à la maison. La première fois qu'elle entend parler des attaques, en matinée, elle est à bord de sa voiture, à un carrefour, attendant que le feu passe au vert. Elle a peine à croire ce que l'annonceur est en train de raconter à la radio. « Je me suis dit que c'était un canular, un truc du genre *La Guerre des mondes* d'Orson Welles », se remémore-t-elle.

Durant cette journée, Mme Derrick n'a qu'une idée en tête :

---

2. En septembre 2005, Mme Derrick a été nommée juge aux tribunaux de la province et de la famille de la Nouvelle-Écosse.

rentrer à la maison et embrasser ses enfants. En soirée, elle et son conjoint, Archie Kaiser, professeur à l'École de droit de l'université Dalhousie, décident d'héberger une famille. « Comme nous avons trois filles, nous nous sommes dit : trouvons une famille avec des filles. Ça va bien marcher. Elle va se sentir comme chez elle. » Ce qu'ils feront dès le lendemain.

Toujours à Halifax, le consul général par intérim des États-Unis, Mark Seibel, effectue une tournée des centres d'hébergement mis sur pied à la hâte au cours des dernières heures. Il est accompagné du maire de la ville, Peter Kelly, et… d'agents de la GRC qui ne le quittent plus d'une semelle, une situation qu'il n'a jamais connue par le passé.

« À la fin de l'après-midi, après une longue journée au consulat, je suis allé visiter le centre des mesures d'urgence de la région, où plusieurs personnes, dont Barry Manuel, m'ont brossé un tableau de la situation, se rappelle le diplomate. Mon arrivée a coïncidé avec celle du maire et nous avons reçu l'information ensemble. Après, dans les nombreux abris que nous avons visités dans les écoles et les centres communautaires, les gens étaient sous le choc. Ils me demandaient ce qui était arrivé, mais la vérité est que je savais à peine plus qu'eux ce qui se passait. »

Après les refuges, Seibel et Kelly font un saut à l'aéroport pour une autre séance d'information. Puis ils se séparent. Seibel s'en va chez lui pour prendre quelques heures de repos. Seul employé américain du consulat, il sait qu'il aura à se lever au milieu de la nuit pour recevoir des instructions du département d'État à Washington, afin d'assurer la suite des opérations.

À Gander, la maison de Beulah Cooper grouille de monde. En plus d'héberger deux ou trois femmes, Cooper fait la navette entre le local de la légion et sa maison pour y emmener des gens voulant prendre une douche. Lorsqu'elle s'assoit, c'est pour écouter ou consoler quelqu'un en larmes.

Appleton est une petite agglomération voisine de Gander. Le maire, Derm Flynn, n'est pas chez lui, mais à St. John's, au moment des attaques. Dès qu'il apprend que des avions doivent atterrir dans la capitale et que des voyageurs seront hébergés au One Mile Stadium, il songe à aller donner un coup de main. Mais il préfère coordonner l'action de sa propre collectivité en conversant régulièrement au téléphone avec la directrice générale de la municipalité.

« Dis aux gens de venir prendre une douche chez nous », lui dit-il.

Lorsque Flynn et sa femme, Diane, arrivent chez eux tôt le lendemain matin, des étrangers venus prendre une douche sortent de la maison. Flynn les salue cordialement, balance ses valises dans la maison et fonce vers l'hôtel de ville.

De Vancouver à Lewisporte (Terre-Neuve), de Winnipeg à Mirabel, de Toronto à Moncton, partout où ont atterri des avions déviés de leur route, c'est la même histoire.

Jersey City, New Jersey, 19 h

Au cours des dernières heures de l'après-midi, Martine Primeau a passé le temps à essayer de communiquer avec son conjoint et à regarder la suite des événements à la télévision, toujours dans l'attente, comme on le lui a laissé entendre, que la Croix-Rouge vienne chercher tous les rescapés qui, comme elle, se sont retrouvés dans le gymnase d'un édifice résidentiel converti en abri temporaire.

Lorsqu'elle met les pieds dehors, elle constate que des navettes continuent à emmener d'autres personnes depuis la pointe sud de Manhattan vers le New Jersey. « J'ai eu l'impression que c'étaient des résidants, pas des touristes. Certains débarquaient avec leur chien. »

En toute fin d'après-midi, ayant besoin d'air, Primeau décide d'aller marcher sur une promenade longeant le fleuve Hudson. De l'autre côté du fleuve, juste en face, le désolant et hallucinant spectacle de Downtown sens dessus dessous. Il y a encore beaucoup de poussière en suspension dans l'air.

D'ailleurs, à 17 h 20, l'édifice de quarante-sept étages du 7, World Trade Center s'est effondré à son tour.

Au hasard de sa promenade, Primeau rencontre un policier. Tous deux s'assoient sur un banc faisant face à l'eau et entament une conversation. Ils échangent leurs impressions sur la journée avant de se quitter au bout d'un long moment. « On a dû parler pendant une heure », croit Primeau.

Lorsqu'elle revient à l'immeuble où est aménagé son abri, vers 19 h, elle a la désagréable surprise de constater que les lieux sont vides. Tous les autres rescapés sont partis. « La Croix-Rouge était passée et avait ramassé tout le monde. »

Que faire ? Heureusement, au cours de la journée, la gérante de l'édifice a reçu quelques appels de résidants qui lui proposaient d'héberger des sinistrés en cas de nécessité. Elle conduit donc Martine Primeau chez un couple de financiers qui habitent dans les hauteurs de l'immeuble. Les coûts du logement étant moins élevés à Jersey City, ce couple de gens d'affaires y a emménagé depuis quelque temps déjà. Matin et soir, les deux font l'aller-retour entre la maison et le bureau dans une navette fluviale.

Depuis les fenêtres de leur appartement, la vue sur Downtown Manhattan est exceptionnelle. En temps normal, s'entend, car ce soir-là le paysage est plutôt grotesque pour la Montréalaise qui observe les ruines fumantes des édifices s'étaler sous ses yeux.

Ministère de la Sécurité publique, Sainte-Foy

Tout est calme au siège social du ministère québécois de la Sécurité publique, boulevard Laurier, à Sainte-Foy. C'est le début de la soirée et Serge Ménard est de retour dans la Vieille Capitale. Finalement, la demande de dérogation pour envoyer un avion les prendre, lui, son collègue de la Justice Paul Bégin et leurs adjoints, a été acceptée sans trop de heurts.

Parti à 14 h 45 de Québec avec un équipage de trois personnes, l'appareil, un Challenger 601 3A, a réalisé un aller-retour de 1 420 kilomètres en trois heures et dix minutes, incluant un arrêt de 35 minutes à l'aéroport d'Halifax. À 17 h 55, l'avion se posait à l'aéroport Jean-Lesage.

« Je me rappelle le décollage depuis Halifax, avoir vu tous ces avions collés les uns sur les autres, stationnés à 45 degrés sur la piste », dit l'ancien ministre. À bord, il n'est pas seul. S'y trouvent également le ministre de la Justice, Paul Bégin, cinq membres de leur personnel politique et deux employés de l'État.

En raison des circonstances, on préfère de loin mobiliser le Challenger, un avion à réaction pouvant capable de voler à 875 km/h avec une autonomie de 5 000 km, plutôt que l'autre appareil du gouvernement, un Dash-8 à hélices pouvant aller à 520 km/h avec une autonomie de 2 400 km.

Dès son arrivée, Ménard réunit ses sous-ministres pour faire le point sur la journée. Il reste un bout de temps au bureau, où l'on tient une veille. « Comme pour le *bug* de l'an 2000, il ne s'est rien passé. Tout était tranquille », raconte-t-il.

New York, dans l'appartement de Diane Wilhelmy

Comme certaines voies d'accès ont été rouvertes pour sortir de Manhattan, les employés de la délégation vivant dans les arrondissements de Brooklyn ou de Queens partent retrouver leurs proches. Mais il reste encore beaucoup de gens à nourrir et à héberger. Tous ceux de Québec New York 2001 qui, par exemple, logeaient dans des appartements situés Downtown et qui ne peuvent y retourner.

Certains employés de la délégation gardent des rescapés pour la nuit. D'autres, comme Philippe Cannon, trouvent refuge dans les appartements loués à l'extérieur de la zone de sécurité. Patrick Giguère et son groupe de chauffeurs ont fait un saut à l'appartement de Mme Wilhelmy, mais ils ont décidé de retourner dans leurs appartements de Greenwich Village. « On essayait de nous dire quoi faire, mais on a un peu fait nos têtes de cochon », dit Giguère.

Jean Clavet fait le tour des hôtels et réussit à trouver des places. « L'hôtel Sutton, situé près de chez moi et où j'avais habité durant les six premiers mois après mon arrivée, m'a loué toutes les chambres disponibles. Ailleurs, j'ai loué une suite avec deux lits dans un hôtel. »

Nadia Seraiocco se retrouve seule, dans un appartement de la rue Morton, beaucoup trop près à son goût de Ground Zero. Une décision qu'elle n'a guère appréciée. « On a traité ça comme un dossier d'hébergement habituel, dit-elle. Nous avons été ramenés très tard à ces appartements. J'étais inquiète. Je n'ai pas dormi de la nuit. »

Toujours chez Diane Wilhelmy, on règle les derniers préparatifs avant le départ du premier groupe de Québécois rapatriés.

Plus tôt dans la journée, un employé de Québec New York 2001 resté dans la Vieille Capitale a réussi à dénicher un autobus qui se trouve pas très loin, au New Jersey. « Par chance, le chauffeur de cet autobus était venu reconduire un groupe la nuit et avait dormi durant la journée du 11 quelque part au New Jersey », indique Diane Wilhelmy.

Avec Michel Létourneau et quelques autres, la déléguée générale met la dernière main à la liste des personnes qui partiront le soir même. Certains ne veulent que ça, partir loin, très loin. D'autres se font tirer l'oreille et on doit insister. En fin de compte, une liste officielle des personnes à bord est dressée et signée par Wilhelmy, puis officialisée par le consulat général du Canada. Tout au long de la journée, les deux organismes ont travaillé main dans la main, échangé des informations, etc. Dans une situation pareille, il n'y a pas une parcelle de chicane de compétence fédérale-provinciale.

Une fois complète la fameuse liste pour le premier autobus, il reste un problème de taille : aucun véhicule n'est autorisé à entrer dans Manhattan. On demande donc au chauffeur de l'autobus de se rendre à l'un des quais de Weehawken, là où se trouve le point de départ et d'arrivée des traversiers de l'entreprise New York Waterway.

De Manhattan, les rescapés traverseront donc au New Jersey à bord d'une navette fluviale partant du quai 79, au bout de la 39e Rue Ouest.

Ottawa, édifice de Transports Canada, Place de ville, 19 h

À 19 h, le ministre fédéral des Transports, David Collenette, publie une déclaration rappelant que l'espace aérien du Canada reste fermé jusqu'à nouvel ordre. Il fait aussi le bilan du nombre des vols déroutés, indique les endroits où les aéronefs ont atterri et ajoute les remerciements d'usage.

À la fin de sa missive, il s'attarde également à ce qui s'est passé au cours de la journée dans les autres domaines relevant de son ministère.« Dans d'autres secteurs du milieu des transports, la navigation se poursuit sur la voie maritime du Saint-

Laurent, avec certaines restrictions mises en place par les autorités canadiennes et américaines. Celles-ci comprennent des mesures de sécurité spéciales aux écluses d'Eisenhower, de Schnell et de Saint-Lambert. De plus, à la suite d'une évaluation des risques, certains navires étrangers naviguant sur la voie maritime sont inspectés, tandis que les navires canadiens et américains continuent de se déplacer de façon normale. Le transport ferroviaire des marchandises est maintenu à la frontière, mais le service ferroviaire Amtrak à destination des États-Unis est transformé en un service d'autobus à la frontière. »

Le ministre est soulagé. Non seulement tous les aéronefs relevant de Transports Canada et de NAV Canada ont pu atterrir sans heurt, mais aucun d'eux ne transportait (jusqu'à nouvel ordre, car les vérifications se poursuivaient au sol) de terroristes. Y compris le vol espagnol, au sujet duquel les services de renseignement s'inquiétaient plusieurs heures plus tôt. « Il n'y a jamais eu de preuve de la présence de quelconques terroristes à bord », remarque Collenette.

Cela dit, le répit est de courte durée pour ce dernier et son entourage. « Il fallait remettre le système en marche, rassurer le public, lui dire qu'il n'y avait pas de danger à voler, composer avec les conséquences financières de la fermeture du ciel pour tous les acteurs du transport aérien et réviser rapidement toutes nos règles en matière de sécurité du transport aérien », raconte-t-il.

De plus, le ministre commence déjà à recevoir des échos des énormes problèmes pointant aux douanes quant au transport de marchandises entre les deux pays.

L'orage qui gronde à l'horizon éclatera dans les jours et les semaines à venir. D'interminables files d'attente aux postes frontaliers, des kilomètres de camions semi-remorques attendant parfois 24 h avant d'entrer aux États-Unis, des voyageurs courroucés. Et une économie canadienne, largement dépendante du client américain, sous pression.

Responsable des douanes, le ministre Martin Cauchon se souvient de cette période comme d'un véritable cauchemar. Les conséquences du 11 septembre, il les a subies durant les trois mois qui ont suivi. « Lorsque j'entrais au caucus tous les mercredis matin, c'était *tough*, se rappelle-t-il. Et c'était un euphémisme de dire cela. Les députés de la région de l'Ontario où se trouve le pont Ambassador, à Sarnia, me rentraient dedans. Il y avait des temps d'attente épouvantables. Il fallait gérer tout ça, s'assurer de la fluidité, tout en faisant en sorte d'améliorer la sécurité. »

Finalement, les choses se sont calmées à Noël. Et à quelque chose malheur est bon : dans les mois suivants, le projet de Cauchon sur l'amélioration des formalités aux frontières passe comme une lettre à la poste, avec une bonne partie des crédits nécessaires à sa réalisation.

Québec, consulat général des États-Unis

Après avoir passé les dernières heures à régler plusieurs dossiers, à répondre à mille et une questions de compatriotes inquiets, à recevoir divers témoignages de sympathie et à répondre aux demandes insistantes des médias, Susan Keogh-Fisher passe le reste de la soirée au consulat, qui abrite aussi ses appartements privés.

Comme un peu tout le monde, elle suit les événements à la télévision, en se disant que les attentats des dernières heures constituent, selon ses mots, un « changement historique ». Comme tout le monde, à 20 h 30, elle est installée devant le téléviseur et écoute le discours que le président Bush donne depuis le Bureau ovale de la Maison-Blanche, à Washington.

Elle passe par toute la gamme des émotions : horreur, tristesse, incrédulité. Ses pensées vont aux victimes, prisonnières dans les avions et les tours, ainsi qu'à leurs familles.

New York, hôtel Élysée, 20 h 30

Un peu de calme est revenu chez les six membres de la délégation officielle du Nouveau-Brunswick.

Regardant la télévision, où le président George W. Bush s'apprête à prendre la parole pour s'adresser à la nation américaine, ils font le bilan de cette journée complètement folle, tout en se demandant encore quand et comment ils vont rentrer au Nouveau-Brunswick. Ce ne sera finalement que le lendemain après-midi qu'ils réussiront, grâce au concierge de l'hôtel, à dénicher et à louer une limousine dont le chauffeur les emmènera jusque dans une ville du New Hampshire. De là, deux minifourgonnettes nolisées par le gouvernement du Nouveau-Brunswick les attendront pour les ramener à la maison.

Par leurs cellulaires, ils reçoivent encore des appels des médias réclamant des entrevues. Certains journalistes leur demandent de décrire ce qu'ils voient. « On ne peut que vous raconter ce que nous voyons à la télé », répond Scott.

Bernard Lord, lui, est serein. Il a pu parler à ses enfants et les assurer que tout va bien.

Aéroport d'Ottawa

L'avion Challenger mis à la disposition de l'ambassadeur américain, Paul Cellucci, et de sa femme, Jan, se pose à l'aéroport d'Ottawa à 21 h 05.

L'appareil a mis un peu plus de trois heures pour parcourir les quelque mille quatre cents milles marins séparant la métropole albertaine de la capitale nationale. « Ce fut un des vols les plus étranges que j'ai faits au cours de ma vie, raconte l'ancien ambassadeur. Notre avion était le seul à bouger à l'aéroport de Calgary. Tous les autres étaient arrêtés. Après le décollage, nous savions que notre avion était l'un des très rares à voler. »

Le vol s'est déroulé sans problème. Lorsque le Challenger de la Défense touche le sol à Ottawa, Cellucci éprouve exactement la même impression d'étrangeté que celle ressentie quelques heures plus tôt. Des avions cloués au sol. Aucune activité sur le tarmac. « À ce moment-là, on ne savait pas combien il y avait de victimes. Vingt-cinq mille ? Trente mille ? » C'est ce que l'ambassadeur craignait. « Évidemment, trois mille pertes de vie, ça reste énorme, horrible, mais un des miracles de cette journée, et le maire de New York, Rudolph Giuliani, me l'a dit quelques semaines plus tard, fut de ne pas en avoir perdu davantage. »

Cellucci affectionne le trajet, « un charmant intermède », entre l'aéroport et l'ambassade le long du canal Rideau. Pas ce soir-là. « Même le canal Rideau n'a pas réussi à chasser durant quelques instants les sombres pensées qui me traversaient l'esprit », écrit-il dans ses mémoires.

Montréal, dans les bureaux de Tourisme Montréal

La petite équipe de la direction de Tourisme Montréal fait son bilan. Le vice-président aux communications, Pierre Bellerose, ne compte plus le nombre d'appels téléphoniques reçus et logés au cours de cette journée étourdissante.

Entre ceux provenant des médias, des organismes de sécurité, des hôtels ou des transporteurs aériens, il a assisté à quelques réunions où l'on a ébauché une stratégie pour les jours à venir.

Car, après l'action à très court terme, l'adrénaline des dernières heures, il faut maintenant penser à l'avenir. Et les dirigeants de l'industrie touristique montréalaise anticipent déjà la crise des prochains mois. Ils doivent tout de suite repenser leur stratégie, notamment en matière de communications avec le millier de membres et les partenaires américains qui sont leurs plus proches clients. « Nous savions le soir même qu'il y aurait un impact à moyen terme, dit Bellerose. Certains disaient que ça allait durer des années, mais, en fait, on ne savait pas. Nous n'en avions aucune idée. Mais, comme nous sommes financés par la taxe sur les chambres d'hôtel, nous savions que des réservations moins nombreuses se traduirait par des revenus moindres. »

L'avenir allait lui donner raison, Tourisme Montréal enregistrant une baisse d'achalandage dès la mi-septembre et annonçant des réductions de personnel quelques mois plus tard.

Jersey City (New Jersey)

Pour Martine Primeau et ses hôtes, la soirée se passe à échanger commentaires et impressions sur les événements de la journée. « Ils m'ont demandé comment j'avais vécu ça. Je leur ai tout raconté mon histoire. Je parlais, je parlais, je parlais. On a regardé la télévision. Ils m'ont demandé si je voulais manger quelque chose, mais je n'avais pas faim », témoigne Primeau.

Primeau finit aussi par joindre les gens de la Délégation générale du Québec. Ils sont soulagés. Ils lui disent de se rendre le lendemain matin à la base militaire de Bayonne (New Jersey) d'où des autobus attendront des Québécois pour le retour à Montréal.

L'homme et la femme d'affaires accueillant la Québécoise lui ont préparé la chambre d'amis. En fin de soirée, ils lui conseillent de prendre un somnifère.

« Vous devriez en prendre un, vous aussi », leur dit-elle.

Ministère des Relations internationales, Québec

Ayant obtenu l'assurance qu'un autobus transportant un premier groupe de rescapés québécois ferait route durant la nuit entre le New Jersey et Montréal, Martine Tremblay songe à rentrer chez elle.

Après toutes ces heures qu'elle et le personnel de son bureau viennent de passer, le départ de cet autobus apporte une bouffée d'air frais. « Ce fut mon premier soupir de soulagement, dit-elle. J'ai vécu une des journées les plus éreintantes, les plus fatigantes de ma vie. »

En faisant le bilan de cette journée, elle se rend compte à quel point elle et le personnel du ministère sont partis de loin, voire de rien, après les attaques de la matinée, pour organiser une opération qui, en dépit des innombrables imprévus, s'est somme toute bien déroulée.

« On nageait dans l'inconnu. On devait chaque fois trouver une solution à des problèmes que nous n'étions pas habitués à gérer. »

Louise Beaudoin aussi a terminé tard. Après une telle montée d'adrénaline, le retour à une situation plus normale est toujours curieux. « On n'arrivait pas à se quitter », dit-elle.

Si plusieurs fonctionnaires du ministère rentrent chez eux

en fin de soirée, quelques-uns resteront dans les bureaux toute la nuit pour répondre aux appels de parents et de proches des rescapés.

Au ministère du Conseil exécutif, on est aussi satisfait du déroulement de la journée. En ce qui a trait aux interventions et au déploiement des ressources à l'intérieur même du territoire, les choses sont allées rondement, conclut le secrétaire général du gouvernement du Québec, Jean St-Gelais.

« Ce qui m'a frappé en premier lieu, c'est à quel point tout semblait baigner dans l'huile[3] », dit-il au cours d'une entrevue accordée le soir même au journal *La Presse*.

New York, studio de Radio-Canada, 3ᵉ Avenue, 21 h

Claude Deschênes a toujours eu la réputation d'être tiré à quatre épingles lors de ses interventions à la télévision. Mais ce soir-là, au téléjournal animé par Stéphan Bureau, revenu de Toronto, Deschênes porte encore le T-shirt blanc enfilé le matin lorsqu'il apparaît à l'écran.

« Pour les interventions de 21 h, je voulais me changer. Je n'avais que mon T-shirt. Franchement…, raconte-t-il. Je me suis dit : "Je vais au moins aller à l'hôtel me chercher une chemise." Mais il n'y avait pratiquement pas de taxis. »

Pis encore, les chauffeurs ne sont pas du tout inspirés par l'idée de descendre vers le sud. « Je ne descends pas en bas de Grand Central Station [à la hauteur de la 42ᵉ Rue] », répond un des chauffeurs hélés.

---

3. Denis Lessard, « Québec : une "cellule de crise" a été constituée », *La Presse*, 12 septembre 2001, page A21.

Même histoire, mêmes portes closes, lorsque vient le moment de casser la croûte. « Je voulais m'acheter quelque chose à manger et le McDonald's, qui affichait "Ouvert 24 heures" était fermé », dit le journaliste,

Ces anecdotes, Deschênes les relate également en ondes ce soir-là.

En conversation avec l'animateur, il dit ne pas avoir craint pour sa vie au cours de la journée, sauf lors d'un bref mouvement de panique dans la foule. Il n'a pas non plus apprécié de voir des soldats arriver dans Downtown. « Les militaires sont là pour rassurer mais, personnellement, ça ne me rassurait pas vraiment. Ça me rappelait la Crise d'octobre, alors que les militaires s'installaient près de chez nous pour protéger Réal Caouette. » Jeune, Deschênes demeurait à Hull, pas très loin de la résidence du chef du Crédit social.

Puis il évoque le sentiment d'accablement que le caméraman André Grégoire et lui ont ressenti tout au long de la journée. « Nous étions comme vidés de notre énergie en voyant ce qui se passait sous nos yeux. Comment s'imaginer que deux tours de cent dix étages puissent s'effondrer de cette façon-là. Je n'y crois pas encore. […] Ce soir, le ciel de New York, le panorama de New York est changé à jamais parce qu'il manque… il y a un trou dans le ciel de New York. »

« Vous savez, dit-il à Bureau, c'est une ville que vous aimez, que plein de Canadiens aiment visiter. Aujourd'hui, elle n'est pas pareille, cette ville-là. » Pendant que Deschênes parle, la caméra d'André Grégoire balaie le ciel derrière lui, pointant vers Ground Zero. Puis, la lentille plonge plus bas, vers la 3e Rue, où elle s'attarde quelques instants. Un véhicule solitaire se déplace sur l'artère.

« Regardez en bas. C'est la 3e Avenue, dit Deschênes dans le reportage. Une rue qui est bondée de voitures tout le temps à cette heure-ci. Des taxis jaunes, il n'y en a pas ce soir. […] Ce soir, les gens, ce qu'ils ont fait à New York et ce qu'on aurait tous envie de faire, c'est d'être près des nôtres pour vivre ce moment. Parce que tout le monde va se rappeler ça. C'est une date qui est écrite dans l'Histoire et qui va laisser une trace indélébile, ça c'est certain. »

Toujours dans le même reportage, Deschênes revient sur une des paroles qu'il a utilisées tout au long de la journée. « Quand j'ai vu cette tour tomber, j'ai dit le mot "apocalypse", dit-il à Bureau. C'est le seul qui me venait. Parfois, on a peur d'utiliser des mots qui sont trop gros pour décrire la réalité. Mais je pense que ça ne suffisait pas. Au cinéma, on voit des effets spéciaux qui font exploser des édifices. Là, on l'avait sous les yeux. Il n'y a pas un effet spécial, de Softimage ou de quelque compagnie que ce soit qui puisse être à la hauteur de ce qu'on a vu. »

Il ajoute avoir le « cœur serré », les « tripes carrément qui font mal » à la pensée de toutes les personnes pouvant se trouver dans les deux tours devenues amas de ruines et de cendres. Il conclut en revenant sur le fait que la ville est pratiquement fermée et que les New-Yorkais ont, dans leur malheur, fait la démonstration d'un sens de la solidarité visiblement émouvant.

« Chose certaine, affirme Bureau, quand on réussit à fermer le robinet de la vie à New York, c'est sans doute qu'en partie, les terroristes ont réussi à faire passer leur message. Parce que New York n'est pas une ville qui a l'habitude de fermer tôt ou surtout d'être triste. »

Chapitre 13

Le départ

New York, quai 79, 39ᵉ Rue Ouest

À la limite de Chelsea et du quartier des théâtres, voisines du tunnel Lincoln et s'arrêtant à la rue West, près de l'Hudson, les rues de New York ont triste mine.

Dans ces lieux faisant contraste avec le tumulte et les néons de Times Square, le paysage est émaillé d'une enfilade de bâtiments bancals de quelques étages, de logements aux fenêtres crasseuses, de commerces aux enseignes blafardes, d'aires de stationnement grillagées et de garages plus ou moins anonymes fréquentés par les chauffeurs de taxi.

Le jour, pendant que leurs bagnoles jaunes se font rafistoler dans une pétarade d'outils à air comprimé et des jets d'étincelles d'arcs à souder, les chauffeurs discutent par petits groupes devant les portes ouvertes des bicoques où s'activent des mécaniciens.

Lorsqu'on marche vers le fleuve, le soir, en passant par la 38ᵉ ou la 39ᵉ Rues Ouest, on remarque la silhouette peu rassurante d'un vieil édifice de briques brunes au mur aveugle surmonté de deux tours hautes d'une quinzaine de mètres, peut-être un peu plus. Elles bloquent en partie la vue sur le fleuve et les lumières du New Jersey, au-delà des flots.

À l'intérieur, l'aménagement est moderne, austère et froid. Sur trois côtés d'un grand hall rectangulaire haut de quelques étages, des murs de panneaux blancs s'étalent sur trois ou quatre étages. La façade du côté donnant sur l'Hudson est une grande surface vitrée par laquelle on aperçoit la jetée ballottée par le mouvement des vagues.

Des bancs d'aluminium argent aux accoudoirs de vinyle noirs sont alignés, perpendiculaires aux fenêtres. Les voyageurs peuvent attendre l'arrivée de leur navette à l'abri du vent et du froid.

Un comptoir est réservé à la vente de billets. Un peu plus loin, une cantine compte quelques présentoirs de friandises et de thermos de café. De temps à autre, une voix annonçant l'arrivée ou le départ d'une navette résonne sur les murs.

Nous sommes dans l'aire d'embarquement des navettes fluviales du quai 79, en provenance et à destination du New Jersey. En cette soirée du 11 septembre 2001, c'est ici que doivent se rendre la cinquantaine de Québécois désignés pour reprendre la route du Québec. L'autobus réservé plus tôt dans la journée les attend de l'autre côté de l'Hudson. Le véhicule fera route toute la nuit et est attendu à Montréal au petit matin. Le passage aux douanes est organisé.

Comme la plupart des évacués ont passé la journée dans l'appartement de Diane Wilhelmy, c'est au pied de Museum Tower qu'ils sont rassemblés. La déléguée générale vient les saluer une dernière fois. « C'était émotivement très chargée », dit-elle. Certains, encore là, trouvent difficile de partir. D'autres, qui restent, les envient un peu. Il y a quelques retardataires. Dans ce concert de « sentiments partagés », Wilhelmy se sent soulagée pour ceux qui partent. Elle sait qu'à l'autre bout il y a une équipe médicale, des représentants du ministère et les membres de leurs familles qui les attendent. « Eux, ils sont pris en charge. Ils vont être à bon port. »

*   *   *

Michel Létourneau reste à l'appartement, occupé, avec Jean Clavet et d'autres, à assurer la suite des choses. « Je suis resté à la résidence officielle pour finaliser l'organisation du coucher et préparer l'évacuation du lendemain », dit Clavet. Deux ou trois autres autobus remplis de Québécois partiront le 12 septembre depuis la base militaire de Bayonne (New Jersey).

Rémy Charest reste aussi un moment sur place avant de déménager chez Jean-Marc Dessureau pour y passer la nuit. Avec quelques collègues, il sort dans la 53e Rue pour prendre l'air. Ce soir-là, cette ville de New York où il aime tant marcher se présente sous un jour qu'il ne lui connaît pas.

« Mon souvenir de cette soirée : je me vois assis, les deux pieds dans la rue, en train de griller une cigarette en me disant "Ouin, c'est pas New York, ça !" [rires]. Une fois que les deux millions de personnes ont traversé les ponts et sacré leur camp, c'était une ville fantôme, cet endroit-là. »

« C'est ça qui était peut-être le plus frappant et qui donne une [autre] perspective par rapport à la couverture média d'un événement, poursuit-il. Vu de l'extérieur, toutes les caméras sont pointées vers Ground Zero. On ressasse tous les cris, les pleurs, les grincements de dents de la journée, les explosions, etc., et ça donne l'impression d'une ville qui est à feu et à sang. Mais une fois que tu es sur place, le soir, à moins d'avoir une vue directe jusqu'au bas de la ville et donc de voir les colonnes de fumée qui s'élèvent toujours, c'est l'inverse ! Ce qui est particulier dans la ville est cette tranquillité-là ! Qui n'est d'aucun rapport avec ce qu'est New York normalement. »

Autre aspect singulier qu'observe Charest, les New-Yorkais se parlent !

« Les gens passaient et te saluaient. Ils demandaient "Est-ce que ça va ?" Oui, oui… Les Américains essayaient de se donner une contenance. »

*   *   *

Pendant que les évacués quittent Museum Tower, un plus petit groupe, avec Patrick Muzzi en tête, sort de l'appartement de ce dernier, sur la 50ᵉ Rue, pour se diriger à pied au Quai 79. Eux aussi s'en vont. « Nous avons vidé nos armoires de tout ce que nous pouvions leur donner pour qu'ils n'aient pas faim en s'en allant, se rappelle Nataly Rae. Je leur ai donné des arachides, des barres tendres, des bouteilles d'eau… »

Comme Rémy Charest, c'est le silence de la ville qui frappe Patrick Muzzi.

« Les rues étaient étrangement calmes. Il n'y avait pas de bruit, si ce n'est des sirènes de camions de pompiers. Il n'y avait pratiquement personne dans les rues. C'était comme une ville qui avait été bombardée, avec une espèce de calme dérangeant pour quelqu'un habitué à vivre à New York. »

Depuis l'appartement, le groupe ne met que quelques minutes à se rendre au quai des traversiers. Arrivé sur place, Muzzi perçoit une certaine joie chez les personnes qui partent. « Il y avait une espèce d'effervescence chez les gens qui retrouvaient d'autres Québécois partis de la résidence de la déléguée générale », dit-il.

Muzzi salue tous ses collègues et s'en retourne à la maison.

À Québec, Susan Keogh pense à son mari, mort dix-sept ans plus tôt, dans un attentat en Namibie. Pendant ce temps à Washington, une de ses filles soigne des blessés de l'attentat du Pentagone dans un des hôpitaux de la capitale.

À North Bay, il est tard, presque le milieu de la nuit, lorsque le colonel Rick Pitre se couche à même le sol de son bureau et tente de trouver le sommeil.

À Ottawa, le ministre David Collenette quitte son bureau du 29e étage vers minuit. Un étage plus bas, Peter Coyles reste au boulot encore un bon moment.« Je suis parti vers 4 h du matin. La première journée, j'ai donné deux cent cinquante-neuf entrevues. Tout le monde appelait. Dix journalistes d'un même média couvrant dix angles différents. Même les médias des collèges et des universités. »

Un peu plus au centre de la ville, Kathy Fox quitte l'édifice de NAV Canada vers minuit, peut-être une heure du matin, pour aller passer quelques heures chez elle, à Gatineau. Andy Vasarins demeure sur place.

À Gander, Mike Moss fait au moins un constat satisfaisant : depuis qu'ils sont arrivés, deux ou trois heures plus tôt, les deux cent trente-quatre passagers du vol d'Air France sous sa responsabilité ont maintenant tous un petit quelque chose, ne serait-ce qu'une couverture, pour dormir. « Il devait être autour de 1 h du matin lorsque la propriétaire d'un motel de Clarenville est arrivée, nous apportant tous ses surplus de matériel », dit-il. Clarenville, c'est environ à cent cinquante kilomètres de Gander…

Mike Moss, lui, ne s'est pas vraiment couché, trop occupé à répondre aux besoins des arrivants. Pas plus que l'agent d'immigration Murray Osmond, toujours plongé dans l'examen des papiers des voyageurs dont le débarquement se poursuit à l'aéroport, ni que le maire, Claude Elliott, qui s'est improvisé directeur des communications, son employée à ce poste ne pouvant revenir d'Angleterre où elle était en vacances.

À Wandake, le village huron situé tout près de Québec, il est autour de 1 h 30 du matin lorsque Roland Lajeunesse et Line Gros-Louis rentrent chez eux. Partis du New Jersey en après-midi à bord de la Lincoln Continental blanche louée dans un centre Hertz, ils ont remonté l'autoroute 87 sans problème, passé aux douanes de Lacolle le temps de le dire et filé tout droit vers la Vieille Capitale. Ils ont déposé Anne-Laura Baz et son conjoint à leur domicile de Sainte-Foy.

« Nos enfants qui étaient à la maison ne nous attendaient pas si tôt, dit Lajeunesse. Ils étaient couchés lorsque nous sommes rentrés. Toutes les lumières étaient éteintes et Line a dit "Comment ? Ils sont encore couchés !" » [rires] Mais bien vite leurs proches se lèvent et c'est l'effusion.

À New York, le calme est à peu près revenu dans l'appartement de Diane Wilhelmy. Quelques personnes y restent pour la nuit car, dès le lendemain matin, il faut préparer les prochains retours.

Partie se coucher, la déléguée générale ne trouve pas le sommeil. Dans le grand salon de l'appartement, Michel Létourneau tue le temps en regardant la télé et en prenant un verre.

Après avoir travaillé très tard pour terminer le montage de leur topo dans les studios de Radio-Canada, Claude Deschênes et André Grégoire ont réussi à héler un taxi et à retourner à leur hôtel. Deschênes tourne et retourne dans sa tête le travail de la journée.

« Aussi bête que cela puisse paraître, je me disais : "Quelle marque vais-je laisser." […] Des questions très personnelles. »

Nadia Seraiocco a tué le temps en téléphonant à son conjoint, à ses parents, à une amie. Elle parle jusqu'à ce que la pile de son téléphone cellulaire rende l'âme. Après, elle regarde CNN jusqu'à la levée du jour.

Jean Clavet rentre chez lui à pied. Il est autour de 1 h du matin. À cette heure, d'ordinaire, il y a encore beaucoup d'activité dans New York. Mais cette nuit, les rues sont désertes sauf une ou deux grandes artères complètement à l'est de l'île, où des véhicules d'urgence et des camions transportant de la machinerie lourde descendent vers le sud.

« Je n'avais jamais vu New York comme ça, dit Clavet. Il ne valait même pas la peine de s'arrêter aux feux rouges. La ville était complètement morte. »

Sauf là-bas, complètement dans le sud de l'île, à Ground Zero, où des milliers de secouristes sont à l'œuvre dans l'espoir de retrouver des survivants dans ce magma grotesque de béton, d'acier et de verre qu'est devenu le World Trade Center. Au-dessus de Downtown, l'immense nuage de poussière encore en suspension dans l'air a pris une coloration jaunâtre sous les reflets des immenses projecteurs installés en vitesse tout autour des ruines.

Depuis les appartements construits en bordure du fleuve Hudson à Jersey City, juste en face de Manhattan, on a une vue imprenable sur Ground Zero, mais aussi sur le World Financial Center et même le petit hôtel Embassy Suites, où, il y a moins de vingt-quatre heures encore, la machine du projet Québec New York 2001 roulait à fond de train.

Maintenant, il ne reste que des ruines entourées de hauts gratte-ciel poussiéreux.

Depuis les fenêtres de l'appartement où un couple de bons samaritains l'a accueillie, Martine Primeau ne voit pas ce spectacle de fin du monde. Ou plutôt, elle ne le voit plus.

Car Martine Primeau s'est endormie.

Épilogue

Plus de quatre-vingts personnes ont été interviewées pour la rédaction de cet ouvrage. Si certains individus ont pu rentrer chez eux le soir même des attaques, beaucoup d'autres sont demeurés au travail, cherchant tant bien que mal le sommeil sur le sol de leur bureau. D'autres, comme plusieurs secouristes de Gander, étaient trop occupés à la tâche et ont mis vingt-quatre, quarante-huit, parfois soixante-douze heures avant de retourner à la maison.

Lorsque les responsables de la Délégation générale du Québec et du ministère des Relations internationales eurent finalisé le décompte des Québécois rescapés de Downtown Manhattan, ils recensèrent cent trente et un noms sur leurs listes. Grâce à des autobus nolisés, la majorité retournèrent au Québec entre le mardi 11 en soirée et le vendredi 14 septembre.

À New York, le 18 octobre 2001, quelques semaines seulement après les attaques, certains responsables de Québec New York 2001 et de la Délégation générale du Québec ont pu avoir accès au site du World Financial Center et de l'Embassy Suites.

Responsable des relations avec les représentants de la ville de New York à la Délégation générale du Québec, Patrick Muzzi a réussi à obtenir les autorisations nécessaires en ce sens. Il faisait partie de ce petit groupe qui a visité le WFC et l'hôtel adjacent pour faire l'évaluation des dommages causés aux équipements installés pour l'événement.

Le but premier de cette tournée a vite été balayé par la vision de fin du monde qui attendait le groupe. Les grands panneaux vitrés du Winter Garden, la grande place publique du WFC, étaient en bonne partie pulvérisés. Des éclats de verre jonchaient partout le sol, mêlés aux débris et à la poussière laissés par la destruction des tours du WTC.

« Lorsque nous sommes entrés dans le WFC, c'était assez troublant. Il fallait porter des masques. C'était une vision d'apocalypse. La verrière était pas mal détruite. Il y avait une poutrelle d'acier plantée dans le mur d'un des édifices », raconte Muzzi.

À l'extérieur, de l'autre côté de la rue, se trouvent les ruines cyclopéennes du World Trade Center, dont se dégage une terrible odeur. Une odeur de mort. Les membres du groupe ont d'ailleurs appris que, peu avant leur visite, la fouille des décombres avait mené à la découverte des corps de plusieurs pompiers qui avaient tenté de s'abriter sous un escalier, à proximité du Winter Garden, tout près d'où ils étaient passés.

Les artisans de Québec New York 2001 n'ont pas tout perdu dans cette catastrophe. Le tiers des activités culturelles ont été présentées dont une quinzaine à New York. L'ensemble Les Violons du Roy et le chœur La Chapelle de Québec présentèrent un concert, le samedi 22 septembre, au Alice Tully Hall. Au programme, la *Messe de lord Nelson*, de Haydn, et le *Requiem*, de Mozart.

Le vendredi 28 septembre, les artistes québécois qui devaient présenter leur spectacle à New York le firent au Centre

Bell à l'occasion d'une soirée hommage aux victimes des attentats. Le lendemain, le premier ministre Jean Chrétien et les chefs des quatre partis d'opposition visitèrent Ground Zero. Bernard Landry s'y rendit le 29 novembre.

De leur côté, les quelque trente-trois mille voyageurs forcés de séjourner durant deux, trois, voire quatre jours au pays en raison des interdictions de vol, ont exprimé de mille et une façons leur reconnaissance envers les Canadiens qui les ont accueillis.

À Gander et dans les villes environnantes, on a créé des fondations pour offrir des bourses aux jeunes. On a remplacé des ordinateurs vieillissants par de plus neufs dans les écoles.

À la base de Shearwater, près d'Halifax, le personnel conserve les nombreuses lettres de remerciements envoyées par des rescapés. Un couple qui devait à l'origine se rendre aux États-Unis pour se marier a même décidé de convoler en justes noces sur la base même.

Des liens se sont aussi noués. Chaque année, depuis le 11 septembre 2001, Beulah Cooper reçoit un appel d'une jeune Américaine à qui elle a ouvert sa maison. D'autres rescapés sont retournés une, cinq et jusqu'à dix fois à Terre-Neuve pour rendre visite à leurs nouveaux amis. C'est la compagnie aérienne allemande Lufthansa qui a offert la marque d'appréciation la plus originale. Le 11 septembre 2001, quatre de ses appareils atterrissaient à Gander (dont un avec à son bord la mairesse de Francfort, Petra Roth) et trois à Halifax. En mai 2002, la compagnie transportait à ses frais quelques dizaines de représentants des deux villes canadiennes en Allemagne pour assister au baptême d'un de ses nouveaux avions, un Airbus A340, que l'on a baptisé du nom de *Gander-Halifax*. C'était la première fois dans l'histoire de la compagnie qu'un appareil prenait le nom d'une communauté située en dehors de l'Allemagne.

* * *

Les différents ministères et organismes, tant québécois que canadiens, étaient-ils prêts à intervenir au moment des attentats terroristes et dans les heures suivantes ?

Cette question, nous l'avons entendue à maintes reprises tout au long de notre recherche, qui visait bien davantage à raconter, d'heure en heure, comment ces événements ont été vécus au pays et par des Québécois coincés au cœur de la tempête.

Cela dit, formuler cette interrogation, c'est un peu y répondre. Peut-on être préparé à tout, en tout temps et en tout lieu ?

« Je dirais candidement que nous étions prêts à affronter pas mal de choses mais pas ça, dit Michel Létourneau. Nous n'avions pas de plan d'évacuation d'urgence, nous n'avions pas de système de reconnaissance, etc. »

Dans un rapport faisant le bilan des actions entreprises par la Délégation générale du Québec ce jour-là, Jean Clavet écrit : « Celle-ci [la Délégation] a réagi par instinct face à une situation pour laquelle il n'existait pas de précédent. »

Le fait que l'organisation faisait peu ou pas de suivi pour certaines activités, telle la caravane fluviale sur l'Hudson, a aussi de quoi faire sourciller.

Des leçons semblent avoir été tirées. Par exemple, dans les semaines et les mois qui ont suivi les événements, du matériel de secours, comme des téléphones satellites et des radios fonctionnant avec un dynamo, a été acheté pour les délégations et appartements de fonction des délégués dans tout le monde.

Ces appareils ont depuis démontré leur utilité, comme au moment de l'importante panne d'électricité survenue dans l'est des États-Unis, le 14 août 2003, et des attentats terroristes commis dans le métro de Londres, le 7 juillet 2005, nous a-t-on affirmé.

Dans son rapport, Jean Clavet a aussi recommandé que soient produites et mises régulièrement à jour des listes de numéros de téléphone d'urgence des personnes travaillant à l'étranger, afin de pouvoir les rejoindre facilement en cas de désastre.

Les événements auront aussi pris de court les gens de NAV Canada et de Transports Canada. La FAA américaine a pris une décision unilatérale lorsqu'elle a décidé de fermer son espace aérien aux vols internationaux. Jamais Transports Canada, son vis-à-vis canadien, n'a été consulté.

Il a fallu faire très vite chez NAV Canada pour dresser un inventaire des ressources et des capacités de chaque aéroport avant d'y faire atterrir les avions déroutés. Ces informations, on ne les possédait pas, du moins elles n'étaient pas centralisées.

Enfin, si un organisme a été pris au dépourvu le 11 septembre 2001, ce fut bien le NORAD. Ancrée dans ses vieux démons de la guerre froide, l'organisation semble n'avoir jamais réellement révisé au fil des ans les principes constituant sa raison d'être : la prévention, la détection et la mise en échec d'agressions provenant de l'extérieur du continent.

Chez les militaires, on décrit souvent le travail du NORAD d'avant le 11 septembre en représentant au figuré l'Amérique du Nord comme un beignet dans lequel on regarde vers l'extérieur mais jamais vers le centre.

En septembre 2001, des nations possédaient, certes, des armes susceptibles de détruire des villes, de décimer des populations du continent, mais d'autre part la guerre froide était bel et bien terminée. Les États-Unis demeuraient la seule superpuissance de la planète et, surtout, le terrorisme, sous toutes ses formes, constituait de loin le problème le plus récurrent auquel devaient faire face l'Amérique et ses alliés. Les attentats, les menaces, même les analyses de différents services de renseignement l'ont assez répété.

Jusqu'à quel point le NORAD a tenté de s'adapter à cette nouvelle réalité avant les attentats ? Depuis, évidemment, son mandat a changé. L'intérieur du continent est sous haute surveillance. Les avions commerciaux déviant un tant soit peu de leur plan de vol sont contactés beaucoup plus rapidement qu'autrefois par les contrôleurs canadiens et américains. Quand le doute persiste, ils peuvent recevoir la visite précipité d'avions chasseurs.

*　*　*

Ce qui m'amène à évoquer la question de la sécurité.

Les citoyens n'en ont jamais autant entendu parler que depuis la perpétration des attaques tragiques que l'on sait. Du jour au lendemain, toutes sortes de règles relatives aux déplacements transfrontaliers ont changé. Parfois au grand dam des organismes de défense du droit à la vie privée, de nouveaux traités entre le Canada et les États-Unis ont été signés.

Chez nous, des milliards de dollars ont été investis dans l'embauche et la formation de personnel ainsi que pour l'achat d'équipements de haute technologie. À l'exemple du ministère de la Sécurité intérieure des États-Unis, le Canada a créé un ministère de la Sécurité publique et de la Protection civile, voué à la gestion des urgences et à la sécurité nationale.

Il faut remarquer, c'est du moins la conclusion à laquelle j'en suis venu au terme de mes recherches, que les centres de coordination des mesures d'urgence mis sur pied au fil des ans (et avant le 11 septembre 2001) dans le pays semblent démontrer leur efficacité. Ils évitent le dédoublement des interventions, les querelles de compétence et, en fin de compte, la confusion.

Beaucoup de choses ont changé. Sommes-nous prêts à tout ? Peut-on tout prévenir, tout voir, tout détecter ? Encore une fois, poser la question…

J'en ai eu la preuve au cours d'un voyage effectué en septembre 2005 pour la rédaction de cet ouvrage. À Halifax, je prenais l'avion pour un voyage dont la destination finale était Gander (Terre-Neuve). L'inspection du sac à dos que je voulais emporter en cabine a révélé une anomalie. Un inspecteur m'a fait ouvrir le sac pour le fouiller. Il n'a rien trouvé.

« Nous pensions que vous aviez un couteau », m'a-t-il dit.

Effectivement, j'avais un canif suisse rouge doté d'une lame d'environ sept centimètres de long. Il se trouvait, dissimulé bien involontairement, dans une petite poche de tissu. L'objet a été confisqué. Une fois à bord de l'appareil, je me suis souvenu que, quelques jours plus tôt, personne n'avait découvert cet objet au cours de mon vol entre Dorval et Halifax.

Annexes

ANNEXE 1 — SIGLES ET ACRONYMES

AA : American Airlines
ADRC : Agence des douanes et du revenu du Canada
BCP : Bureau du Conseil privé
BFC : Base des Forces canadiennes
CBC : Canadian Broadcasting Corporation
CIA : Central Intelligence Agency
CITC : Centre d'intervention de Transports Canada
CMU : Centre des mesures d'urgence
CNN : Cable News Network
CUM : Communauté urbaine de Montréal
ESCAT : Emergency Security Control of Air Traffic
FAA : Federal Aviation Administration
FBI : Federal Bureau of Investigation
GRC : Gendarmerie royale du Canada
INO : Institut national d'optique
KAL : Korean Air Lines
MRI : Ministère des Relations internationales
NEADS : Northeast Air Defence Sector (organisme militaire américain

associé au NORAD et responsable de la défense aérienne du secteur nord-est des États-Unis)

NORAD : North American Aerospace Defence Command. La traduction française officielle est Commandement de la défense aérospatiale de l'Amérique du Nord.

RDI : Réseau de l'information (Radio-Canada)

SCRS : Service canadien du renseignement de sécurité

SPP : Service de la protection des personnalités (de la SQ)

SQ : Sûreté du Québec

UA : United Airlines

WFC : World Financial Center

WTC : World Trade Center

ANNEXE 2 — Nombre d'avions détournés au Canada

Entre Transports Canada et NAV Canada, les données varient quant au nombre total d'avions forcés d'atterrir au pays à la suite de la fermeture de l'espace aérien des États-Unis aux vols internationaux. Pourquoi ? Personne n'a été en mesure de nous le dire.

Voici la liste des aéroports et du nombre d'avions posés selon l'un ou l'autre des organismes. Les renseignements proviennent de leur site Internet respectif.

Aéroports	NAV Canada	Transports Canada
Gander	38	38
Deer Lake	1	–
St. John's	21	25
Stephenville	8	8
Goose Bay	7	5
Halifax	47	40
Moncton	10	10
Mirabel	10	13
Dorval	7	10
Toronto	14	13

Aéroports	NAV Canada	Transports Canada
Hamilton	4	4
Thunder Bay	–	1
Winnipeg	15	4
Edmonton	6	6
Calgary	13	11
Yellowknife	1	1
Whitehorse	3	2
Vancouver	34	33
Total	239	224

Bibliographie

La consultation et la lecture de nombreuses sources d'information ont été nécessaires à la rédaction de cet ouvrage.

Voici une liste des principaux titres consultés par l'auteur.

Livres

Cellucci, Paul, *Unquiet Diplomacy,* Key Porter Books, Toronto, 242 p.

Collectif, *11-09-01 — Quatre jours en septembre,* Transports Canada, 72 p.

DeFede, Jim, *The Day The World Came to Town,* Regan Books.

Dwyer, Jim & Flynn, Kevin, *102 Minutes — The Untold Story of the Fight to Survive inside The Twin Towers,* Times Books, New York, 324 p.

Milton, Robert, *Du haut des airs — La vérité sur Air Canada,* Libre Expression, Outremont, 330 p.

National Commission on Terrorist Attacks Upon the United States, *The 9/11 Commission Report,* W. W. Norton & Company, New York, 568 p.

Collectif, *New York,* Guides Voir, Libre Expression, Outremont, 436 p.

Canada News Wire, Montréal
Canadian Broadcasting Corporation, Toronto
CCN Matthews
L'Acadie nouvelle, Nouveau-Brunswick
La Presse, Montréal
La Presse canadienne, Montréal
Le Devoir, Montréal
Le Journal de Québec
Les Affaires, Montréal
Le Soleil, Québec
Société Radio-Canada, Montréal
The Calgary Herald, Calgary
The Canadian Press, Montréal, Toronto
The Chronicle-Herald, Halifax
The Daily Gleaner, Fredericton
The Daily Herald, Prince Albert
The Daily News, Halifax
The Gazette, Montréal
The Jersey Journal, Jersey City
The New York Times, New York
The Telegram, St. John's (Terre-Neuve)
The Whitehorse Star, Whitehorse
The Winnipeg Free Press, Winnipeg
Toronto Star, Toronto
USA Today

Sites Internet

www.amra-intl.org (Automatic Meter Reading Association)
www.anq.gouv.qc.ca (Archives nationales du Québec)
www.assnat.qc.ca (Assemblée nationale du Québec)
www.cbsa-asfc.gc.ca (Agence des services frontaliers du Canada)
www.cnn.com (CNN)

www.forces.gc.ca (ministère de la Défense nationale du Canada)
www.gothamgazette.com (Gotham Gazette)
www.navcanada.ca (NAV Canada)
www.premier.gouv.qc.ca (site officiel du premier ministre du Québec)
www.tc.gc.ca (Transports Canada)
www.usembassycanada.gov (ambassade des États-Unis au Canada)
http://radio-canada.ca/nouvelles/Dossiers/11Sept (site hommage de la Société Radio-Canada)

DOCUMENTS DIVERS

Assemblée nationale du Québec, « Journal des débats des commissions parlementaires », 36e législature, 2e session.

Collectif, « Empty Sky », *The Ottawa Citizen,* 11 septembre 2002.

Délégation générale du Québec, « Rapport sur les actions prises par la Délégation générale du Québec suite aux événements du 11 septembre », New York, 13 décembre 2001.

Mansbridge, Peter, « Untold Stories », *The National,* CBC, 11 septembre 2002.

Ministère des Relations internationales du Québec, « Québec New York 2001 », documents généraux.

Morantz, « Gas Stop of the Rich and Infamous », *Canadian Geographic,* septembre-octobre 2000.

Town of Gander Emergency Operations Centre, « American Disaster Flight Diversion », Chronologie des événements.

Ville de Montréal, Service des archives, « Enregistrements de la séance du conseil municipal du 11 septembre 2001 ».

Ville de Montréal, Service des archives, « Procès-verbal de la séance du conseil municipal de Montréal du 11 septembre 2001 ».

Remerciements

Il me faudrait des pages entières pour remercier toutes les personnes qui m'ont soutenu, aidé, encouragé dans ce projet. Qu'elles sachent, même si leur nom n'apparaît pas ici, qu'elles ont toute ma reconnaissance.

Mon premier merci est pour François Benoit. C'est lui qui, en tout premier lieu, m'a écouté lui raconter mon projet, m'a encouragé et conseillé, en plus de désamorcer quelques moments d'angoisse. Lui-même auteur chez Boréal, il m'a balisé le chemin vers cette maison d'édition qui, à son tour, m'a accueilli. J'en profite ici pour remercier tout le personnel.

À *La Presse,* mon employeur, le vice-président à l'information et éditeur adjoint, Philippe Cantin, m'a donné tout son appui dès le départ. Il m'a aussi accordé la Bourse de l'éditeur, me permettant de bénéficier de quelques semaines de congé payé pour me concentrer sur ce projet. Je ne saurais aussi oublier mes patrons, Michèle Ouimet et Éric Trottier, qui ont su vivre avec mes nombreuses absences et m'ont appuyé sans relâche.

Toujours au travail, mon collègue journaliste et ami, Sébastien Rodrigue, a toute ma considération pour sa relecture de plusieurs chapitres et ses commentaires apportés en cours de route. Plusieurs autres collègues ont aussi été généreux de leurs encouragements.

Plusieurs individus travaillant dans le domaine des relations publiques m'ont aussi aidé à joindre les bonnes personnes pour la réalisation d'entrevues. J'aimerais particulièrement saluer ici l'aide du capitaine de corvette Luc Charron et du capitaine Dave Murralt, officiers d'affaires publiques à la Défense nationale, et de Louis Garneau, de NAV Canada.

Cet ouvrage n'aurait évidemment pu voir le jour sans la collaboration de tous ceux et celles qui ont accepté de me livrer leur témoignage sur « leur » journée du 11 septembre 2001, plusieurs acceptant de ressasser des souvenirs poignants, parfois douloureux. Je désire remercier plus particulièrement Martine Primeau, Michel Létourneau, Nadia Seraiocco, Patrick Muzzi, Nataly Rae, Philippe Cannon, Diane Wilhelmy, Rémy Charest, Jean Clavet, David Collenette, Peter Coyles, Claude Deschênes, le personnel actuellement en poste à la Délégation générale du Québec à New York et plusieurs autres qui ont toujours accueilli avec patience mes nouvelles demandes de précisions pour clarifier un commentaire ou un détail ou pour situer une action dans son contexte exact.

Enfin, mes derniers remerciements sont pour ma conjointe, Nathalie St-Jean, et pour notre fille, Sarah, qui ont eu à composer avec les trop longues heures que j'aurai passées seul à travailler dans mon bureau, mes déplacements fréquents et mes éternelles incertitudes quant au résultat final de ce travail. Qu'elles sachent que la réalisation de ce livre a été portée par leur amour, leurs encouragements et leur appui constant.

Index

354

Table des matières

MISE EN PAGES ET TYPOGRAPHIE :
LES ÉDITIONS DU BORÉAL

ACHEVÉ D'IMPRIMER EN SEPTEMBRE 2006
SUR LES PRESSES DE L'IMPRIMERIE GAGNÉ
À LOUISEVILLE (QUÉBEC).